· 名师讲堂

客房服务与管理创新

KEFANG FUWU YU GUANLI CHUANGXIN

王　伟/编著

旅游教育出版社
·北　京·

出版说明

有关饭店客房部运行与管理的作品不少，在同类选题已成规模的情况下，我们仍然选择出版由王伟老师编著的《客房服务与管理创新》一书，就是因为该书给了饭店管理者和本书的编辑太多的启迪和思考。

《客房服务与管理创新》一书，不仅解决了客房部经理管什么、怎么管的问题，还在许多管理细节上提出了许多创新管理的理念和方法；它不仅解决了饭店管理专业课教师教什么、怎么教的问题，还通过对教学实践的总结，提出了许多创新教学的理念和方法。字里行间，无不体现出作者对饭店管理和专业教学这两个职业的热爱，也正是对饭店事业的热爱，才使我们有机会近距离接触蕴藏在饭店管理背后的一个个鲜活的案例，才使我们有机会了解如何从细致琐碎的工作中体会到工作的乐趣。

之所以取名为“创新”，不仅因为该书提出了许多创新服务与管理的方法，还因为它告诉我们，只要热爱自己所从事的职业，就能把枯燥的工作变成创新的体验。比如说，清扫客房时，哪些可以当成垃圾处理掉，哪些不能当成垃圾处理掉。看似简单的问题，要想做得完美无缺，并不是一件容易的事。书中的这个案例启示我们，只要心中装着客人，就能在平凡的岗位上做出创新的事情来。所以，“创新”这两个字并不是发明家的专利，它属于每一个兢兢业业工作的人。

之所以取名为“创新”，还有一个重要原因。服务业是个性化很强的行业，所有的服务规范、程序和标准不可能穷尽所有的服务细节，当规定同客人的正当权益发生冲突时，我们该怎么办？当规定没有告诉我们遇到某类情况时该如何处置，我们该怎么办？这都需要我们时刻进行服务与管理创新。

不同的行业有不同的管理风格。一本书，不可能兼顾每种风格的管理特色，因此，在讲授管理理论和服务实操时，我们尽量选取了通用性的内容，广大读者在使用本书的过程中，应当按照所在饭店的工作程序，根据不同的服务对象和服务场景，灵活运用。

为使本书更具有可操作性，我们将配套出版相关 VCD。

本书由北京第二外国语学院旅游管理学院饭店管理专业教师王伟编写。她先后在美国著名饭店管理集团所属的四星级饭店、合资四星级饭店、国有四星级饭店、私营四星级饭店及五星级饭店工作，曾任高级训导师、培训部经理、客务总监、营销总监、副总经理、总经理、饭店管理集团副总经理等职务，具有丰富的饭店经营管理经验，并长期从事对高星级饭店中高层管理者的培训工作和饭店管理咨询顾问工作。她主持起草了《中国饭店行业服务礼仪规范（试行）》，编著有《饭店安全管理实务》和《中国饭店行业服务礼仪规范（试行）指南》。

出版工作是一个不断完善的过程，旅游教育出版社作为饭店行业培训用书的出版基地，长期以来一直得到广大读者的关心与支持，我们将一如既往地为大家出版更多、更实用的行业培训用书，回报广大读者对我们的厚爱。

旅游教育出版社

目 录

第一章 走近饭店客房部

第一节 认识饭店业

一、认识饭店

饭店,英语译作 Hotel。据查,其最早源于拉丁语的 Hospes,原意是招待客人的人,并据此派生出另一个相关的词——Hospice,意思是主人招待客人的地方。当拉丁语 Hospes 一词被引用到古法语中则成了 Hoste,到现代法语时又成了 Hote,引入到英语时被写作 Host,而拉丁语 Hospice 一词则演变成了英语的 Hotel 或 Hostel。

在现代饭店还未普及之前,Hotel 这个词在法国主要是指当时的王公贵族和社会名流们所拥有的豪华府第和别墅城堡。18 世纪后期出现的 Hotel Garni 一词就是特指一所很大的房子,里面的房间可以按天、周或月对客出租。英语中 Hotel 一词最初的意思也只是指特别大的客店,以区别规模相对较小的客栈。

在中文里,和饭店同义的词有很多,诸如旅店、旅馆、旅舍、旅社、宾馆、宾舍、客店、客栈、招待所,以及酒店、公寓和度假村等。虽然名称和叫法不同,但其词义都像饭店一样,无一例外地表示出了具有住宿接待功能的基本含义。

通过诸多权威辞典对饭店一词的解释可以看出,所谓饭店,首先,它应是一座或多座具有接待功能的建筑设施;其次,它必须提供住宿设施和其他如饮食、娱乐等配套服务;第三,它的接待对象是社会公众,主要是旅游者和半永久性居住的人;最后,它是商业性的,以赢利为目的。简言之,饭店就是能为社会公众提供住宿、饮食和其他服务,并具有相匹配的接待功能的商业性建筑设施。

二、了解饭店提供的产品

饭店产品是由服务项目、服务设施、服务环境、服务氛围和服务质量等要素构成的。饭店产品分为有形产品和无形产品。

(一)有形产品

有形产品,分为主服务产品和次服务产品。主服务产品是客房,次服务产品诸如餐饮产品、康体娱乐产品等。饭店的主服务产品与次服务产品配置是否合理是非常重要的，这种配置既要突出饭店个性化服务特色，又要使饭店产品进入良性竞争轨道。表 1－1 列出了几种常见的饭店有形产品，各饭店可根据实际需要灵活选择。

表 1－1　饭店有形产品

饭店的主服务产品	饭店的次服务产品
客　房	餐饮
	宴会
	娱乐
	健身
	商场
	会议中心
	展览中心
	会员制俱乐部
	写字楼
	公寓
	体检中心
	医院
	学校
	国际幼儿园
	影剧院
	高尔夫球场
	……

饭店应根据各目标市场的需求合理配置次服务产品，突出个性化经营服务理念，合理选配次服务项目及其所占饭店总收入的比例，达到不断增加主服务产品附加值和吸引力的目的。如北京郊区一家较为著名的度假型饭店，它的次服务产品是体检中心、会议中心和娱乐健身中心，由于该饭店次服务产品配置合理，使人们对主服务产品的需求不断增加，提高了主服务产品的赢利空间和吸引力。

值得注意的是，次服务项目的确定是随着市场需求变化及消费趋向的多变性特点而不断改变和更新的，目的是为了让主服务产品这一不变的服务项目在消费者心目中越来越有吸引力。

管理创新案例

北京有一家由著名国际饭店管理集团管理的四星级饭店。他们在进行该饭店客源市场需求调查时,发现当时没有一家饭店提供修理高档皮鞋的服务项目,但又有很多客人有这方面的需求。于是,这家饭店合理利用饭店空间,建立了北京第一家高星级饭店内的修鞋店,不仅方便了住店客人,而且也方便了长期在北京生活和工作的外国客人,很多客人慕名来饭店修鞋。通过小小的修鞋服务,使店外的客人不断光顾并认知了这家饭店,带动了其他服务项目的销售。由此我们可以看出,在科学、准确地掌握饭店目标市场需求的前提下,管理者应不拘泥于开发传统饭店产品形式,而应在静中求变,不断创新,为饭店创造更多的收益。

(二)无形产品

饭店的无形产品,包含服务氛围、服务环境和服务质量等要素。

有关饭店服务的具体要求可以用三个单词字母的引申意思来概括,即礼貌(COURTESY)、请(PLEASE)、服务(SERVICE)。

COURTESY

C(CHEERFUL):让客人感受到快乐的气氛。

O(OBSERVANT):了解客人的好与恶。

U(UNDERSTANDING):了解客人的需求并及时给予客人最大的满足。

R(RESPECTIFUL):对任何人都谦恭有礼。

T(TACTFUL):聪明机智,以正确的言行保持良好的客户关系,避免使客人产生不悦。

E(EXCELLENCE):员工在各个岗位上所具有的专业知识与技能都是出类拔萃的。

S(SMILE):自信地微笑,可以使客人感到宾至如归。

Y(YEARN):使客人对饭店产生向往之情,愿意不断光顾。

PLEASE

P(POSTURE):服务人员的站姿、坐姿、手势、动作、眼神、笑容等规范得体,能随时向客人传递友好的信息。

L(LOOK AND LISTEN):全神贯注地聆听客人的谈话并体察和关注客人的感受,不打断客人谈话。

E(EXPRESSION):通过表情的变化使客人感受到你对他的关注。

A(APPEARANCE):仪表得体是进行良好沟通的前提。

S(SPEECH):讲话的语速、音调、语气以及使用词语的准确度等都将关系到与客人沟通的效果。

E(EAGERNESS TO HELP OTHERS):随时关注客人的需求,时刻满足客人的需求。

SERVICE

S(SINCERITY):真诚服务于每一位进入饭店的客人。对所有客人不分贵贱、不分种族、不分职务,做到标准统一,一视同仁。

E(EFFICIENCY):对客服务应以客人接受某项服务时所能等候的时间为限,在合理的时间界限内高效率地完成对客服务工作。

R(READY TO SERVICE):熟练掌握服务程序,利用娴熟的服务技能时刻准备好为客人服务。

V(VISIBLE/ VALUABLE):饭店服务是以客人能够看见的方式提供的,员工应将自己最优秀的一面展示给客人。对客服务时,应时刻关注客人感受,提升饭店产品的价值。

I(INFORMATION):及时传达饭店信息,特别是饭店产品及营销信息,让饭店的每一位从业人员都知道,以便能够准确、及时地传达给客人。

C(COURTESY & CONSIDERATE):以优异的工作质量体现对上级、同事、下级和客人的礼貌和关注。

E(EQUALITY):以最佳的服务态度,公平对待每一位客人。

三、了解我们的服务对象——客人

(一)客人的类型、特点与对客服务

要做好客房的接待服务工作,首先必须对我们的服务对象——客人有一个全面了解。

1. 客人总类型及消费特点

表1-2　客人总类型及消费特点

客人类型	消费类型	消费特点
常规客人	理智型 习惯型	行事风格具有客观性、周密性和控制性的特点,注重服务的实际效果,需要什么购买什么,不易因外界影响而改变或增加自己的消费支出。他们会不断地光顾饭店,还会对饭店起到宣传、影响的作用。

续表

客人类型	消费类型	消费特点
潜力客人	冲动型 随意型	没有明确的消费目的,消费经验不足,消费动机常常是由好奇引起,易受产品外观、服务员的推荐和广告宣传的影响。
关键客人	情感型	消费行为受情绪和情感的影响较大,在消费环境的刺激下,容易做出消费或放弃消费的决定。
临时客人	疑虑型	缺乏自信,消费时疑虑重重,观察细致,爱挑剔,需要提供长时间的服务,消费后常反悔。

2. 按个性特点划分的客人类型及服务建议

表 1－3 按个性特点划分的客人类型及服务建议

客人类型	客人特点	服务建议
普通型	通情达理,宽容随和	按标准和程序提供服务。
温柔型	个性温和,举止文雅,乐于助人。	此类客人对客房的装饰布置及卫生要求较高。服务员应勤打扫客房,让客房时刻保持整洁、美观。服务时,服务员应态度和蔼,并注意说话的语调。
社交型	见多识广,老于世故,善于辞令,爱挑剔。	服务员应注意与客人交往的尺度,掌握谈话的技巧,提供耐心、细致、周到的服务。
开放型	性格豪放,形于言表。	服务员应随时满足客人的合理需求,但要有较强的自我保护意识。与客人交谈时,要多听,不随便答应客人的要求。如果遇到不能处理的问题,应及时向管理者汇报。
自大型	高傲,目中无人,以自我为中心。	服务时,服务员应礼貌大方、不卑不亢,保证服务快捷、准确。服务员应掌握与客人交谈的技巧。客人不满时,不要做解释,而应迅速采取弥补措施。
固执型	固执己见,做事欠考虑。	服务员应提供引导性服务,避免和客人发生争执。如果不能满足客人要求时,应事先说明原因,并向客人提供解决问题的建议。
散漫型	自由散漫,遇事犹豫,决心难下,容易忘事。	服务员应多提供细致、耐心的服务。
急躁型	性情急躁,行动迅速,粗心大意。	与客人交流时,服务员应抓住主题,简明扼要。相关服务要快捷、准确。
轻浮型	喜欢与异性接触,夸夸其谈,做事欠考虑,一般不以诚相待。	服务员应保证满足客人的合理需求,但要有较强的自我保护意识,发现异常情况应及时向主管上级汇报。

续表

客人类型	客人特点	服务建议
排他型	少言寡语，不易沟通，较固执，有主见。	服务员应尽量避免与客人闲谈，及时满足客人需求并关注客人与周围人的关系。
寡言型	少言寡语，性格孤僻，观察细致，有主见。	服务时，服务员应认真听取客人意见，按照客人的需求高质量地完成服务工作。随时征求客人的意见，及时与客人沟通。
健谈型	见人就熟，逢人就聊。	服务时，不主动提出话题。必要时以适当的形式和方法暗示客人。耐心听取客人的服务需求，尊重客人，并及时采取行动。
啰唆型	遇事啰唆，犹豫不决，重复做事，刨根问底。	与客人交谈时应简明扼要，迅速了解客人的用意，直截了当地提出解决问题的办法。控制与客人谈话的语速和语调，不能有丝毫不耐烦。
健忘型	记忆力差，容易忘事，反应迟钝，表述能力较差。	服务员清扫客房时，不移动客人的物品。对客人提示的事情一定要按时完成并做好记录。要时常提醒客人设施的服务时间和地点，主动为客人提供服务。
浪费型	善于自我表现，讲排场，爱面子，善于交际。	向客人提供较高档的客房，安排有一定工作经验的员工为其服务。服务中，注意维护客人的面子，运用沟通技巧把握与客人交流的尺度，提供快捷、周到、细致的服务。

3. 按旅游动机和客源结构划分的客人类型及服务建议

表 1－4　按旅游动机和客源结构划分的客人类型及服务建议

客人类型	客人特点	服务建议
商务旅游型	1. 住店时间较长，时常早出晚归或在客房内办公。 2. 文件较多，来访客人较多。 3. 对饭店的健身娱乐设施和服务要求较高。喜欢利用业余时间进行各项健身活动。	1. 客房商务设备齐全，房间内配备一定种类的杂志、报纸。 2. 客房应舒适安静，能够有效保护客人隐私。 3. 饭店能及时为客人提供个性化服务，如擦鞋服务、熨烫服务、委托代办服务、贴身管家服务等。客人需要的送餐服务、迷你吧酒水服务较多。 4. 客人对当地工艺品、土特产、文物复制品、饮食、名胜古迹较感兴趣，服务员应了解这方面信息，当好客人的向导。

续表

客人类型	客人特点	服务建议
观光游览型	1. 多为团队客人,集体活动较多。 2. 要求吃好、玩好、休息好。 3. 对自然风光,名胜古迹,民俗民风感兴趣,喜欢购买纪念品,喜欢拍照。	1. 服务员要做好早晚服务工作,保证客房温度适宜、空气新鲜,保证饮用水供应充足。 2. 提供周到的叫醒服务、客用保险箱服务、天气预报服务、熨烫服务和冲洗照片服务。 3. 时刻准备回答客人问讯,提供购物、饮食、游览等信息。
会议旅游型	1. 客人人数较多,活动集中,住店时间较长,有较强的规律性。 2. 会议设施使用率高。 3. 客人一般会要求会议间隙安排旅游娱乐活动。 4. 客人喜欢购物,拍照、会客等。	1. 客房服务工作量较大,尤其是晚间的服务居多。 2. 客房内的易耗品,如信封、信纸、笔等要准备充足。保证饮用水供应充足、租借用品充足。 3. 清扫客房要及时,客人离店查房要迅速。妥善处理客人的遗留物品。 4. 准确掌握参加会议的客人的信息。
奖励旅游型	1. 客人层次较高,对饭店的设备、设施和服务都有较高的要求。 2. 客人住宿时间较长,综合消费高。	1. 服务员要有较高的服务素质,向客人提供体贴、细致的个性化服务。 2. 服务员有较强的语言沟通能力,外语水平较高。
疗养旅游型	1. 客人活动有规律,住宿时间较长。 2. 客人喜欢安静,对自然风光、保健食品感兴趣。	1. 服务员应不断了解客人需求,随时提供满意的服务。 2. 服务员应保证客房清洁、舒适、安静。
蜜月旅游型	1. 客人对风景名胜、自然风光很感兴趣,喜欢拍照。 2. 客人购买力强,尤其钟爱纪念品和当地土特产。喜欢品尝美味佳肴。	1. 按照风俗习惯或应客人要求布置新婚客房,必要时,为客人准备纪念品。客房要宽敞明亮,清洁卫生,舒适方便。 2. 客房服务员要热情有礼,能发自内心地向客人表示祝贺。
中老年旅游型	1. 客人有闲暇时间和金钱,喜欢旅游。 2. 客人对名胜古迹、字画文物感兴趣。 3. 客人行动较缓慢。	1. 客房应宽敞、明亮。 2. 服务耐心、细致、周到。 3. 能随时满足客人的需求。
青年旅游型	1. 客人对饮食和住宿条件要求不高。 2. 客人活泼,热情,精力充沛,容易接受新事物。	1. 提供快捷的客房服务,随时回答客人提出的各种问讯。 2. 准确提供叫醒服务。

(二)如何正确看待客人

建立良好的客人关系对培养忠诚客人有着非常重要的作用,越来越多的饭店逐渐由以利润为导向、发展为以客人为导向、以保持持续竞争力为导向。

如何正确理解我们的服务对象——客人呢?下面几种说法将有助于饭店从业人员树立正确的从业观:

(1)客人不是打扰我们的人,而是我们服务的对象。

(2)我们不是通过提供服务帮助客人,而是客人帮助我们,是他们给我们提供了一次次服务和锻炼的机会。

(3)客人不仅仅是一种客观的统计数字,而是有感觉和感情的人,是同我们一样有偏见和成见的人。

(4)客人不是我们争执和吵架的对象,你永远也不会在与客人的争吵中获胜,即使你是对的。

(5)客人是有需求的人,我们应像解决自己的问题一样满足客人的正当需求。

(三)什么是客人满意度

客人满意是评价饭店服务质量优与劣的唯一标准,也是饭店追求的最高标准。服务是无形的,检验服务质量优与劣的唯一标准就是客人的感受。

客人满意度 = 客人期望值 - 实际感受值

若客人的实际感受值小于期望值,则客人不满意;若实际感受值与期望值相符,则客人满意;若实际感受值超越期望值,则能使客人感受到超越满意的“惊喜”。在与客人建立长期伙伴关系的过程中,饭店向客人提供的超过其期望值的产品越多,就越有利于增强客人对饭店的信任度,从而使饭店获得长期的赢利与发展成为可能。

饭店从业人员在提供服务的过程中能使客人感受到服务的及时周到、舒适方便、安全卫生、亲切友好、热情礼貌、尊重理解,给客人留下深刻的印象,这样的服务就是优质服务,这样的服务就能让客人满意。

客人满意具有鲜明的个体差异,饭店切不可追求统一的服务模式,而应提供有差异的个性化服务。

管理创新案例

无微不至的服务会产生意想不到的效果。饭店管理者应从细微处入手,让客人感受到服务无处不在。如客人将私家车开进饭店时洗车员及时为客人免费清洗车辆,当客人进入房间打开电视时首先看到的是打着客人名字的欢迎词,开夜床时给客人准备一件小礼品,房间的电话机上写有温馨的提示“别忘了给家人道声平安”,发现客人感冒时及时送上一杯红糖水,等等。

（四）如何培养客人的忠诚度

客人忠诚，就是客人偏爱某一产品或服务的心理状态。忠诚型的客人通常会拒绝竞争者提供的优惠，经常性地购买特定饭店的产品或服务，甚至会向家人或朋友推荐该产品。

培养忠诚客人通常会用到以下几种方法：

1. 建立客人档案，提供个性化服务

客人档案，也称客人数据库（customer database），常被用于有组织地全面收集关于客人、潜在客人的综合资料，为饭店进行市场营销分析、建立良好的客户关系、提供优质服务、提高客人满意度提供信息支持。通过建立客人档案，可以帮助服务人员在对客服务时能立即称呼客人姓名，在客人生日时能送上意外的惊喜。通过了解客人的好与恶，可以帮助服务人员在服务时扬长避短，满足客人的喜好，避免触及客人的忌讳。通过了解客人历史记录，还可以帮助服务人员随时了解客人对房间风格的喜好、生活习惯、宗教信仰等特殊要求。

2. 掌握客人住宿动机，增强饭店产品的竞争力

客人的住宿动机多种多样：有的客人是为了旅游观光，对饭店的要求不高，只要保证清洁、安全，让客人在经过一天的忙碌游程后能放心休息即可；有的客人是为了避暑休闲，希望饭店及周围环境幽雅，饭店客房设施舒适并有一些环境良好的康乐项目；有的客人是为了商务目的住宿，如开会、谈生意等，他们希望入住的饭店商务中心设施齐备，客房宽敞明亮，设施使用便利快捷……饭店应根据客人群的主要住宿动机不断调整自己的产品，最大限度满足客人的需求。

3. 掌握客人的心理需求，提高客人满意度

掌握客人的心理需求，就是要针对不同消费类型、消费心理和消费特点的客人进行市场细分，掌握其消费特点，提供针对性的服务。

四、业界如何对饭店进行分类和定级

世界各国的饭店由于客源市场的类别、经营管理方式、饭店规模、地理位置、服务水平等各不相同，使饭店的分类及等级评定有较大差异。饭店管理者了解和掌握这些标准，将有助于提高客房这一主服务产品的吸引力和竞争力。

下面主要介绍几种较为普遍的饭店分类方法及等级评定标准。

（一）国际饭店分类方法

英国萨理大学酒店餐饮管理系主任迈德里克教授（S. Medlic）在他的《酒店业》一书中总结了十种饭店的分类方法：

第一种,根据饭店所处地区分类,分为城市饭店、城镇饭店、乡村饭店、内地饭店、沿海饭店和山地饭店等。

第二种,根据饭店所处地理位置分类,分为城镇中心饭店、郊区饭店、海滨饭店和公路沿线饭店等。

第三种,根据交通设施的位置分类,分为汽车站饭店、火车站饭店、机场饭店、码头饭店和游轮饭店等。

第四种,根据主要客人入住目的分类,分为商务饭店、度假饭店、会议饭店、博彩饭店和旅游饭店等。

第五种,根据客人的留宿时间分类,分为长住公寓饭店、短程散客饭店等。

第六种,根据饭店的设施、服务方式分类,分为旅游饭店、公寓饭店和自助餐饮服务饭店等。

第七种,根据饭店规模分类,分为小型饭店(客房数量在300间以下)、中型饭店(客房数量300~500间)和大型饭店(客房数量在500间以上)等。

第八种,根据饭店的等级分类,分为星级饭店、皇冠级饭店和其他等级饭店等。

第九种,根据饭店所有权或经营管理方式分类,分为家族经营的非上市饭店、单体饭店、集团联号饭店和促销联合体饭店等。

第十种,根据饭店取得售酒执照分类,分为持照饭店和非持照饭店等。

(二)传统分类方法

1. 商务型饭店(Commercial Hotel)

商务型饭店是为从事商务活动的旅游者提供住宿、饮食及相关商务活动设施的场所,它一般位于城市中心或商业区,主要客源为商务散客,回头客较多,在不同季节也接待一些旅游团队、会议团队和旅游散客。商务客人一般居住期为3天左右,他们是各大公司的管理和营销人员,有较高的教育水平和国际交际礼节,对饭店的服务及设施要求较高。商务型饭店的服务人员要有流利的外语沟通能力、娴熟的待客技巧、熟练的服务技能、训练有素的职业表现力。饭店除提供一流的设备设施外,还应注重会议设施的现代化、康乐休闲设施的多样化及餐饮宴会服务的个性化。

2. 度假型饭店(Resort Hotel)

度假型饭店主要建于著名的风景区、旅游胜地,远离喧闹的城市,但交通便利。该类饭店不仅能提供舒适高雅的客房,还能提供齐全的娱乐设施和宜人的风景及新鲜的空气。

如比邻世界著名自然遗产九寨沟风景区的九寨天堂国际会议度假中心,就以其独特的地理位置向人们展示了甘海子的四季风光,使人们充分享受绿色天堂和生命天堂的美好景致,以特色的设计和鲜明的藏羌文化向人们诉说着悠远的历史故事。

3. 会议展览型饭店(Convention Hotel)

会议展览型饭店是为商务客人进行商务会议或谈判、贸易展览、科学讲座等活动提供住宿、餐饮、会议、展览等服务的饭店。会议展览型饭店不仅能提供舒适高雅的客房,还要有种类齐全、规格齐全的各类会议及展览设备和设施,如会议室、展览厅、演讲厅、培训教室、谈判间、多功能厅、同声翻译室并具有良好的隔音设备和装置,配以现代化的电教、会议和展览设备,高质量的音响设备,完备的商务中心服务等。会议展览型饭店需配以多种休闲娱乐设施如室内外游泳池、网球场、跑步专用道、健身中心等。

4. 公寓型饭店(Apartment building)

公寓型饭店是为长期或永久居住的客人提供相关设施及服务的饭店。客人入住前须与饭店签订承租合同,明确居住时间和要求提供的服务项目。公寓型饭店提供客房服务、餐饮服务、前厅服务及康乐健身服务等。该饭店形式越来越受到高收入阶层的青睐。

5. 套房型饭店(Suite Hotel)

套房型饭店是指饭店只有一种客房类型——套房,内设起居室、卧室、浴室、厨房和简单的洗衣房,客用公共面积较小,主要提供免费的早餐服务和免费的晚间欢乐时光服务,注重为客人营造家外之家的感受。

6. 精品型饭店(Boutique Hotel or Trophy Hotel)

精品型饭店是一种小型的、历史悠久的、享有盛名的豪华饭店,这种饭店是当地的建筑名胜、历史遗产,其服务和装修是特定历史时期传统和文化的再现。

7. BB 型饭店(Bed & Breakfast)

BB 型饭店是只提供早餐和住宿的小型饭店、客栈或私人酒店。它被称为顾客之家,为客人提供亲切的、面对面的服务,重在营造主客之间的亲密氛围,商业味较淡。这种类型的饭店很受客人的喜爱。BB 饭店还有其他类型如 the B&B Inn, the country B&B 等。

8. 分时度假型饭店(Timeshare Hotel)

分时度假,是指在一年内或多年内的某个固定时间或时间段内,客人可以在服务与设施齐备的旅游综合区内的一套公寓或其他类型的饭店的某一套客房度假。简言之,分时度假实际上就是提前预购度假住宿设施的使用时间。购买者不仅要支付购买分时度假权的费用,还要负担物业维护(室内和公共区域)的费用。度假时间一般是以周(一个星期)为单位进行计算。顾客也可通过经营该饭店的管理公司将购买的某个时间段出租给他人使用或与异地的购买者进行交换使用,有计划地到不同国家的度假地度假。大的企业及著名公司常以购买分时度假时段作为奖励员工个人或家庭休假的手段。

9. 共管型饭店或产权式酒店(Property Right Hotel)

共管型饭店是以类似于房地产经营运作模式的方式产生的。业主购买饭店客房或公寓单元拥有其产权,并按照自己的喜好进行装修布置,目的是为了使房地产增值并获得租金收入。业主将房产委托给管理公司经营管理,每年预订一定天数供个人使用,剩余时间段将房间出租获取收益。管理公司负责对业主房产进行清洁保养和维护工作。共管型饭店或公寓一般位于度假胜地。

10. 豪华游轮

豪华游轮被称为流动型的豪华饭店。游轮中提供海陆电话、卫星电视、歌舞厅、电影院、健身中心、各式餐厅、茶座酒吧、美容美发厅、商场及小型会议设施等。豪华游轮已成为度假型饭店的主要竞争对手,它可以在岛屿之间航行,使客人领略动态中的风光景色,令人游兴倍增。

11. 其他住宿设施

为了满足商务及休闲客人的需求,除了饭店之外还有一些其他种类的住宿设施供客人选择,如房车营地、帐篷营地、流动之家公园等。他们以出租过夜场地与设施(如帐篷、洗浴设施、简易厨房、洗衣设备等)的形式经营,在某种程度上也起到了饭店的作用。

(三)国际饭店等级表示的方法

大部分国家或地区的饭店行业都是由政府或协会进行分级的,各个国家和地区所采用的分级制度和标准不同,用做表示等级的标志和名称也各异。

国际上采用的饭店分级制度和表示方法主要有五种:

1. 星级表示法

星级表示法是把饭店根据一定的标准划分为不同的等级,分别用星号(★)来标志,以区别各饭店档次的分级制度。在欧洲比较流行的是五星级制,即把饭店分为一星级、二星级、三星级、四星级和五星级,星级越高等级越高,饭店的档次就越高。五星级饭店是豪华饭店的代名词,其设施设备现代化程度极高,服务管理水平优异;四星级饭店是准豪华级饭店,其设施设备完善,服务管理精良;三星级饭店为中档饭店,其设施齐全,饭店产品的性价比较高,能满足大部分旅游者的住宿需求;二星级饭店是中低档饭店,其价位合理;一星级饭店作为经济型饭店,其设施与服务安全卫生,能满足最基本的住宿要求。如英国从20世纪90年代初期推广的“皇冠制”,用皇冠来代替星号进行饭店分级。美国汽车协会的“钻石制”,则用钻石来代替星号进行饭店分级。我国的旅游饭店分级制也是采用星级表示法。随着饭店业的不断发展和市场需求的扩大,现在饭店的等级还增加了最高一级的“白金五星”,用以区别部分超豪华饭店与五星级饭店的规模和档次。

2. 字母表示法

有些国家把饭店的等级用英文字母表示,即 A、B、C、D、E 五级,A 级为最高,E 级为最低,这种分级方法与星级表示法有异曲同工之妙。

3. 数字表示法

有些国家把饭店的等级用 1、2、3、4、5 这五个数字序号表示,有的数字越大表示饭店越高档,有的则相反。

4. 价格表示法

有些国家如瑞士把饭店按照价格高低分成六级,这种方法的好处是使客人一目了然。

5. 以类代等法

有的国家不设等级制,用文字直接称谓饭店的类别以代替饭店的等级。如挪威饭店的表示方法就是由高向低分为乡村、城镇、山地和观光四种。

(四)国际饭店评定等级的标准

国际饭店评定等级的机构,多为政府主管饭店业的职能部门,如国家旅游局或饭店协会。评定饭店等级的标准,一般涉及饭店的位置、规模、设备设施、服务项目、环境和气氛、服务质量、设备维护保养的程度、清洁卫生质量、设施及装修的豪华程度等。评定的程序为申请、检查、复查、抽查或暗访等。

管理创新案例

英国注册酒店最低标准

酒店建筑、装置和装饰必须整洁、完好和专用。

客房

1. 房有门锁、门闩或其他类似装置。

2. 有一定的活动空间,便于上下床、开门和拉抽屉。

3. 房间面积最低标准:

单人间:60 平方英尺(5.6 平方米)

双人间:90 平方英尺(8.4 平方米)

双床间:110 平方英尺(10.2 平方米)

家庭间:30 平方英尺(2.8 平方米),另外每放一张双人床增加 60 平方英尺(5.6 平方米),每放一张单人床增加 40 平方英尺(3.7 平方米),每放一张儿童床增加 20 平方英尺(1.85 平方米)。

4. 床规格最低标准:

单人床:183 厘米 ×73 厘米

双人床:183 厘米×122 厘米

5. 床垫内有弹簧、泡沫和填充物,床垫必须完好无损。

6. 床具要干净,数量要充足。

7. 每周至少换一次床单,还必须为每位新客人更换床单。

8. 根据要求提供非尼龙织品床单。

9. 每天整理床铺。

10. 每天打扫客房。

11. 为每位新客人提供干净的毛巾,并按时更换。

12. 根据客人的要求提供浴巾。

13. 如房内有脸盆应供应香皂。

14. 至少有一个窗户对外,保持空气新鲜。

15. 有不透明的窗帘或百叶窗。

16. 照明最低标准:

单人间:100 瓦或同等亮度。

双人间:150 瓦或同等亮度。

17. 除了装饰品,所有灯泡都要有灯罩。

18. 门口要有开关。

19. 有地毯或在床边铺上小地毯或草垫。

20. 备有衣柜或挂衣服的地方,每人有四个衣架。

21. 有梳妆台或类似的家具、镜子。

22. 有床头柜或类似的家具。

23. 抽屉周围要有一定的空间。

24. 有一把椅子或类似家具。

25. 有纸篓(非易燃品所制)。

26. 如允许吸烟,应备有烟灰缸。

27. 每个客人有一个水杯。

28. 根据季节供应足够的暖气。

浴室

1. 至少有一个浴室,空气流通,备有浴缸、淋浴、洗手盆、镜子、电动剃须刀插座。

2. 每 15 位客人至少有一个浴室。

3. 浴室内有足够的暖气。

4. 适时供应热水。

5. 不另收洗浴费。

厕所

1. 每12位客人至少有一个厕所(客房内有厕所的除外)。

2. 厕所内要备有手纸和垃圾桶。

其他

1. 供应早餐。

2. 备有餐厅或早餐厅。

3. 为了安全和舒适,公共场所要明亮。除装饰物外,所有灯泡都要配上灯罩。

4. 根据季节,公共场所要有足够的暖气。

5. 要每天打扫公共场所。

6. 如果白天不允许客人进入酒店,应在客人预订时说明。

英国皇冠级评定标准

一、一个皇冠标准

除符合英国注册酒店最低标准外,还应符合下列标准:

客房

1. 门锁,保证客人的私人生活不受干扰,保证财产安全。

2. 必须向客人提供客房钥匙。备用钥匙和万能钥匙应由管理人员保管。

3. 床的规格的最低标准:

单人床:190 厘米 ×90 厘米

双人床:190 厘米 ×137 厘米

4. 床单必须是非尼龙织品。

5. 必须向每位新客人提供香皂。

6. 客房内或盥洗室要有面盆,适时供应热水。

7. 床边要有电灯开关。

8. 镜子处要有电灯,装在面盆上方或旁边。

9. 备有13 安培插座或合适的变压器。

10. 备有电动剃须刀插座或合适的变压器。

11. 每人一把椅子或其他类似的家具(家庭客房内至少有两把椅子)。

12. 供应暖气,不另行收费。

13. 允许客人随时进入客房。

浴室

1. 每10位客人至少有一间浴室，备有浴缸或淋浴(客房内有浴缸或淋浴的除外)。

2. 至少有一个浴室可供客人使用。

其他

1. 有接待设施或有呼唤铃。

2. 大厅内有足够的舒适的椅子。

3. 允许客人使用电话。

4. 提供旅游问询。

二、两个皇冠标准

符合上述一个皇冠标准外，还应有：

客房

1. 除门口有开关控制的电灯外，双人床两边或床头上要有床灯。

2. 两张床共同使用一个床边灯。

3. 镜子边装有电动剃须刀插座。

其他

1. 餐厅或早餐厅必须与大厅分开(除非只有客房内供餐)。

2. 根据客人要求，早上可提供茶或咖啡(除非客房内或附近有自制饮料的设备)。

3. 根据客人要求，晚上可提供热饮料(除非客房内或附近有自制饮料的设备)。

4. 根据客人要求，提供叫醒服务，或在客房内备有叫醒闹钟。

5. 如客房内无电视，大厅内应备有电视。

6. 根据客人要求，帮助客人搬运行李。

三、三个皇冠标准

除符合上述两个皇冠标准外，还应有：

客房

1. 至少有33%的客房有卫生间，卫生间内有恭桶、浴盆(或淋浴)。

2. 备有一把舒适的椅子。

3. 备有一面穿衣镜。

4. 备有行李架。

5. 备有固定的暖气装置，可自动调节并能单独控制。

其他

1. 酒店店主或工作人员全日值班。
2. 大厅必须与酒吧或电视间分开。
3. 公共场所要有自动调节的固定暖气装置。
4. 有擦皮鞋机。
5. 根据客人要求，提供电熨斗和烫衣板。
6. 根据客人要求，提供洗发吹干机。
7. 有付费电话。

四、四个皇冠标准

除符合上述三个皇冠标准外，还应有：

客房

1. 至少有75%的客房内有卫生间，卫生间内备有浴缸或淋浴。
2. 每个成年人有一把椅子(家庭客房至少有两把椅子)。
3. 备有收音机和彩电。
4. 有可接外线的电话。

其他

1. 随时可以进出饭店。
2. 四层以上(含底层)的酒店要为客人提供电梯。
3. 房内有写字台或类似家具。
4. 大厅服务至24点。
5. 根据客人要求，提供梳妆用具、报纸和留言服务。

五、五个皇冠标准

除符合上述四个皇冠标准外，还应有：

客房

1. 所有客房都要有卫生间，卫生间内有固定淋浴装置。
2. 有直拨电话。
3. 有写字台或类似家具，配有合适的凳子。
4. 有烫裤机。
5. 提供一个以上的套房。

其他

1. 送餐进入客房。
2. 大厅24小时服务。
3. 24小时洗衣服务。
4. 夜班行李服务。

第二节 认识饭店客房部

一、饭店客房部是做什么的

客房是饭店为住店客人提供的暂时居留的场所,是客人在饭店逗留时间最长的地方,也是客人在旅途中的"家"。

饭店设有客房部,英文名称为 Housekeeping Department,又称为管家部,房口部,房务部。它是为饭店生产客房产品,为住店客人提供洗衣、擦鞋等多样化服务,为饭店其他部门提供布件洗涤、保管等服务,并负责饭店公共区域清洁保养的综合性部门。

客房部管理的重点是正确地分布客房的睡眠空间、起居空间、书写空间、健身娱乐空间、储存空间和洗漱空间,为客人提供清洁、舒适、宁静、安全、隐私的住宿环境。

二、客房部在饭店管理中扮演什么角色

1. 客房是饭店的基本设施,是旅游活动的物质承担者

饭店的规模是由客房数和床位数决定的。按照国际标准,有500间以上客房的饭店称为大型饭店,客房数在200间以下的称为小型饭店,客房数在200~500间的称为中型饭店。客房面积一般占饭店总建筑面积的60%左右,客房占了饭店固定资产的绝大部分。饭店综合服务设施的配给量是由饭店客房的数量来决定的。在

饭店从业人员中，客房部员工占1/3左右的比例。客房是饭店的主体，是饭店最基本、最重要的设施，是旅游活动的物质承担者。

2. 客房是饭店经济收入的重要来源

客房投资大、耐用性强、经营成本低、利润高。饭店的经济收入主要分为三部分：客房收入、餐饮宴会收入及其他综合服务设施收入，客房营业收入占饭店总收入的40%～60%，有的饭店高达70%左右。客房是带动饭店其他经济活动和综合服务设施运转的枢纽，是饭店利润的主要来源。

3. 客房管理是影响客房销售的重要因素之一

客房管理质量的好坏以及服务质量的高低，直接影响客房销售和回头客的比率。

4. 客房管理是为了保护业主的投资

建造一座豪华饭店需要几亿元甚至数十亿元的投资。客房部肩负着合理有效地延长设备及装修使用寿命，保护业主投资有效收回和资产增值的责任。

三、客房部有哪些业务特点

1. 出租客房提供劳务

客人交纳房租的目的是为了获得饭店客房的临时使用权和居住权，饭店以设备设施、提供用品为凭借，通过接待服务，不断地向客人提供相关服务。

2. 以“暗”的服务为主

看得见的服务为“明”，看不见的服务为“暗”。客房服务员一般是在客人到达饭店之前或客人不在房间时提供相关服务，因此提供的是“暗”的服务。

3. 服务的随机性较大

客房服务是零星琐碎、细致入微的，从房间整理、补充客用品、设备维修，到客人进店、离店都需要服务员细心观察，及时了解客人需求，主动提供规范的服务。

四、客房部需要做什么

1. 搞好饭店的清洁卫生，保证客房接待服务的工作质量

客房部应严格按照清洁程序及检查标准培训、督导、检查客房工作质量，不断了解客人的需求变化规律，提高服务质量和宾客满意度。同时应加强与相关部门的协调和配合，保证客房部业务活动的正常进行。

2. 保证客房部的业务运转

客房部在保证服务质量、努力提高客房出租率的前提下，应控制好成本，做好

人力配置和调配计划，合理控制客房费用。

3. 有效管理和控制客房设备及用品

客房部应制定设备用品管理制度，落实节约有奖、浪费必罚的措施，积极配合工程部对设备进行维修和保养，保证客房设备始终处于齐全、有效的状态。客房部还应建立房内客用品的领用和消耗登记制度，在满足客人使用、保证服务质量的前提下，减少浪费，堵塞漏洞。

4. 配合前厅部销售客房，提高客房的利用率

客房部在保证客房清洁卫生质量的前提下，积极配合前厅部做好客人的接待服务工作，满足客人在住宿方面的特殊要求，提高客房的利用率。

五、客房部如何保持与相关部门的协调与沟通

客房部是饭店运作链条中的一环，要使每个部门都充分发挥应有的效能，就应环环相扣。客房部经理必须充分了解饭店各部门的工作，保持与相关部门的有效沟通，使客房部的工作得以顺利实施。

（一）客房部与前厅部的协调与沟通

客房部与前厅部的协调沟通十分重要。客房部应不断地、及时地得到前厅部提供的最新住客信息，随时清扫离店客房，及时满足前厅部销售客房的需要。

客房部与前厅部的协调与沟通工作主要包括下列内容：

（1）及时得到前厅部提供的有关客人的下列信息：

- 客情预报表
- 重要客人接待通知单
- 团队会议接待通知单
- 次日抵店客人名单
- 预计离店客人名单
- 住店客人名单等

（2）客房应及时得到前厅部提供的“客人特殊要求通知单”，以保证客房部提前做好准备，满足客人的需求。

（3）客房应及时与前厅部交换“客房房态报告”及“客房房态差异报告”，协调好客房销售和客房管理的关系。

（4）及时得到前厅部提供的“客人换房和房价变更通知单”，以便准确掌握客房房态，做好客房服务工作。

（5）离店房内发现客人遗留物品时，客房部应及时通报前厅部进行处理。

(6)客房部应配合前厅部对提供叫醒服务而无应答的客人进行探视,保证叫醒服务准时落实。

(7)客房部应及时向前厅部通报客房异常情况,如客房紧急维修、客人生病、重锁房、跑账房等,保证随时满足客房接待服务的需要。

(8)客房部应积极协助前厅部做好大型团队、会议客人行李的运送工作,保证客人的行李安全。

(9)客房部与前厅部员工应经常进行交叉培训,互相了解工作程序,更好地配合工作。

(二)客房部与工程部的协调与沟通

客房部的设备设施、工具等由于种种原因经常会发生故障,需要工程部的全力配合和支持,并保证及时派出相应的技术人员进行维修或抢修,保证客房部对客服务的需要。客房部与工程部的协调沟通主要有以下几方面的工作:

1. 建立客房设备检查制度

工程部负责饭店所有设备设施的维修保养工作,任务量很大,为了保证客房设备能够得到正常维护,客房部与工程部应建立客房设备巡检制度(相关内容见表1-5),根据客房设备状况,合理确定检查频率,做到客房部自查、工程部检查、双方共查,并及时沟通检查情况,据此由工程部制订客房设备维修保养计划。

表1-5 客房设备巡检表

序号	检查项目	检查日期	备 注
1	检查门铃及铃座的牢固性		
2	检查防盗链的牢固性		
3	检查壁柜门及滑道的灵活性、挂衣架的紧固性		
4	检查水压力是否正常及冷热水管是否流畅		
5	检查浴缸、洗面盆、恭桶的排堵设施是否正常		
6	检查恭桶水箱是否渗水,如有,应及时修复		
7	检查并加固恭桶坐垫		
8	检查洗面台的防水胶是否需要补胶		
9	检查室内电源是否正常		
10	检查淋浴喷头是否完好、牢固		
11	紧固毛巾架、防滑扶手、浴巾架		
12	检查晾衣绳、浴帘杆是否完好、牢固		
13	检查家具拉手、轨道是否正常、牢固		
14	检查冰箱运转是否正常、有无噪声		

续表

序号	检查项目	检查日期	备　注
15	检查床架是否牢固、有无脱漆或损坏		
16	加固窗帘轨道		
17	修补脱落墙纸及墙壁		
18	检查照明、动力插座是否牢固、正常		
19	清洗空调水管及滤芯		
20	检查房内灯饰，更换灯泡		
21	检查门锁、门镜、闭门器		
22	检查控制板，保证旋钮齐全、工作正常		
23	检查空调温度调节器		
……			
检查人签字：			

2. 建立客房工程维修报告制度

客房工程维修报告制度分为一般报修制度和紧急报修制度。

(1)一般报修制度：根据饭店实际情况，制定一般报修程序，明确接到此类报修项目应到达现场的时间以及不同维修项目所需的维修时间和维修质量等。

(2)紧急报修制度：接到紧急报修要求，值班工程师及工程部经理应立即到达现场，采取紧急措施进行抢修，及时控制局面。事后按一般报修程序补填维修单。

3. 制定待修房标准

饭店对待修房要加强管理特别是旺季，凡是在当日内无法修好的客房就应转为待修房房态不能出售，但饭店要制定每天允许产生待修房的正常比例，饭店主管领导每天要进行检查，并对待修房产生的原因进行分析及时解决，将待修房的及时修复作为考核工程部工作的重要条件之一。待修房房态的转换应授权客房部经理负责。

4. 建立客房维修保养制度

(1)客房部成立维修小组对简单的项目进行随时修理，如更换灯泡、紧螺丝等。

(2)工程部定期对客房服务员进行培训，让其了解客房设备的结构与性能，掌握设备操作方法和维护常识，如紧急停电后电器重新启动的安全操作方法等，并能熟练地向客人介绍设备的使用方法和安全注意事项。

(3)客房部应积极配合工程部对客房进行维修。

(三)客房部与保卫部的协调与沟通

危及客人人身安全、财物安全的案件绝大多数发生在客房，客房部员工又直接接触客人，会及时发现一些可疑人员、可疑物品以及有可能引发重大事故的前兆，因此，保持客房部与保卫部的密切联系非常重要。

(1)客房部在保卫部指导下制定客房安全管理制度，并随时接受保卫部的检查监督。

(2)客房部应积极协助保卫部对饭店公共区域及客房楼层进行检查，做好防火、防盗等安全工作。

(3)客房部及时向保卫部提供必要的住客资料和信息。如住客是单身女性，客房有大笔现金、贵重首饰，房间内有枪支、暴力迹象及其他可疑事件等。

(4)客房部与保卫部经理每月应至少一次共同研究客房安全保卫空白点，做好客房安全的预防工作。

(5)客房部应协助保卫部做好客人遗失物品的调查工作，督导员工严格执行饭店及部门管理制度。

(四)客房部与营销部的协调与沟通

(1)客房部应配合营销部销售客房，保证客房产品符合销售需求，能吸引回头客。

(2)客房部应积极协助营销部在客房内放置广告、宣传册、通知书、敬启信、电视预报单等，并保证这些物品整齐干净、完好无损。

(3)营销部应定期对客房进行检查，及时了解客房产品的质量，对发现的问题及客人反映的问题应及时向客房部反馈，讨论解决的办法。

(五)客房部与餐饮部的协调与沟通

(1)客房部应密切关注餐饮部各营业场所的清洁状况及陈设状况，根据营业现状及时进行清洁整理工作。

(2)客房部应掌握餐饮部宴会安排情况，及时修订清洁计划，做好宴会客衣的保管工作。

(3)客房部应及时与送餐部沟通，做好送餐餐具的回收工作。

(4)客房部应根据餐饮部的经营状况，保证纺织品的周转和使用。

(六)客房部与采购部的协调与沟通

(1)客房部应依据采购程序及时提出客房物品采购计划。

(2)采购部应确保客房部提出的采购计划在规格、质量、价格、数量、时间等方面得到保证。

(3)客房部应及时将得到的供货商及新产品信息推荐给采购部。

（七）客房部与人力资源部的协调与沟通

(1)客房部应按期向人力资源部提出用工计划及要求，保证员工及时到位，并能满足培训需要。

(2)人力资源部依据饭店的经营情况与客房部协调用工标准及人员配置比例，合理控制人力成本。

(3)客房部按照人力资源部或培训部的培训计划要求，拟订部门培训计划并按要求保证培训质量。

（八）客房部与财务部的协调与沟通

(1)客房部与财务部共同做好客房年度费用预算，严格控制成本。

(2)双方共同配合做好固定资产的登记和管理工作。

(3)客房部应接受财务部的监督，做好客房物品的清理和盘点工作。

六、如何组织饭店客房部

组织管理系统的创始人巴克斯先生说："领导的职责就在于成功地设计一种组织并委派最恰当的人选，力求按照组织原则促使大家去达到目标。"

饭店客房部组织机构的设计是根据饭店的规模、客源、服务要求、岗位职责要求、授权范围、管理系统、饭店文化等多重因素而定的，组织机构的关系有的是平行的，有的是垂直的，它们既是分工协作的关系，又是隶属的关系，彼此构成一个有机的统一体。

以下是大型饭店和中小型饭店的客房组织机构图。

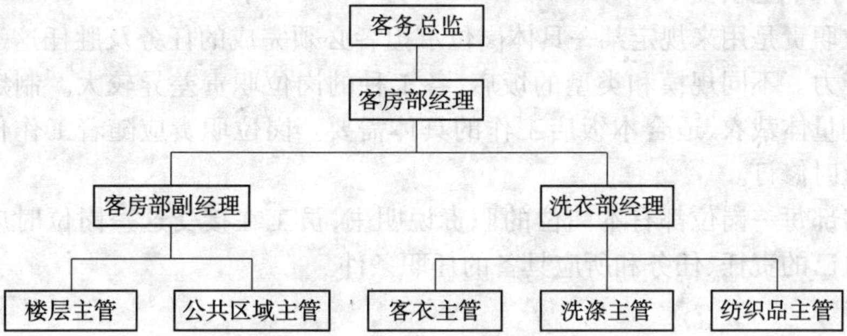

图1-1 大型饭店的客房组织机构图

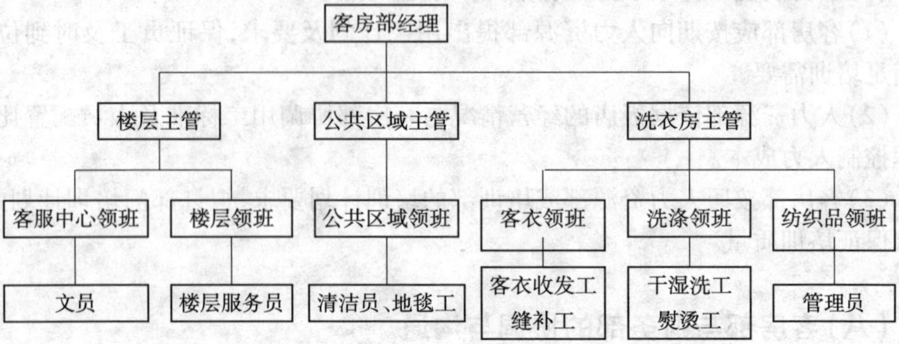

图 1－2　中小型饭店的组织机构图

七、如何确定客房部各岗位的工作职责及任职条件

(一)饭店岗位

饭店的岗位近 300 种,这些岗位按照各自的性质一般分为以下几个类型:

第一种,专业岗位。指从事各类专业技术工作的岗位,如工程师、会计师等。

第二种,执行岗位。指根据领导的安排执行自己任务的员工。

第三种,督导岗位。指监督指导某项工作的督导人员。

第四种,管理岗位。指管理一个或多个部门的经理人员。

第五种,决策岗位。指饭店的高级管理层,如董事长、总经理、副总经理等。

(二)岗位职责

岗位职责是用来规定某一具体岗位承担者必须完成的任务及胜任这一岗位所需要的能力。不同规模和类型的饭店,各工种的岗位职责差异较大。制定岗位职责要做到量体裁衣,适合本饭店工作的具体需要。岗位职责应随着工作任务的改变得到及时修订。

客房部每一岗位都有本岗位的职责说明书,员工在接受这一岗位时应清楚地了解到自己的责任、任务和所应具备的任职条件。

(三)客房部各岗岗位职责及任职条件

客房部经理

直接上级:驻店经理、主管副总经理或客务总监

直接下级：客房部副经理、洗衣房经理

任职要求：

1. 基本素质

工作认真，顾全大局，关注客人，善于沟通，勇于创新，讲求效率，身心健康，仪表端庄，有较高的职业道德素养及吃苦耐劳的精神，有较强的事业心。

2. 文化程度

具有大专以上学历。

3. 语言文字能力

有较强的口头和文字表达能力，能用一门外语熟练地与客人交谈，并能阅读和翻译本专业资料，能撰写客房管理文件和工作报告。

4. 专业知识

掌握宾客接待礼仪知识，掌握客房清洁保养原理和方法，掌握清洁剂、清洁工具及设备的使用及管理知识，掌握纺织品及洗衣的管理方法，掌握客房预算及成本控制方法，掌握客房安全消防知识及方法，掌握客房装修、装饰及布置等知识。

5. 工作经验

有3年以上客房管理经验，有扎实的客房各岗位工作经历，有娴熟的待客技巧和处理客人投诉和突发事件的经验，能熟练使用饭店电脑管理软件。

6. 特殊要求

熟悉并掌握饭店管理的基本知识，了解主要客源国概况，掌握合同法、消费者权益保护法、治安管理条例、饭店管理法规、消防安全管理条例及急救知识。有较强的沟通协调能力和决策管理能力。

7. 岗位职责

在主管副总经理或客务总监的领导下，全面负责客房部的运营与管理工作。督导下属搞好饭店及客房的清洁卫生工作和接待服务工作。在确保客房正常运转的前提下，控制、降低客房费用。协调好各部门间的关系，保证满足客房接待服务的需要，提高客房的利用率。

8. 工作内容

(1)负责制定客房清洁程序和清洁标准。

(2)负责制定清洁检查标准。

(3)负责制定部门岗位职责和工作程序。

(4)负责制订本部门的工作计划和年度预算，控制客房费用。

(5)负责部门员工的招聘、录用、培训、评估、管理等工作。

(6)负责客房部员工工作量的核定及人员编制工作。

(7)负责控制、申领客房部的物资及设备。

(8)检查VIP房。

(9)负责监督报表的管理和档案资料的建立与存档工作。

(10)负责监督、控制失物招领工作。

(11)负责协调与客人之间的关系,处理客人投诉。

(12)负责与前厅部、工程部密切合作,确保给客人提供最好的客房产品。

(13)负责管理客房部的设备和物品并定期清查,按时向财务部报告并主动接受监督。

(14)负责洗衣房的管理工作,保证洗涤和服务质量。

(15)负责客房新产品、新设备信息的收集工作,积极参与客房的装修改造工作,提出合理化建议,与采购部一同寻找合适的供应商。

(16)主持部门例会,参加饭店例会,及时传达各项信息。

(17)负责制订部门培训计划,监督培训计划的落实和实施工作。

(18)负责对客关系工作,探访病客和常住客人,随时征求客人的意见和建议。

(19)随时关注行业动态,保持与同行良好的合作关系。

(20)随时完成上级交办的其他工作。

客房部副经理

直接上级:客房部经理

直接下级:客房主管

任职要求:

1. 基本素质

工作认真,顾全大局,关注客人,善于沟通,勇于创新,讲求效率,身心健康,仪表端庄,有较高的职业道德素养及吃苦耐劳的精神,有较强的事业心。

2. 文化程度

具有大专以上学历。

3. 语言文字能力

有较强的口头和文字表达能力,能用一门外语与客人交谈,并能阅读和翻译本专业资料,能撰写客房管理文件和工作报告。

4. 专业知识

掌握宾客接待礼仪知识,掌握客房清洁保养原理和方法,掌握清洁剂、清洁工具及设备的使用及管理知识,掌握客房预算及成本控制方法,掌握客房安全消防知识及方法,掌握客房装修、装饰及布置等知识。

5. 工作经验

有2年以上客房管理经验,有扎实的客房各岗位工作经历,有娴熟的待客技巧和处理客人投诉和突发事件的经验,能熟练使用饭店电脑管理软件。

6. 特殊要求

熟悉并掌握饭店管理的基本知识,了解主要客源国概况,掌握合同法、消费者权益保护法、治安管理条例，饭店管理法规及消防安全管理条例。有较强的沟通协调能力、培训能力和实际操作技能。

7. 岗位职责

协助客房部经理做好客房的日常管理工作。在客房部经理的授权下具体负责相关领域的工作并保证所负责工作保质、保量、按时完成。及时了解客房部情况，随时向客房部经理提出建议，在经理外出时行使经理的权力，当好经理的助手和参谋，配合客房部经理共同实现客房部的管理目标。

8. 工作内容

(1)传达并督促下属有效完成客房部经理下达的各项指令。

(2)检查下属的工作程序及质量标准。

(3)检查当天预抵店和已住店重要客人的房间。

(4)检查落实中班、夜班主管在交接班日志中提出的问题，并将处理结果及时向客房部经理汇报。

(5)巡视辖区，发现重大问题应及时向经理汇报。

(6)处理客人投诉和员工投诉，做好员工的思想工作。

(7)与前厅部保持联系，保证客房房态准确有效。

(8)根据出租率制订员工工作安排计划，合理调配使用人力。

(9)负责客房物品的淘汰、申领、保管、使用和监督工作。

(10)负责监督检查员工仪容仪表及服务质量。

(11)负责部门培训计划的实施工作并指导主管培训下属员工。

(12)每天抽查一定数量的客房，保证客房清洁卫生。

(13)负责检查督导客房服务中心的工作。

(14)负责试用最新的清洁用品、设备及新技术，并负责对此做出评估。

(15)负责客房设备维护保养的管理工作。

(16)协助主持部门例会，部门经理外出时，负责客房部的全面工作。

(17)完成上级交办的其他工作。

客房部秘书

直接上级：客房部经理

任职要求：

1. 基本素质

工作认真，顾全大局，关注客人，善于沟通，讲求效率。

2. 自然条件

身心健康，仪表端庄。

3. 文化程度

具有高中以上学历。

4. 语言能力

有较强的口头和文字表达能力，能撰写一般的工作报告。

5. 工作经验

掌握客房部的工作程序、标准和要求，能独立处理办公室的日常事务，有较强的管理能力及协调能力，并能熟练应用饭店电脑管理软件和现代化办公设备。

6. 特殊要求

熟悉饭店各项管理制度，了解饭店各部门的工作程序。了解主要客源国概况，掌握合同法、消费者权益保护法及消防安全管理条例。能熟练制作各类报表，有较强的应变能力和处理突发事件的能力。

7. 岗位职责

负责客房部信息的传递工作，协助客房部经理完成客房管理的各项统计工作及必要的文秘工作，负责客房鉴定档案的建立、更改、存档和保管工作。

8. 工作内容

(1)负责客房办公室的工作，确保与其他部门沟通顺畅。

(2)协助经理处理来往文件，转接电话，接待来访客人。

(3)保管、更新客房部所有文件和记录。

(4)必要时协助文员接听电话。

(5)收集统计部门各种评比及工作数据。

(6)检查失物招领记录，保管招领的重要物品。

(7)负责领取和发放客房部的办公用品。

(8)负责核对客房部考勤统计记录。

(9)负责与外租单位沟通、联络。

(10)完成经理交办的其他工作。

客房服务中心文员

直接上级：客房部经理

任职要求：

1. 基本素质

工作认真，顾全大局，关注客人，善于沟通，讲求效率。

2. 自然条件

身心健康，仪表端庄。

3. 文化程度

具有高中以上学历。

4. 语言能力

有较强的口头和文字表达能力，能用一门外语熟练地与客人交谈，能撰写一般的报告。

5. 工作经验

有2年以上客房服务岗位工作经验,掌握客房、前厅、餐饮、财务部的工作程序、标准和要求。能独立处理当班的各项事务,有娴熟的待客技巧和应变能力。能熟练使用饭店电脑管理软件。

6. 特殊要求

熟悉饭店各项管理制度,了解主要客源国概况,了解餐饮、前厅、财务、工程等相关部门的工作程序。掌握合同法、消费者权益保护法及消防安全管理条例。能熟练制作各类营业报表。有较强的沟通协调能力和突发事件的处理能力。

7. 岗位职责

在客房部经理的领导下,负责客房服务中心的全部工作,保证对客服务工作及各项工作的质量。

8. 工作内容

(1)负责核对前厅部交送的下列报表资料:

- 客情预报表
- 重要客人接待通知单
- 团队会议接待通知单
- 次日抵店客人名单
- 当日预订客人名单
- 预计离店客人名单
- 住店客人名单

(2)核对并检查各楼层区域的钥匙,做好记录并按程序发放。

(3)接收和处理来自客人的各种服务需求记录并及时联系楼层服务员迅速提供服务。

(4)随时接受楼层服务员对客房房态的变更报告,正确记录,随时输入电脑,保证客房房态准确。

(5)随时接受客人入住和离店信息,通知楼层服务员做好迎送客人的服务工作。

(6)负责填写、交送客房一般维修单及紧急维修单,监督维修工作的落实情况。

(7)检查各楼层送交的报表,汇总后按时向相关部门分发。

(8)负责填写、打印各种工作报表并为各班次准备各种所需报表。

(9)负责租借物品的借用和保管工作。

(10)负责客人特殊服务要求的落实工作。

(11)处理客人投诉,并及时报告上级。

(12)负责客用品、办公用品的申领、分发和保管工作。

(13)负责失物的招领登记、保存及发放工作。

(14)负责服务员的考勤管理工作。

(15)负责与相关部门沟通协调对客服务工作。

(16)负责客房部办公室的清洁卫生工作。

(17)完成上级交办的其他任务。

楼层主管

直接上级:客房部副经理

直接下级:领班

任职要求:

1. 基本素质

工作认真,顾全大局,关注客人,善于沟通,勇于创新,讲求效率。

2. 自然条件

身心健康,仪表端庄。

3. 文化程度

具有高中以上学历。

4. 语言能力

有较强的口头和文字表达能力,能用一门外语与客人交谈。

5. 工作经验

有2年以上客房楼层工作经验。掌握客房服务的程序、标准和要求。熟练掌握客房设备、清洁设备及各种清洁剂的安全使用方法。具有娴熟的待客技巧和应变能力。

6. 特殊要求

了解主要客源国概况。掌握消费者权益保护法及消防安全管理条例。了解餐饮、前厅、财务、工程等相关部门的工作程序。有较强的沟通协调能力和实施培训的能力。

7. 岗位职责

负责所辖楼层客房的日常清洁、保养和对客服务工作。保证对客服务工作的每一个步骤和程序完整。保证客房的清洁、卫生和安全,使客房服务工作保质、保量、按时完成。

8. 工作内容

早班:

(1)领取楼层钥匙及夜班主管工作日志,了解上一班次工作状况,完成交办事宜。

(2)掌握当日客房房态,召开领班例会通报当日工作情况,分发客房房态资料。

(3)检查当日所有预抵 VIP 房间,并抽查一定数量的客房。

(4)与前厅部保持联系,随时确认客房房态,保证房态准确,保证客房能被及时出售。

(5)与楼层领班保持密切联系,核对房间状况,保证所有客房资料准确无误。

(6)负责处理客房一般维修工作。

(7)监督 DND 房间,做好该房态的管理工作。

(8)处理当班时间的各种问题,凡重要事宜应及时向上级汇报。

(9)加强日常巡视检查工作,随时解决工作中出现的问题。抽查领班检查过的房间。

(10)负责客人遗留物品的处理工作,满足客人的特殊服务要求。

(11)完成上级交办的各项任务。

中班及夜班:

(1)领取楼层钥匙,负责钥匙的管理工作。

(2)交接早班主管工作日志,了解上一班次的工作状况,完成日志中交办的事宜。

(3)掌握当日客房房态,召开领班例会通报早班工作情况,分发客房房态资料。

(4)安排晚到客人的服务接待工作。

(5)与前厅部保持联系,随时确认客房房态,保证房态准确,保证客房及时被出售。

(6)与楼层领班保持密切联系,核对房间状况,保证所有客房资料准确无误。

(7)负责客房紧急维修工作及突发事件的处理工作。

(8)检查所有待修房间的状态,并将修理好的房间及时恢复到可出租状态。

(9)监督 DND 房间,做好该房态的恢复工作。

(10)做好开夜床服务,保证客房服务质量。

(11)加强日常巡视检查工作,随时解决客人的服务要求,保证客人的安全。

(12)负责客人遗留物品的处理工作,满足客人的特殊服务要求。

(13)检查预抵客人和已入住重要客人的房间。

(14)完成上级交办的各项任务。

楼层领班

直接上级:主管

直接下级:客房服务员

任职要求:

1. 基本素质

工作认真,顾全大局,关注客人,善于沟通,勇于创新,讲求效率。

2. 自然条件

身心健康,仪表端庄。

3. 文化程度

具有高中以上学历。

4. 语言能力

有较好的口头和文字表达能力，能用一门外语与客人进行简单的沟通。

5. 工作经验

有1年以上客房楼层工作经验，掌握客房服务程序、标准和要求，有一定的待客技巧。

6. 特殊要求

了解主要客源国概况。掌握合同法、消费者权益保护法及消防安全管理条例。能熟练制作各类营业报表。了解餐饮、客房、财务、工程等相关部门的工作程序。有较强的沟通协调能力和实施培训的能力。

7. 岗位职责

负责所辖客房的清洁保养和对客服务工作，督导检查客房服务员按既定工作程序和标准，保质、保量、按时完成客房的清洁服务工作。

8. 工作内容

(1)参加主管主持的工作例会，及时沟通客房工作事宜，准确掌握客房房态。

(2)阅读上一班次的领班日志，做好交接班工作，立即处理上一班次交办的事宜。

(3)根据房态资料，合理安排客房服务员的工作。

(4)检查已打扫的客房，关注 DND 房，并按规定及时做好房态的转换工作。

(5)检查客房日备用品需求状况，及时补充。

(6)负责客房报修工作，保证客房维修及时有效。

(7)负责分配当日的大清洁客房和计划清洁项目，并负责检查清洁质量。

(8)负责楼层纺织品及客用品的控制和盘点工作。

(9)在重要客人入住前认真检查房间，保证所有接待设施达到出租要求。

(10)留意住店客人的动态，做好来访客人的登记工作。

(11)掌握和报告所辖楼层的客房状况。

(12)负责员工的培训和评估工作。

(13)做好客人遗失物品的登记工作。

(14)填写、收集客房工作报表，并及时交送办公室。

(15)填写交接班日志，做好交接班工作。

(16)完成主管交办的其他工作。

楼层服务员

直接上级：楼层领班

任职要求：

1. 基本素质

工作认真，顾全大局，关注客人，善于沟通，讲求效率。

2. 自然条件

身心健康，仪表端庄。

3. 文化程度

具有高中以上学历。

4. 语言能力

有一定的语言沟通能力，能用一门外语与客人进行简单交流。

5. 工作经验

有较扎实的客房工作经验。掌握清洁客房的程序、标准和要求。能熟练操作各种清洁设备和工具，并能正确使用各种清洁剂。

6. 特殊要求

了解消防安全知识、急救知识和卫生防疫知识，掌握主要客源国概况。

7. 岗位职责

按照客房的工作程序、工作标准和质量要求进行客房的清洁保养和服务工作，并保质、保量、按时完成所承担的工作。

8. 工作内容

早班：

(1)按时到岗，按程序领取万能钥匙并签字。

(2)负责接受客人的服务要求，并及时为客人提供服务。

(3)检查房间状态，并按检查程序和标准报告客房房态，保证房态准确无误。

(4)按照工作程序和标准完成清扫房间的任务。

(5)负责楼道、防火梯和工作间的清洁与维护。

(6)注意客人的动态，发现问题及时向领班汇报。

(7)及时填写有关工作报告和消费单据。

(8)正确处理客人遗失的物品。

(9)做好安全防火工作，确保工作区域内的客人、财产安全。

(10)协助餐饮部及时收回送餐餐具。

(11)及时收取客人送洗的衣物并按程序进行检查。

(12)保持各种服务工具处于良好状态。

(13)检查房间内各种设备是否处于正常工作状态，发现工程问题时应及时填报维修单。

(14)每天早、晚两次清洁责任区的非客房区域，保证责任区清洁卫生。

(15)完成楼层领班分派的其他任务。

中班：

(1)为所有预抵客人的房间和住人的房间提供开床服务。

(2)清扫早班未打扫的住人房间和离店房间。

(3)清洁楼道、电梯间,将放在楼道内的餐车、餐盘撤到指定地点。

(4)负责解决客人提出的一般要求。

(5)为早班准备好工作车。

(6)保持工作间清洁,并将所有垃圾倒掉。

(7)负责收发饭店为客人提供的免费物品。

(8)清点洗衣房送回的客衣,并及时送入客房。

(9)发现维修问题并按程序处理。

(10)负责本楼层的安全消防工作。

(11)当班结束后,做好交班工作。

(12)完成上级安排的其他工作。

夜班:

(1)检查楼道,并收取客人挂在门外的送洗衣物。

(2)按照工作程序和标准对工作区域进行定期清洁。

(3)为客人提供叫早服务。

(4)检查早离店客人的小酒吧及房间设施。

(5)按规定的时间巡视楼层,发现问题及时报告。

(6)满足客人提出的一般服务要求。

(7)完成领班分派的其他工作。

仓库管理员

直接上级:客房部主管

任职要求:

1. 基本素质

工作认真,顾全大局,关注客人,善于沟通,讲求效率。

2. 自然条件

身心健康,仪表端庄。

3. 文化程度

具有高中以上学历。

4. 语言能力

有较强的口头和文字表达能力。

5. 工作经验

有2年以上客房服务岗位的工作经验。掌握客房、前台服务的程序、标准和要求。有一定的财务管理及统计学知识,能独立处理当班中的各项事务。能熟练应用饭店电脑管理软件。

6. 特殊要求

熟悉饭店规章制度,了解消防安全管理条例和紧急情况处理程序。有较好的沟通协调能力和应变能力。

7. 岗位职责

负责客房物品的领用、分发和管理工作。合理控制库存量，有效控制客房成本并保证满足客房服务需要。

8. 工作内容

(1)定期为楼层分发客用品和清洁用品，做好成本控制。

(2)及时掌握饭店总仓库存放的部门所需物品的库存情况，保证客房用品使用量合理、使用周期合理。

(3)按照饭店要求，做好账目的管理工作。

(4)定期盘点物品，根据客用品及清洁用品的用量，及时补充库存。

(5)保持仓库整洁。所存物品的码放符合安全标准。

(6)对入库物品及出库物品有详细的档案和领用记录，确保库存物品准确无误。

(7)掌握新型物品的使用及保养管理方法，并对使用员工进行培训。

(8)完成上级交办的其他工作。

迷你吧管理员

直接上级：客房主管

任职要求：

1. 基本素质

工作认真，顾全大局，关注客人，善于沟通，讲求效率。

2. 自然条件

身心健康，仪表端庄。

3. 文化程度

具有高中以上学历。

4. 语言能力

有较好的口头和文字表达能力。

5. 工作经验

有2年以上客房或餐饮服务岗位工作经验，有一定的酒水和饮料知识，能独立处理当班中的各项事务，有一定的计算机应用技能。

6. 特殊要求

熟悉饭店规章制度，了解消防安全管理条例和紧急情况处理程序。有一定的统计学基础知识。

7. 岗位职责

负责客房迷你吧酒水的管理工作，保证客房酒水饮料及小食品的质量。

8. 工作内容

(1)定期检查楼层和服务员的酒水储存柜，确保楼层储存柜内的酒水存储量符合规定。

(2)填写每日楼层酒水消费总表,根据日消耗量填写酒水申领单。

(3)抽查客人消费单中的各项是否按规定填写。

(4)每月盘点客房迷你吧,完成每月迷你吧消费及丢失报损统计,并对报损及丢失原因进行分析然后上报主管。

(5)确保迷你吧设备工作正常。

(6)及时与主仓库沟通,做好酒水的储备及临近过期酒水的调换工作。

(7)协助客房部仓库管理员及办公室文员工作。

(8)完成主管交办的其他工作。

公共区域主管

直接上级:客房部副经理

直接下级:保洁公司主管

任职要求:

1. 基本素质

工作认真,顾全大局,关注客人,善于沟通,勇于创新,讲求效率。

2. 自然条件

身心健康,仪表端庄。

3. 文化程度

具有高中以上学历。

4. 语言能力

有较强的口头和文字表达能力,能用一门外语与客人进行简单的交谈。

5. 工作经验

有2年以上饭店公共区域工作及管理经验,熟悉公共区域各岗位职责、工作程序和标准。掌握各种清洁剂的使用知识,能熟练使用客房清洁设备、清洁工具。掌握安全操作和劳动保护知识,具有娴熟的待客技巧和应变能力。

6. 特殊要求

了解主要客源国概况。掌握消防、安全、卫生、环保等方面的法规。了解餐饮、前厅、财务、工程等相关部门的工作程序。有较强的沟通协调能力和实施培训的能力。

7. 岗位职责

负责饭店公共区域的清洁保养工作及清洁质量的检查和监督工作。代表饭店与清洁公司进行日常沟通和协调。

8. 工作内容

(1)巡查所有公共区域,确保责任区工作达到规定的标准。

(2)检查保洁员仪表仪容及行为规范。

(3)督导保洁公司按照工作标准和程序进行操作。

(4)控制公共卫生间客用品消耗,做好成本控制。

(5)做好重要会议的准备服务工作。

(6)制订楼道地毯清洗计划。

(7)定期与饭店相关部门沟通,及时把清洁信息反馈给保洁公司,做好相关区域的清洁保养工作。

(8)负责对保洁员进行培训。

(9)负责楼层设备的维护、保养及调剂工作。

(10)填写交班记录,并检查交班事宜的落实情况。

(11)每周检查一次楼层工作车及吸尘器,发现问题及时通报。

(12)完成上级交办的其他任务。

地毯工

直接上级:楼层主管或公共区域主管

任职要求:

1. 基本素质

工作认真,顾全大局,关注客人,善于沟通,讲求效率。

2. 自然条件

身心健康,仪表端庄。

3. 文化程度

具有高中以上学历。

4. 语言能力

有较好的口头表达能力。

5. 工作经验

有扎实的地毯修理与清洁工作经验,熟悉各种地毯的质地、规格和性能。掌握各类地毯的清洁、洗涤、保养、修补、铺设等技术。掌握洗涤剂的配置方法,能熟练操作地毯清洗设备。

6. 特殊要求

熟悉饭店管理制度,受过地毯操作专业培训。掌握安全消防常识。

7. 岗位职责

(1)按照工作程序和标准,随时对客房地毯、沙发、床头板、床垫、床屉进行清洗。

(2)每日巡查餐厅、多功能厅、楼层、房间地毯,及时修补各种开胶、破损地毯,清除各种污迹。

(3)负责饭店区域内的铺地毯工作。

(4)协助楼层定期进行大清洁工作。

(5)保证相关设备正常运行。

(6)完成上级交办的其他任务。

第三节　客房管理的产生和发展历程

客房管理经历了三个发展阶段,即豪华饭店时期、商业饭店时期及现代国际饭店时期。

一、豪华饭店时期的客房管理

18世纪,工业革命使世界饭店业的发展进入了全面鼎盛时期。这时的饭店,不仅仅是路人过夜的住所了,它已成为城镇中社会活动和商业活动的中心。这时期的大饭店全都兴建在繁华的大城市,其服务也以皇室宫廷礼仪为标准,旨在取悦上流社会,其接待对象不再是商旅路人和平民百姓,而是王公贵族、商贾名流;大饭店的收费也十分昂贵。

由于饭店规模不断扩大,服务项目不断增加,饭店内部管理需要分工协作,客房管理因而受到重视逐渐独立出来,成为饭店的一个专业部门。

豪华饭店除强调豪华的建筑外观、众多的客房、餐厅、舞厅等服务设施外,还对客房室内的设备、餐具、服务方式和就餐程序等进行了精心设计,使其达到豪华的标准。

二、商业饭店时期的客房管理

随着社会生产力的进一步发展和交通工具的不断推陈出新,使饭店业的世界市场得到开发,众多的有产阶级、传教士、推销员、冒险家等来往于世界各地,他们对住宿设施的需求发生了众多变化。传统饭店的简陋设施及服务形式已不适应新的市场需求,而豪华饭店又高不可攀,使得需求与供给形成强大反差,商业饭店由此产生。

商业饭店的接待对象主要是商业旅游者,他们出行的目的是为了工作,如联系业务、贸易洽谈、销售产品、开拓市场等,这使得饭店的服务项目发生了变化。

世界上最早的商业饭店，是1829年在美国波斯顿建成的Tremont House。该饭店首创单人客房和双人客房，免费提供香皂，水壶和饭碗。但世界上第一家具有代表性的商业饭店，是1897年在美国纽约建成的，名为Walololf Austrolia Hotel。它有1000余间客房，其中有765间设有独立的卫生间，这一做法得到了当时世界旅行者的赞赏。

1908年，美国饭店大王施特莱在巴伏劳建成了施特莱大酒店并首先采用了太平门，客房内设有个人浴盆、穿衣镜，门内设有电灯开关和有把手的门锁。

到19世纪40年代，美国饭店大王康拉德·希尔顿进一步发展了商业饭店。

商业饭店时期的客房管理发生了很大的变化，经营者关心的不再是客房的豪华程度，而是客房的舒适度与方便程度以及房价的合理性，其主要的管理特点有以下几点：

1. 客房产品商品化

商业饭店规模大，客房数量多，设备舒适完善，装潢布置讲究，使客房作为高级消费品的社会功能得到充分体现。饭店根据客人的不同需求，提供不同等级、不同规格的房间（如单人间、双人间、套间、双套间、多套间等），使客房商品有了广泛的社会功能。

2. 客房管理注重市场研究，创建了订房制度

随着商业饭店及汽车酒店等住宿设施的迅速发展，饭店业出现了激烈的竞争，迫使饭店经营者注重研究客源市场，订房制度应运而生。饭店通过采用最新的通信设备和技术成果，如计算机、电报、电传等，广泛联络客源市场，管理订房业务，将饭店订房系统扩展到全世界。

3. 客房管理成为专项职能

随着商业饭店客房规模的扩大和订房系统的发展，以及顾客类型的多样化，使客房商品经营更复杂、更具有挑战性。客房内部的管理和分工比豪华饭店时期更精细，前厅部逐渐从客房部中独立出来。正确处理各种管理关系已成为商业饭店时期客房管理的专项职能。

4. 客房管理理论迅速发展

商业饭店接待的对象主要是商业旅游者和中上层阶级，他们追求高质量、高效率的服务，对客房管理提出了更高的要求，使旅游教育变得更为重要，促进了旅游教育的产生和发展。美国、欧洲、日本、新加坡的很多大学开设了旅游管理专业，促进了饭店管理学科的迅速发展，使客房管理理论得到发展。客房组织机构、规章制度、管理方法、服务质量等都成为被研究的内容。这些研究成果及时被运用到客房管理中，通过各种业务培训和技术考核、专家指导等强化培训措施，使商业饭店时期的客房管理以崭新的面貌出现在住宿产业中。

三、现代国际饭店时期的客房管理

自20世纪六、七十年代以来，随着科学技术、文化教育事业的快速发展，发达国家广泛应用现代科学技术的最新成果武装国民经济，使社会生产力和劳动生产率快速提高，使社会经济结构和消费结构发生了巨大变化。发达国家为了保持社会稳定，减缓劳资纠纷，推行了福利社会、消费社会的政策，使带薪年假延长、工作时间缩短，增强了人们的支付能力，由此带动了旅游业的快速发展，使旅游更加普及。

由于顾客类型的多样化，客源市场的复杂多变，使20世纪初期出现的商业饭店已无法满足迅速增长的旅游者的住宿需求，从而使饭店的发展进入了种类繁多、经营方式灵活多变、管理不断创新的现代国际饭店发展时期。该时期客房管理的特点主要有以下几点：

1. 需求变化引起饭店设施变化

现代国际饭店的接待对象主要是旅游者，除商业旅行者外，大多数旅游者出行的目的是为了观光游览、娱乐消遣、考察探险、增长阅历和知识、领略异乡风情等。商业饭店的经营者们对顾客的需求变化给予了足够的重视并进行了快速的改革。日本的新大谷饭店增加了综合服务设施近百项，美国蒙特利尔希亚特酒店新增旋转餐厅、室内停车场、游泳池、舞厅、剧院、宴会厅和11个会议室等。这一时期，尽管现代国际饭店的服务设施及服务项目不断的增加和完善，但客房作为饭店主要经济收入的地位并没有改变。

2. 现代饭店时期的饭店类型多样化

现代旅游是以游览、休闲、娱乐等为主，活动的方多种多样。为了满足旅游者的需求，饭店的类型在不断发展变化，它由过去较单一的饭店类型发展成为多样化的饭店，商务型饭店、度假型饭店、精品饭店、会议展览型饭店、套房型饭店、汽车饭店、公寓型饭店、共管型饭店、分时度假饭店、豪华游轮、帐篷旅馆、BB旅馆、机场饭店等各类型饭店层出不穷。饭店的选址已不局限于著名的风景区、城市中心、车站码头，而是依据经营可行性分析来确定饭店的位置及目标市场。

3. 饭店业的高额利润吸引了很多投资者，加剧了饭店业的竞争

现代旅游的大众化、普及化使旅游业成为仅次于钢铁工业和石油工业的第三大产业，吸引了许多企业家和大公司跻身于此领域。最先打入饭店业的是联合航空公司和泛美航空公司。1966年，国际希尔顿酒店公司被卖给了环球航空公司，他们天地配合，大力发展饭店，联合收买或新建城市酒店、机场酒店，成为现代国际酒店的新兴势力。到20世纪70年代末，世界上形成了十大跨国公司。发展中国家为了增加外汇收入，也修建了大批现代化国际饭店，使现代饭店企业呈现出种类繁

多、竞争激烈、管理科学化的纷繁复杂的局面。

现代国际饭店时期的饭店客房管理在商业饭店时期发展的基础上，有了新的重要发展。客房管理广泛应用科学研究的最新成果，不断完善客房设备设施，突出家庭气氛，使管理方法更加科学合理。客房的社会功能不断地增强，客房这一特殊商品逐渐成为一种高级消费品。饭店管理者开始总结客房商品的营销规律，以便有效地销售客房，提高客房的利用率，使客房的效益达到最大化。

第二章 客房产品配置和客房设备管理

第一节　如何划分客房功能

不同类型的饭店有不同的房间类型和客房设计标准,各饭店应根据客房的不同功能决定客房的装修、装饰风格,配置客房所需家具。

以标准间为例,可将客房的功能分为六大项,即睡眠空间、起居空间、书写空间、健身空间、盥洗空间和储存空间。

一、睡眠空间

睡眠空间是客房中最基本、最主要的空间,其主要家具是床、床头柜和必需的设备。床屉应牢固稳定,造型美观,移动方便。床垫弹性适度,透气性好。床头软包板宜为布制或仿皮质材料,容易清洗,舒适美观。

床头柜一般设在床的两边,带有床头触摸式控制板或单项开关,可以控制房内的一切电源,如床头灯、镜灯、台灯、夜灯、落地灯、走廊灯、吊灯、电视开关、音响、请勿打扰灯、呼叫服务等。床头柜上一般配电话、便笺纸、闹钟及收音机等物。

二、起居空间

起居空间设在客房的窗前区，供客人休息、会客、观景、看电视等用。主要家具是圈椅和茶几，或一套沙发和茶几，或贵妃椅和茶几等。起居空间还兼有饮食功能，客人可以在此享用房内送餐服务、喝茶或吃水果等。

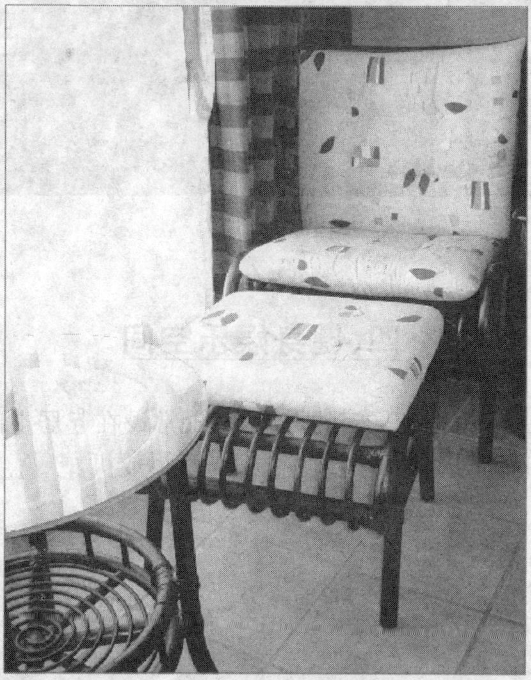

三、书写空间

书写空间一般设在睡眠空间的对面。一般沿墙设计一组多功能桌柜，如写字台兼化妆台、文件柜（架）、行李柜（架）等，可以放置电视机、电冰箱、小酒吧，墙面装有镜子，配有宽带、传真复印机、电话机等设备的插口和电源插座。

四、健身娱乐空间

健身娱乐空间一般根据标准间的大小而定，常设在起居空间附近，主要设备为一台小型跑步机、自行车机、棋牌桌或壁挂式 CD 播放机。

五、盥洗空间

客房的盥洗空间一般分为以下两种形式:

1. 盥洗室兼卫生间

该形式的盥洗空间的主要卫生设备有浴缸、恭桶和洗手盆。浴缸带有淋浴喷头并有防滑设施,洗手盆镶嵌在大理石台面上,墙面配有防雾镜和化妆镜,并配有梳洗、化妆及卫生用品。

2. 独立洗浴间与独立卫生间

客房内设有独立的卫生间和独立的洗浴间。卫生间设有恭桶和冲洗器。洗浴间设有盆浴、淋浴房、洗手盆并配有梳洗、化妆及卫生用品。

饭店应在具备和满足上述功能的基础上，合理设计客房，有效使用空间，配备舒适、有效的家具和设备，达到提高客房使用率和附加值的目的。饭店越来越注重客房的使用功能及其创新，更加注重客人的需求和感受。因此，在确定客房功能时，常常采用装修不同类型的样板间，用来检验客人的接受力，发现设计、材料选择、装修质量、空间合理利用等方面的问题，及时改进，并较为准确地测算出装修成本。

六、储存空间

储存空间一般设在进门过道处，主要形式是壁柜或独立步入式储物间。壁柜内可存放服装、鞋帽、书包、箱子和保险柜等，壁柜内配有方便的节能照明设备。

第二节　如何选择和配置客房设备用品

一座现代化饭店所配置的客房设备和用品的种类有近 300 种。由于饭店的等级、规模、地域、客源市场、价格等因素不同，使饭店在选择和配置客房设备及用品时存在较大差异。高星级饭店的客房设备及用品突出豪华名贵、美观舒适，低星级饭店的客房设备及用品强调简单卫生、方便实用。不管哪种类型的饭店，在设计和选购客房设备用品时，都应遵循两个原则：第一，方便客人使用；第二，方便服务员操作。

一、选配客房设备用品应考虑的要素

1. 舒适性

在预算范围内选择客房设备用品时，应考虑能给客人营造一种舒适的氛围，避免好看不好用、华丽不舒适。配置灯具时应分区域设计，能满足客人阅读的要求和女性客人化妆的要求。选择纺织品时，宜选用透气性强、手感好、易清洁的面料。

2. 健康性

在保证客房用品舒适性的基础上，还应关注这些用品的环保功能，为客人营造一个健康的居住空间。

3. 耐用性

客房设备用品应当牢固耐用、制作工艺精细、操作方法简单易懂并能合理有效地使用客房空间。选购相关设备及用品时，应考虑制作工艺对物品耐用性的影响，如实木椅子的固定方法是否科学，桌子及椅子脚的制作工艺是否精细，家具棱、角、边的处理方法是否合理等。家具的棱、角、边设计合理能减少相互之间的撞击从而减少维修次数，并有利于保护墙壁和装修材料使其不易损坏。

4. 可靠性

客房设备要安全可靠,既要保证客人的安全也要保证服务人员的安全。设备的使用及运行也要可靠,以免因设备发生故障和不断维修而影响客房服务效率。

5. 配套性

客房设备应与饭店总体设备相配套,做到技术上兼容、性能上互补、管理上协调和培训使用方便。

6. 方便性

客房设备用品首先应方便客人使用,其次应方便服务人员操作和进行维修保养。大到设备的选型、安装、使用应易懂、易操作、易维护保养和不易发生危险,小到电源开关设置应合理、舒适。

7. 经济性

选购客房设备用品时,不仅要考虑其购买价格,还要考虑其平均使用寿命、平均保养费用、平均维修费用、平均保洁费用、投资回报时间、售后服务的提供和保证等因素,尽可能延长设备的使用寿命。

二、对客房设备用品分类选配

客房设备用品主要有以下11大类,各饭店可根据实际需要选择和配置。

1. 客房电器类

表2-1　客房电器类用品配置清单

电视机	电脑	传真机
扫描仪	电话	冰箱
饮水机	电水壶	音响

续表

跑步机	健身器	空气加湿器
电咖啡壶	DVD 机	电熨斗
熨裤机	收音机	闹钟
台灯	落地灯	镜灯
床头灯	吊灯	壁灯
射灯	夜灯	过道灯
衣柜灯	浴室灯	恒温器
电吹风机	保险箱	

2. 客房自动化设施及设备类

表 2－2 客房自动化设备配置清单

高速互联网	IP 电视
在线客房	客房可视电话
电子控制的客房迷你吧	多功能电子红外线遥控器
房间自动化结账系统	

3. 客房家具类

表 2－3 客房家具配置清单

沙发	茶几	椅子
写字台	化妆台	化妆镜
穿衣镜	立式衣架	电视柜
电视机转盘	行李柜	衣柜
书柜	会议桌	酒柜

续表

贵妃椅	床	床头柜
床头板	床垫	床头电子控制系统柜
冰箱柜	展示柜	墙边柜
屏风		

4. 客房浴室及卫生间设备

表 2－4　客房浴室及卫生间用品配置清单

浴缸	淋浴间	洗面台
洗手盆	防雾浴室镜	化妆镜
浴巾架	面巾架	面纸盒
体重计	晾衣绳	挂衣钩
浴缸防滑杆	浴帘	洁身器
恭桶	纸篓	

5. 客房纺织品类

表 2－5　客房纺织品配置清单

大床罩	标准床罩	小床罩
大床单	标准床单	小床单
双人床洁垫	单人床洁垫	毛毯
双人床裙	单人床裙	地巾
双人枕套	单人枕套	枕头
双人被罩	单人被罩	棉被
窗帘	遮光帘	纱帘
浴袍	睡衣	浴巾
面巾	中巾	方巾

6. 客房用品及易耗品类

第一种,客房用品类。它是饭店为住宿客人提供的日常用品,可以重复使用。

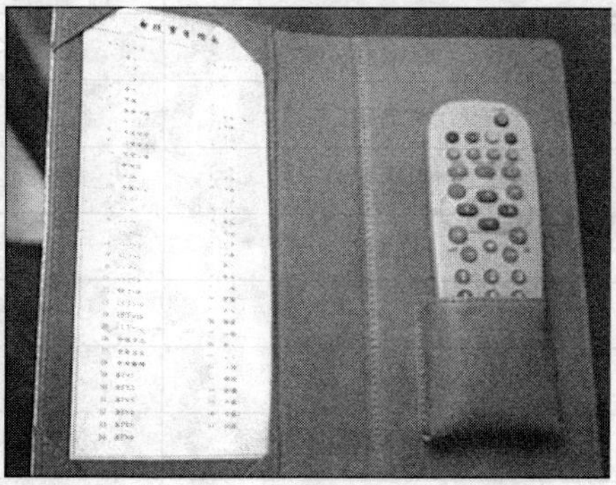

表 2－6　客房用品配置清单

饭店介绍	服务指南	电话指南
电视节目单	住客须知	送餐菜单
安全疏散图	请勿打扰牌	请即打扫牌
《圣经》	杂志	电话黄页
地图册	晚安卡	便笺纸夹
手电筒	小型灭火器	烫衣板
男衣架	女衣架	衣刷
擦鞋筐	纺织品洗涤筐	鞋拔
暖水瓶	凉瓶	烟灰缸

续表

冰桶	冰夹	水杯
茶杯	酒杯	水杯托盘
漱口杯	皂碟	客用保险箱使用说明书
垃圾桶		

第二种,客房易耗品类,即一次性客用品。它是饭店为提高客人的住宿质量放置在客房内的一系列一次性用品。随着人们环保意识的增强,饭店越来越多地选择自然、容量适中、符合客人需求的环保型易耗品。易耗品的成本一般占房价1.5%~3.5%。

表2-7 客房易耗品配置清单

中式信封	西式信封	传真信纸
中式信纸	西式信纸	便笺纸
宾客意见书	圆珠笔	铅笔
明信片	客房小酒吧单	洗衣袋
水洗单	干洗单	熨烫单
购物袋	垃圾袋	卫生袋
拖鞋	鞋刷	擦鞋布
鞋油	擦鞋卡	针线包
火柴	面巾纸	搅拌棒
咖啡包	伴侣包	糖包
绿茶	红茶	花茶
水杯纸垫	洗手香皂	洗澡香皂
洗发液	护发素	淋浴液
泡泡浴液	海盐	护肤乳液
搓澡用丝瓜布	浴帽	指甲锉
剃须刀	棉花棒	棉花球
牙刷	牙膏	梳子
卫生卷纸	恭桶已消毒封条	书签

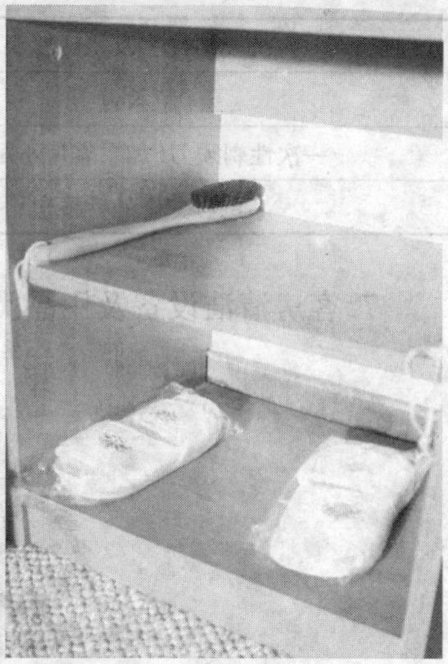

第三种,客房租借用品类。它是客人在旅游或商务活动中不便携带的日常生活用品。随着客房产品的不断更新,客房的租借用品也在不断更新。客房的租借用品的配备应以适应本饭店客源市场的需要为依据。

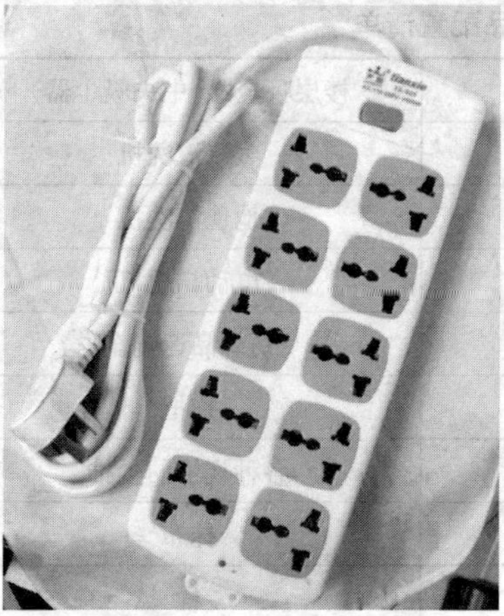

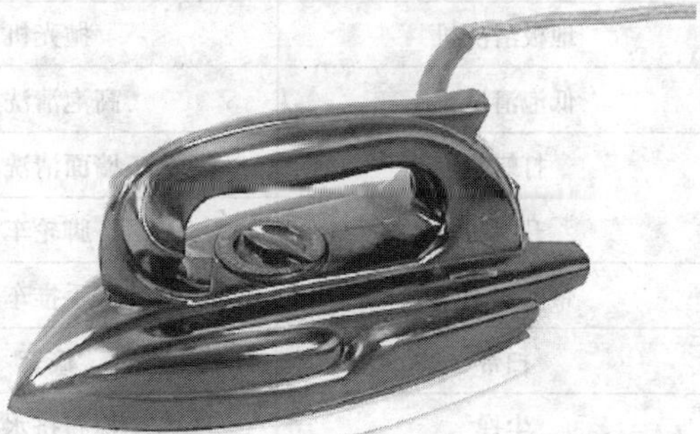

表 2-8 客房租借用品配置清单

婴儿床	加床
轮椅	拐杖
硬板床	加热器
多功能接线板	多功能充电器

续表

抗过敏枕头及特殊枕头	冰袋或暖水袋
急救包	熨斗、熨板（如果客房不配备）
一次性剃须刀（如果客房不配备）	吹风机（如果客房不配备）
色彩齐全的针线包	

7. 客房清洁设备及用品类

表 2－9　客房清洁设备及用品配置清单

公共区域吸尘器	多功能吸尘器	楼层吸尘器（中央吸尘器）
地板清洗机	抛光机	蒸汽清洗机
低泡清洗机	高泡清洗机	地毯清洗机
打蜡机	墙面清洗机	电动扫地机
升降机	脚轮车	纺织品运输车
带轮衣架车	手推车	拖把
扫帚	簸箕	各种规格的尘推
尘掸	拖布挤水桶	抹布
清洁篮、物品盒	钢丝锉	桶
各种清洁刷	擦拭用海绵	工作手套
防护镜	多功能去污剂	地毯洗涤剂
污迹洗精剂	玻璃清洁剂	抛光剂
客房服务员工作车		

8. 客房装饰品类

表 2－10　客房装饰品配置清单

装饰画	古玩
摆件	屏风

9. 客房安全设备类

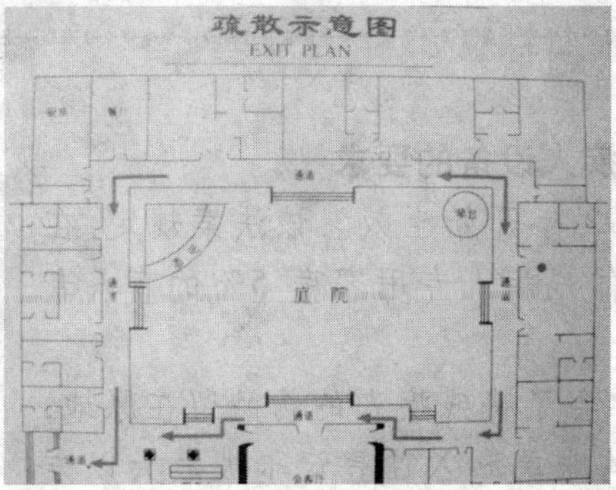

表 2－11　客房安全设备配置清单

温度感应器	自动喷洒头	消火栓
烟感测试器	紧急疏散梯	紧急疏散图
紧急出口指示灯	灭火器	报警器
手电筒	紧急电源	紧急广播系统
排烟闸门	方便氧气袋	

10. 洗衣房设备类

表 2－12　洗衣房设备配置清单

干洗机	水洗机	烘干机
熨烫折叠机	缝纫机	电熨斗
电撑机	压衬衫机	

11. 残疾人设备类

主要指轮椅和残疾人客房中的配套设施。

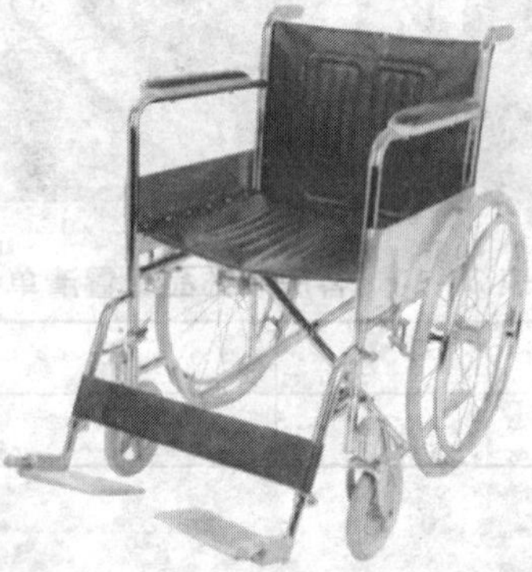

相关链接

美国残疾人法案中对残疾人设备的要求

美国残疾人法案于1990年颁布，1992年开始生效。该法案规定，在1997年以后建造的酒店需要有5%的身体残疾人专用客房、5%的盲人专用客房和5%的听力障碍者专用客房。

该法案自实行以来，让客房服务员学会了将残疾人的物品留在原地，收银员能对盲人客人唱收唱付，前厅部的账单和入住登记卡被放大以方便视力残疾者。酒店还改善了照明设备，提供轮椅电池充电电源。酒店在工作程序和空间上也做了类似的改造以方便残疾员工，同时也对招聘、测试、职务描述、工作结构及其他方面的工作方法进行了修改。

美国残疾人法案制定了很多详细规定，使残疾客人和员工对设施的使用更为方便如：

1. 通信设备

◆ 为听力损失者准备的电话

◆ 为下肢残疾者准备的高度适当的公用电话
◆ 为聋者准备的电信设备，客房电话铃响能有视觉提示
◆ 为肌肉控制功能低下者准备的方便拨号的电话按键、替代键或声控电话

2. 安全设备

◆ 烟感器的视觉提示
◆ 敲门声、门铃和报警器的视觉提示
◆ 视觉或震动闹钟
◆ 房门低位门镜
◆ 房门低位门锁
◆ 玻璃门和扶手上对照鲜明的颜色
◆ 坡道两边的扶手
◆ 自动门
◆ 电梯门稍慢关闭

3. 通道

◆ 残疾人停车车位
◆ 进入大门的斜坡坡道和楼内的斜坡坡道
◆ 容易手控的饮用喷泉
◆ 电视和录像节目的闭路字幕解码器
◆ 会议助听系统
◆ 低位电灯开关和恒温调节器
◆ 易触到的盥洗室挂杆和帐幕控制系统
◆ 双层接待桌
◆ 轮椅充电用伸展软线
◆ 为关节炎患者准备的保健软垫
◆ 电梯、直梯和自动人行道

4. 图解

◆ 电梯间、客房门有凸起的盲文

5. 浴室设备

◆ 带折叠椅的滚动式淋浴器
◆ 在浴缸和恭桶周围安装把手
◆ 升高洗涤槽以便容纳轮椅
◆ 升高恭桶

◆ 降低毛巾架
◆ 扩大浴室面积提供可供轮椅倒转的空间
◆ 浴缸里提供转换椅
◆ 降低镜子高度
◆ 设计进出门的余隙
◆ 备有可调节高度的手握式淋浴器

6. 标志

电梯内外、客房钥匙、残疾人专用客房等都要为盲人设置触摸标志。

电梯设备应为盲人提供听觉提示服务,如电梯上升时响一下,电梯下降时响两下。

有的饭店正在尝试使用听觉提示系统,提示的声音是从小型传导体传输到残疾客人的接收器上的,听觉信号可以告诉客人他们在哪里以及如何走回房间或去乘电梯。

三、如何在客房设备用品的选配上进行创新

高科技的发展使新型产品和科技设备在饭店得到不断应用。未来的饭店将更注重使用环保型产品,污染型、刺激型化学产品将被逐渐淘汰。

可以净化空气的墙壁能够将一切异味自动排除,抗过敏性的客房将在饭店出现。清洁产品和洗涤产品将合二为一,并具有消毒功能。吸尘器在清洁地毯的同时还具备净化空气的功能。自动化设备包括机器人在内将成为未来饭店的主要工作力量……

美国休斯敦大学希尔顿酒店餐饮管理学院的教授们对21世纪的酒店客房进行了研究并认为客房装备将发生如下变化:

1. 光线唤醒系统

光线唤醒系统是客人在设定叫早时间的前半个小时,房间内的灯光由暗逐渐变强,直到唤醒时刻房间内的灯光亮如白昼,使客人免除铃声的惊吓和视觉的不适。

2. 虚拟理想窗户

根据客人的需求和当时的心境,由客人自己选择窗外的虚拟风景,如森林草地、绿色田野、迷人沙滩、幽静小院及其他任何能够使客人感到宁静舒适,赏心悦目

的风景，使客人看到的不再是忙乱的露天停车场或没有任何特色的城市街道。

3. 无噪声音乐（white music ）

客人可以任选令自己感受最舒服、最愉悦的背景音乐。

4. 自动感应系统

客房将配置自动感应系统，如声控灯光、声控窗帘等，客人可以通过声控系统随意控制房灯、窗帘的开与关。

5. 自动感应床垫

床垫可根据人体部位的感应度进行自动调节，将床垫调节到客人感觉最舒适的状态。

6. 无钥匙门锁

客人开启客房门锁时将通过指纹或视网膜鉴定身份，使客房这个移动的家更安全。

未来，还将出现 On line room 在线客房、智能化客房等。多功能红外电子遥控器将取代固定在床头柜上的控制板，客人可以在客房的任何区域对客房的照明系统、音响系统、空调系统、电视机、窗帘、自动感应床等进行遥控……

希尔顿酒店管理集团准备在美国纽约的一家酒店增加辅助睡眠客房类型。该类型客房将增加可以帮助客人睡眠的设施和服务，配置模拟夜间自然声的机器、可调控的床垫、特殊的灯光以及有助于睡眠的各种保健饮料和食品等，为经常出差在外被噪声、陌生的环境、不适应的室内温度、不习惯的床垫等原因干扰睡眠的客人提供全新的服务。

四、如何根据客源市场的变化和客房设备用品的更新进行服务创新

客房部经理要时刻掌握市场变化情况，详细了解不同客人对客房产品的不同需求，及时进行服务创新。

1. 未来家庭旅游市场的发展将提高客房的入住率，增加客房清洁时间

随着生活水平的不断提高，人们可自行支配的闲暇时间和金钱日益增多，家庭旅游市场将不断发展。饭店应积极适应这一市场变化需求，及时更新客房类型，配置相关设备用品，创新服务。如一些饭店已经尝试兴建了儿童房，这将使客房清洁时间延长并改变客房服务方式。

2. 商务旅行者仍是饭店收入的主要来源

未来，饭店的客房设计应不断适应商务发展的需要，配置更多现代化的可视电话、可视会议系统、迷你办公室等设施设备。客房中电子设备的增加将对客房服务

员在设备的操作及维护保养方面提出更高的要求，客房部将出现电脑工程师这一职位，以满足商务客人的需要。

3. 中老年旅行团的数量将不断增加

随着老龄化时代的到来，越来越多的中老年人利用充足的闲暇时间出游，使饭店接待中老年客人的比例不断增长。饭店应适时进行设备更新，以适应这部分客人的出行需求。如饭店的客房需要增加更多的安全扶手，房间的灯光需要更加明亮，客房服务员需要掌握急救护理知识，他们的服务应该更耐心、更细心。客房部管理者要随时关注老年客人的需求，不断改进服务程序，为中老年客人提供满意的服务。

4. 残疾人设备设施不断完善

随着残疾人地位的不断提高及配套社会服务设施的日益完善，将使越来越多的残疾人走出家门加入旅行者的行列。饭店应适时增加无障碍通道、残疾人客房、各类助听系统及盲文显示等设备用品，并培训一批精简高效的残疾客人专职服务员队伍。

5. 客人的个性化需求越来越多，设备更新及服务创新日益紧迫

客人对未来饭店客房产品的个性化要求越来越多如：

(1)客源市场的变化使客人在客房内停留的时间延长，将导致请勿打扰房(DND)房态管理发生变化。

(2)客人要求服务员按照自己的作息时间及生活习惯和程序清洁客房。

(3)客人要求按照自己的审美重新布置客房。

(4)客人要求在房间内摆放自己喜欢的不同种类的植物和装饰品。

(5)客人要求设立宠物客房，允许自己与宠物一同居住。

第三节　客房设备管理

客房设备是以出租客房的形式，供来自世界各地不同类型的客人使用的。在设备的使用过程中，客房部员工、工程部维修人员负责对设备进行维护保养以延长其使用周期，而客人则不断损耗设备，缩短其使用寿命，这就使客房设备管理工作具有很多不确定性。

客房部经理必须掌握清洁客房和保养客房设备的专业知识和技能，掌握客房装修材料的特性及保养方法，对客房设备实行科学化管理，为客房装修方案的设计和实施提供参考依据，合理延长客房设备的使用周期，使客房设备时刻处于完好、有效的状态。

一、建立客房设备用品档案制可有效提高设备使用率

1. 绘制楼层客房布局图

楼层客房布局图能明确标出每间客房的分布情况、房间类型、功能设计以及饭店客房的总数量及每间客房的房间编号等，为客房设备维护保养提供第一手材料。

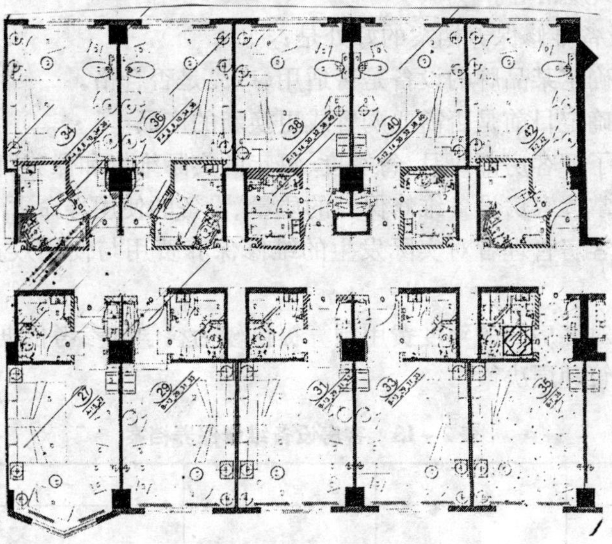

图 2-1 客房布局图

2. 将客房装饰布局的照片资料存档

以标准间为例，饭店应保存如下区域的照片资料：

(1)储物区：壁柜或步入式储藏间等。

(2)睡眠区：床、床头柜。

(3)起居区：沙发或圈椅的布局。

(4)书写区：写字台、行李柜等。

(5)健身区：跑步机、健身器等。

(6)盥洗区：卫生间设备布局。

3. 将织物样品存档

将客房内的各种装饰织物的样品，如地毯、壁纸、纱帘、窗帘、床上用品及各种装饰织物等存档，记录样品的供应商、规格、颜色等数据，方便织物更新时能迅速找到同规格的产品。

4. 建立客房设备档案

客房设备档案以每间客房为单位，按类分档建立，如家具饰物档案、纺织品及地毯档案、卫生间设备档案、客房建筑饰物档案等。档案内容涉及设备编号、名称、品牌、产地、规格、价格、购买日期、保修期等。建档后，各饭店可根据具体情况对其进行补充或修改。

5. 建立客房设备维修保养档案（表2－13）

饭店应在建立客房设备档案的基础上建立客房设备维修保养档案，全面记录每项设备维修保养的时间、项目、原因、费用、维修保养单位、维修保养人员以及更换零部件的名称、规格等。

建立客房设备维修保养档案的好处是：

(1)有助于确定某品牌的设备是否适用、产品是否合格。

(2)有助于确定目前是否需要购置或更换新的产品。

(3)有助于了解客房部每月、每季度、每年的实际维修和保养费用。

(4)有助于掌握客房设备维修保养的质量、设备的使用寿命。

(5)有助于客房管理者对实际发生的维修保养费用与使用效益进行科学的对比分析。

(6)有助于对客房部的年度费用预算提供较为科学的参考依据。

(7)有助于管理层决策。

表2－13　客房设备维修保养档案

维修日期				
房号				
维修单号码				
维修/保养内容				
维修/保养原因				
维修/保养费用				
维修/保养单位/人员				
设备品牌名称				
更换零部件的信息				
维修/保养结果				
备注				

【用法】

(1)每天由客房中心联络员制作统计表，一份送工程部，一份留存，其他送有关部门。

(2)工程部根据此表核查当天维修情况,发现问题及时处理。

(3)饭店有关部门及人员及时了解、掌握当天的维修情况。

6. 建立客房使用率档案(表 2 - 14)

由于客房的功能布局、客房类型、客房现状、客人类型、客人对客房不同类型需求的差异等原因,使每间客房的使用率产生较大差异。如一间朝阳观景的客房年使用率为85%左右,而总统套房的年使用率仅为1.5%。正确地使用客房使用率表进行客房管理,会大大提高客房的管理水平,降低费用,减少重复性工作。

表 2 - 14 客房使用率表

日期 房号	1	2	3	4	5	6	7	8	9	10	11	12	13	14	15	16	17	18	19	20	21	22	23	24	25	26	27	28	29	30	31
201																															
202																															
203																															
204																															
205																															
206																															
207																															
208																															
209																															
210																															
211																															
212																															
213																															
214																															
215																															
216																															
301																															
302																															
303																															

建立客房使用率档案的好处是:

(1)精确地掌握每间客房的使用间天,合理安排员工的工作量。

(2)有效地控制客用品的发放与使用量,节约成本。

(3)科学地制订客房大清洁计划,既能节约清洁费用,又能减轻员工的劳动量,同时还节省了人工费用。

(4)为前厅部合理分配及销售客房、提高客房利用率提供科学依据。

(5)为工程部制订客房维修保养计划提供参考依据。

(6)为饭店客房的更新改造提供较为准确的需求分析数据。

二、如何对客房设备进行更新

客房部经理不仅负责本部门的各项管理工作,同时还兼任为客房设备更新不断提供可行性、实用性建议的工作。同业主、饭店高层管理者及设计公司共同研究、分析设备样品,根据饭店实际情况,从成本消耗以及如何方便日后的清洁、保养等角度提出选配客房设备的建议。

客房设备的更新有三种形式:

1. 计划性的修补和保养

饭店每年要投入一定的资金对客房设备进行有计划的修补和保养工作。如:

(1)对客房设备进行全面检查和保养。

(2)对家具进行修补和油漆。

(3)清洗窗帘、床罩及家具饰物。

(4)对地毯进行修补和深度清洗。

(5)清洗和粉饰天花板、墙面等。

这项工作一般在饭店经营淡季时进行,每年至少一次。

2. 部分更新

正常情况下,6 年左右,饭店要对如下设备实行更新:

(1)地毯。

(2)壁纸。

(3)床罩。

(4)窗帘。

(5)部分家具。

(6)床头装饰布、沙发布、靠垫及装饰品等。

3. 全部更新

为了保证饭店产品对客源市场有持久的吸引力,一般在 10 年左右,饭店会对客房的陈设、布置和格调进行全面的更新改造。

在更新改造计划实施前,客房部经理应做如下工作:

(1)通过对客房设备用品档案及客房使用率表进行分析,提出客房更新改造建议。

(2)审查设计图纸,纠正不合理的装修设计。如影响工作效率、不易清洁保养、不方便客人使用、有安全隐患的设备及布局。

(3)对装修样板间内的家具、地毯、壁纸、大理石等进行洗涤、清洁保养测试。了解其耐磨性、适用性、防腐性及是否容易清洁保养等性能。同时计算出房间平均打扫的速度及客房服务员的工作量。

(4)试住样板间,体验客房设备是否符合方便客人使用的设计理念,能否满足客人的需求,是否符合环保标准等。

三、如何通过加强对万能工的管理提高客房设备的使用率

万能工(Holi-Kare)是美国假日酒店集团创建的一种行之有效的饭店客房维修保养的专职工种。他们负责客房的全面维修和保养工作,工作范围涉及电、钳、管、木、油、空调等多项领域。要求技术全面,熟悉客房设备,有较丰富的客房设备维修保养经验,能独立、全面地完成客房的维修保养工作。

在饭店,一般由工程部负责对万能工进行招聘、选拔、录用、培训和评估工作。客房部对万能工的服务质量负有督导和监督的责任。

万能工每天负责固定间数客房的全面检查、维修和保养工作。通过对一间间客房的检查,一个个项目的维修和保养,使每间客房都处于良好的状态,给客人创造舒适、安全的享受环境,增强客房的吸引力,降低投诉率。

万能工每天的工作内容和工作量都是相同的。在一般情况下,他要保证每年对每间客房进行三次维修保养,即每个月维修保养客房总数的25%,同时还要负责公共区域设备的维护保养工作,每年不少于四次。

万能工的主要工作内容及技能要求有如下几点:

(1)与客人沟通,了解客人对客房设备维修保养的想法。

(2)熟练使用各类维修工具及设备。

(3)更换电源按钮、插头、各类容器等,保证其使用安全。

(4)维修或更换门锁。

(5)修补壁纸和天花板。

(6)修理和油漆门窗。

(7)维修、更换固定的装饰物及电器设备,如床头灯、窗帘及其滑轮等。

(8)维修家具设备如沙发、座椅、办公桌、行李架等。

(9)维修、更换淋浴喷头、浴巾架、浴帘滑轮、浴池水龙头等。

(10)修补地毯等。

万能工检查、维修的客房项目有近80余项。表2-15引自美国假日酒店集团万能工客房检查、维修项目的标准。

表 2–15　万能工维修图表

部门：

房号：

√ 完好　　待修理　　完成修理

日期和姓名第一个字母

空调系统
(1)活门(冷热水阀门)
(2)温度开关
(3)隔尘网及风口(清理)
(4)接水盘是否反坡(检查及清理)
(5)空调扇叶调整
(6)检查冷热水系统
(7)检查电源接头是否牢固

灯具
(8)检查电源开发
(9)床头灯开关、灯杆是否松动
(10)灯罩(检查及更换)
(11)检查灯泡及换新
(12)检查及修理电源插头
(13)房间灯具柜是否掉色或生锈及清理

开关
(14)检查墙开关颜色并清理

收音机和电视机
(15)拧开制箱螺丝
(16)检查入墙制箱
(17)检查收音机
(18)检查电视机开关及选台开关
(19)检查收音机及声音开关
(20)电位器开关
(21)天线插头(电视机)
(22)检查天线插座及更换
(23)检查遥控开关
(24)检查电视机及收音机钮是否松动

电话
(25)电话机盘是否松动
(26)电话机是否无声及摆放不妥

滑动门
(27)衣柜门轴是否不妥
(28)衣柜门轮是否出槽
(29)衣柜门是否松动
(30)衣柜门栏

家具
(31)抽屉手把检查及修理
(32)抽屉底轮是否出槽
(33)家具要着色
(34)检查椅子弹簧
(35)检查及修理桌面
(36)检查床头板
(37)检查床轮是否不妥
(38)检查床头柜是否松动
(39)检查衣架钩
(40)窗门钩及玻璃是否生锈或有间隙

窗
(41)化拖锁及吧房门锁螺丝是否松动
(42)检查窗门锁

检查员签名：

日期和姓名第一个字母

地板
(43)检查地板
(44)检查地毯

墙
(45)检查墙面
(46)检查墙油漆及换墙纸

天花板
(47)检查天花板是否有裂纹

窗帘
(48)窗帘轮是否出槽

门
(49)门把手检查及修理
(50)检查门锁螺丝
(51)门合页螺丝是否更换
(52)检查防盗链
(53)双门锁头是否不妥
(54)检查灯绳
(55)门边链条是否更换
(56)检查出路灯箱及门后防火出路牌
(57)检查房门是否紧
(58)检查吧房门锁
(59)检查挡门器是否对位

浴室
(60)检查各地方是否漏水
(61)浴缸底是否有粘胶条
(62)检查马桶冲水刷
(63)检查马桶座板
(64)检查马桶出水孔
(65)检查浴缸及脸盆活塞是否不妥
(66)水龙头是否正常
(67)检查水龙头滤嘴器
(68)检查淋浴喷头
(69)抽气风嘴清洁
(70)洗脸盆底反水湾检查
(71)检查龙头沙网
(72)检查洗脸盆架是否松动
(73)检查厕纸箱
(74)检查卫生间后钩
(75)面纸巾盖是否松动
(76)墙及地板检查(是否要铺灰)
(77)肥皂碟及毛巾架检查
(78)毛巾架是否松动
(79)检查卫生间门锁
(80)检查防火板

四、如何通过加强对待修房的维修管理提高客房设备的使用率

因某种原因使客房内的某种设施损坏，在短时间内不能修复或通过维修达不到客房出售标准的房间称为待修房，房态表示形式为“OUT-OF-ORDER”（简称“OOO”）。

当日出现待修房时，客房部经理应及时与工程部沟通，明确维修计划、维修时间、恢复时间及需要客房部配合的事项等事宜，并保证按计划完成维修。客房部应同时制订待修房的验收标准和清洁计划，保证在最短时间内将待修房恢复到可以出售的标准。

对待修房进行合理有效的管理，将直接影响客房出租率。饭店应制定严格的待修房管理制度，加强这方面的管理工作。

有关待修房的管理制度应包括以下几项内容：

（1）将待修房作为一种房态进行管理，在饭店的营业日报表中显示出来。

（2）饭店应根据客房设备的具体现状、维修技术力量、维修费用、客房销售的季节差异等因素合理确定每日允许出现待修房的正常比率。一般情况下，每日待修房的比率不得超过客房总数的2%～5%。

（3）出现待修房的原因很多，如客人使用设备不当、客房服务员操作设备失误、工程部维修保养不及时、没有明确的设备操作指南、采购部购置零配件不及时、饭店维修资金不到位等，饭店应认真查找设备出现故障的原因并仔细分析研究，及时制订出解决问题的方案并迅速落实执行。

（4）饭店应建立严格的待修房房态设置和房态恢复程序及检查制度，保证客房质量。

（5）由工程部制定待修房维修程序，并分发至客房部及相关部门参照执行。

第四节　客房的陈设与装饰

客房的陈设与装饰是饭店对客服务的软环境。同档次的饭店，客房的陈设与装饰设计不同，对客人的消费意向产生的影响有很大差异，这将直接影响客房房价的高低。

客房陈设与装饰的艺术处理要以满足功能需要为前提，坚持功能与美感统一，力求为客人营造一个舒适、美观、方便的家外之家。

客房的陈设与装饰一般分为两类：一类是为满足客房生活功能所需要的日用器皿的陈设与装饰，另一类是用作客房内观赏物品的陈设与装饰。

一、如何陈设客房家具

家具是客房室内布置的主体，具体陈设时，应注意现代化设备与民族风格协调统一，建筑风格与家具设计风格和谐搭配，使家具在功能要求上做到数量适当、造型优美、方便耐用、容易维护、舒适安全。

客房家具的陈设与布置要做到既有规律又有变化。

1. 对称与自由

根据客房的不同规格和类型，因地制宜，合理搭配，达到良好的视觉效果。如标准间睡眠空间的两张床和两个床头柜靠墙形成对称，起居空间的沙发椅或圈椅形成对称，书房的沙发、写字台、电视柜、书柜等布局自由活泼给人以轻松愉快之感。

2. 分散与集中

客房的功能划分不同，家具的摆放也有所不同。如客房睡眠区家具相对比较集中，占用客房的面积较大。卫生间面积较小，卫生设备和用品较多，物品的摆放相对比较集中。其他区域的家具及用品的摆放较为分散。

3. 高低起伏

根据客房空间的大小，以及对采光效果的评估，搭配高低起伏、错落有致的家具和灯饰达到丰富室内空间的目的，给客人留下美好的印象。如写字台旁竖一面落地镜给人一种拓展视觉空间的效果；书房中的高书柜配以较低的陈列柜并加上一些装饰物进行点缀等。

4. 对比与映衬

和谐的色彩与房间装饰物互相映衬，共同营造和谐、舒适的氛围，给人以视觉上的冲击。如地毯、墙纸、灯饰、窗帘、家具等色调合理搭配，书写空间的桌椅、灯饰、化妆镜的边框互相映衬等。

5. 创造美好的一角和房间的视觉中心

设计客房视觉中心，营造美好的一角是客房装饰与布置的重点。因地制宜地选择适当的空间进行装饰，营造特点突出、新颖美观、实用性强的视觉中心，会强化客房的吸引力，有利于合理利用空间。

二、如何陈设客房纺织品及装饰织物

客房的纺织品及装饰织物主要指床上用品、窗帘、帷帐、地毯、装饰布等。通过对相关织物的色彩、式样、质地等进行选择并配以合适的家具式样，可以起到协调色彩、烘托室内艺术气氛、提高室内构图美的作用。

三、如何陈设客房室内观赏品

室内观赏品分为平面摆设和墙面悬挂两大类。室内装饰与布置要突出客房设计的文化主题，较好地把握民族风格和地方特色，注意客户群的风俗习惯和宗教信仰并与饭店的豪华程度相匹配。

具体设计布置时,应重视观赏品应与室内整体装饰风格协调,使观赏品的造型、质感、色彩、视觉效果等与客房墙面、室内光线明暗对比及家具陈设相匹配,在总体布局上做到大兼小、高兼低、有呼有应、有虚有实。

室内观赏品主要有古玩、瓷器、各类艺术陈列品等。工艺美术摆件有玉石雕刻、象牙雕刻、漆器、景泰蓝等。墙挂艺术品有绘画、壁毯、条幅、玉石镶嵌等。

四、如何装饰客厅及书房

客厅和书房是豪华客房的重要组成部分,是客人会客、休息、学习和工作的场所,因此,在装饰和布置上要格外强调有针对性。在这一空间一般布置一些水墨画、书法作品及古董,并配以鲜花和艺术观赏品,给客人清洁舒适、陈设高雅、环境宜人的感受,利于客人工作和学习。

五、客房绿化管理

客房绿化是现代饭店室内装饰的一种表现形式,它有美化室内环境、调节室内空气、提高饭店接待规格、展示饭店客房独特魅力和品位、向客人表达各种情谊的作用。

(一)客房的绿化形式

客房绿化一般以盆栽、盆景和插花作为表现形式。

1. 盆栽

盆栽的取材较广,可分为盆花、盆树、盆果和盆草等。盆花有木本和草本植物,花型、颜色多样,可以按不同季节选择不同品种装饰客房,如杜鹃、水仙、君子兰、山茶、兰花、月季等,都有很好的装饰和观赏效果。

盆树是木本植物,如铁树、龟背竹、天竹、橡胶树等,常用于客房楼层、贵宾室、会议室、门厅等部位的装饰。

盆果是指以观果为主的植物,如金橘、石榴、天柱果、葡萄等,可以给客人丰收、吉祥的感受,增添欢乐、愉悦的气氛。

盆草是指草本类观叶植物如吊兰、文竹、抽叶藤等,在客房装饰中较为常用。

2. 盆景

盆景是用植物、石头等材料在盆中再现自然景色的一种艺术,有山水盆景和树桩盆景。山水盆景是通过模仿自然风光、名山名水,以独立式、重叠式、开合式、散置式等形式塑造真实小景。山水盆景的材料主要由石块、小草、青苔和微型建筑物等组成,山水盆景既是绿化装饰品又是民间工艺品。

树桩盆景是指观赏植物的根、茎、干、叶、花、果的风韵和神态的盆景,通过直干式、垂干式、悬崖式、提根式、丛林式等多种形式的表现,被用作艺术化的绿化装饰品。客房内的盆景陈设以微型盆景为宜,常放在茶几、几架、写字台上,也可以设置盆景架放在客房的窗前和角落等地方。

3. 插花

插花是以切、取植物的形式,将可供观赏的枝、叶、花、果等部分插入容器中,经过艺术加工组合造型成为精美的花卉装饰品。给客人一种亲切、温馨的感受和受欢迎、受尊重的满足感。

(二)客房绿化装饰的原则

1. 配置合理,布置均衡,比例协调

客房的高度、宽度、家具及陈设的体积和数量决定了选择绿化植物的种类、数量和大小比例。普通客房受房间面积的影响,一般在梳妆台或茶几上摆上别致的小盆盆栽或中型植物,使房间显得美观大方,充满生机。套房房间内一般以一至两盆中型植物配以适度的插花或盆景点缀。总统套房的绿化需要精心设计,根据不同的设计风格、客房面积和布局对盆栽、盆景和插花进行合理选配及均衡布置,衬托出总统套房的高雅华贵。

2. 色彩调和,主次分明

客房植物的色彩应与客房环境色的冷暖、采光及聚光度等相匹配。如客房的家具、地面、墙壁是暖色,绿化植物应选偏冷色的。客房植物还应与季节、气氛相协调,如春节常选用桃花、腊梅、金橘等。

主次分明是客房绿化装饰的重点,通过主景和陪景、主调和陪调的合理设计和搭配,体现客房绿化的高低错落、疏密聚散的视觉效果,达到主景突出、引人注意的目的。

饭店的绿化一般采取外包管理的形式,由专业的花木公司对饭店各区域进行装饰设计和统一养护管理。花木公司根据季节、花木长势、装饰效果、饭店举办的特色活动、客人的需求等情况及时调换绿色植物及种类,依据活动的主题、空间、客人的爱好进行布置和装饰。

第五节 客房的环境与气氛

客房是客人在饭店停留时间最长的地方,是客人选择下榻饭店的重要因素之一,因此,客房环境与气氛的营造日益成为当今饭店业客房产品竞争的焦点。

客房环境和氛围的营造应建立在清洁、安全、方便的基础上,突出雅、静、暖、特,使客房真正成为客人的"家外之家"。

一、营造客房环境与气氛应把握的基本点

1. 清洁

客房的清洁卫生,要达到卫生防疫部门检验的生化标准及饭店的客房清洁卫生标准。

2. 安全

客房的安全标准涉及面较广。如客人的人身财产安全、环境及空气质量安全、家具设备安全、卫生间及饮用水安全、网络安全、心理安全等。

3. 方便

客房家具的陈设、设备的使用安装以及气氛的营造,应以方便客人使用和方便服务员操作为基本出发点。一个装饰精美但很不方便住店客人的饭店,是不可能给客人留下美好的感受的。以客房内的电话为例,80%左右的饭店客房电话是不方便客人使用的。因为每家饭店拨打长途电话的号码都是不同的,又无规律可循,客人拿起电话根本不知道如何打长途,必须阅读饭店的电话指南。对饭店来说,这是服务标准,但对客人来说,这是一件非常麻烦的事情。

二、如何营造良好的客房环境与气氛

在满足了客人住店的基本需求后,要想进一步提升客房产品的价值、增强产品的竞争力,就必须在营造舒适、宁静、温馨的客房氛围和利于保护客人隐私等方面下工夫,营造雅、静、暖、特的客房氛围。

1. 雅

“雅”是客房文化的集中体现,它突出了客房的欣赏价值。“雅”包括环境宁静、装饰精美、设施豪华并与个性化的服务融为一体,给客人眷恋、愉悦的感受。

2. 静

客房服务质量是否达标的一个重要条件就是,能否给客人提供一个宁静的利于保护隐私的环境。客房服务员应当按照客房服务标准提供相关服务。

3. 暖

“暖”是客房装饰装修及设备配置的室内环境要求。它突出的是一种视觉效果,带给客人的是一种赏心悦目的感受。客房室内色彩应当淡雅、光线柔和、装饰精美、家具考究、设备先进。

4. 特

“特”是对客房管理创新的具体要求,是客房产品在竞争中获胜的关键。客房服务特色应以满足客人个性化需求为目的,特别是在预测客人的需求上做文章,并时时刻刻关注客人的感受。如现在许多饭店在行政楼层实施的贴身管家服务,它以一种关注、体贴的服务形式,方便了客人的各项活动。但应注意,在没有充分了解客人需求的前提下,单纯地为了追求创新而增加这项服务,忽视客人的隐私需求及不同国度的文化差异,将会引起部分客人的反感和不快。

第三章 客房的类型、房态及房价管理

第一节　客房的类型

一、饭店客房都有哪些类型

饭店客房的类型，是按照床位数、允许客人居住的人数、房间的用途及豪华程度来设定的，一般分为以下十四类：

(1)单人间(SINGLE)：单人间是供一人住的客房，客房的隐私性强。

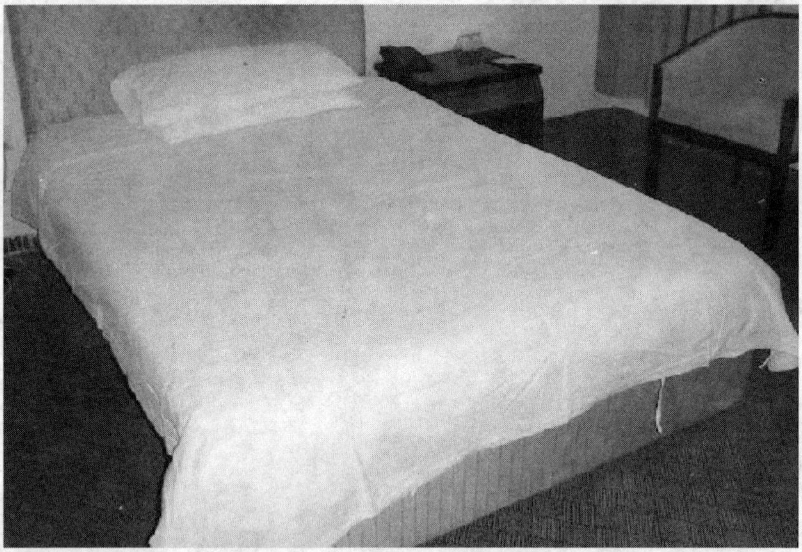

(2)大床间(DUBBLE):大床间是供两人住的客房,有一张双人床。适用于单身旅行者或夫妻居住。

(3)双床间(STANDARD ROOM):双床间又称标准间,配有两张单人床,适用于团队客人或会议客人,既可一人居住也可两人居住。

（4）三人间（TRIPLE）：三人间是供三人住的客房，有三张单人床、一张双人床加一张单人床或两张单人床加一张折叠床。此房间用于休闲度假型饭店，供家庭使用。

（5）四人间（QUAD）：四人间是供四人住的客房，经济实用。

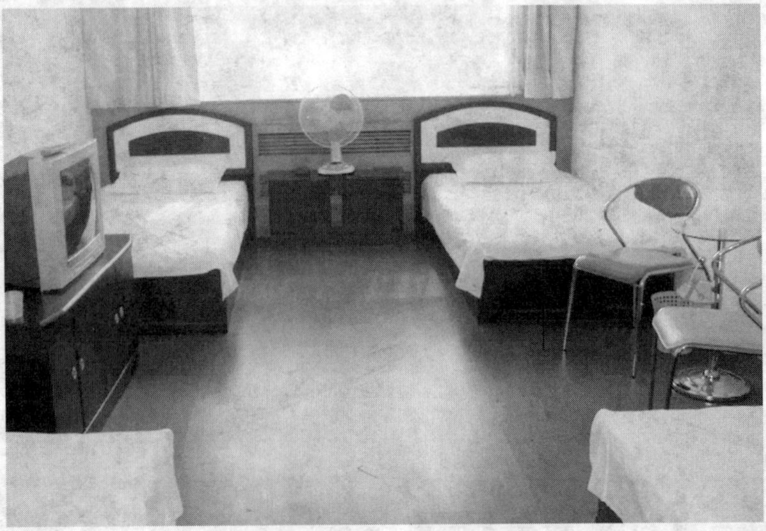

(6)豪华间(DELUXE):豪华间是供一人或两人住的客房,有一张皇后床或皇帝床。

(7)普通套间(JUNIOR SUITE):普通套间是设有一张床并附有会客区域的单人客房,或卧室与会客室分开的套房。

(8)豪华套间(DELUXE SUITE):豪华套间有一间客厅或起居室,并有一间或多间卧室,装饰豪华。

(9)商务套间(EXECUTIVE SUITE):商务套间是为满足商务客人的需求而设计的客房。房间内设有办公桌,配置有传真机、电脑等设备,房价高于一般客房。

(10)总统套房(PRESIDENTIAL SUITE):室内设有客厅、办公室、餐厅、厨房、书房、健身房等,并有总统房、夫人房、随从房等多间卧室、独立楼层或独立区域。造价昂贵,装饰布置极为讲究,使用率较低。一般四星级以上的饭店才设总统套房。

(11)连通间(CONNECTING ROOM):客房分别有单独房门外,客房之间有门连通,将连通门关闭时可成为两间独立的客房。

(12)相连间(ADJOINING ROOM):客房与客房相连。

(13)相邻房(ADJACENT ROOM):客房与客房靠得很近,但不相连,如隔着走廊。

(14)主题客房:主题客房是根据一个主题而设计的特色客房。

二、客房的床都有哪些种类

在饭店客房配备的床主要有以下几类:

(1)单人床(SINGLE BED)

(2)双人床(DOUBLE BED)

(3)皇后床(QUEEN-SIZE BED)

(4)皇帝床(KING-SIZE BED)

(5)加床(ROLLAWAY BED)

(6)婴儿床(COT)

(7)沙发床(SOFA BED)

(8)水床(WATER BED)

(9)隐蔽床(MURPHY BED)

随着新产品的不断出现,床的种类还会不断更新。客人可以根据自己的喜好随意选择各种床垫,如泡沫型、空气型、儿童型、振动型、漂浮型、硬型、软型、人体感应型等。

三、如何对客房进行编号

识别房间类型一般用英文代码,而识别房间则使用编房号的方法,客人根据房号找到自己的房间。

客房房号一般是用楼层号加客房号的方法进行识别的。

1. 楼层编号方法

楼层编号是以自下而上的顺序编排的。编号系统反映了饭店所在地的文化和习惯,如西方的饭店没有13层,亚洲的饭店没有4层甚至没有与4组成的房间号。在中国,“6”和“8”是幸运数字,而在美国,幸运数字是“7”。世界很多地区习惯将底层定为一层。如果饭店是由几个低层或高层建筑组成,编号的方法多种多样,有的按字母A、B、C、D编排,有的按东、西、南、北编排,有的按1、2、3、4编排,还有的按名称编排等。

2. 客房编号方法

由于饭店的形状不同,决定了客房的位置不同,使得客房的编号随意性较大。无论怎样编号,都应以最大限度提高服务效率为准则。客房编号如果无规律可循,员工将会花费很长时间熟悉客房,造成培训成本提高,增加分派房间的错误率,最终会影响服务质量。一般楼层走廊两侧的客房号分别为奇数和偶数,按由小到大的顺序依次编号,一边为1、3、5、7、9,另一边为2、4、6、8、10。例如,5层1号客房的编号为501,12层12号客房的编号为1212。对客房进行编号时,应掌握规律性和实用性原则,做到一目了然、过目不忘、寻找方便。

第二节 客房房态管理

一、客房房态都有哪些类型

客房房态是饭店专业用语,它是依据饭店的管理方式、工作程序、计算机管理软件的配置、员工的素质、服务质量的要求及客源市场等多方面因素来确定本饭店房态类型及房态控制方法的。它能够对饭店客房的占用、待售、清洁、维修等状态进行统计和动态显示。在世界各国饭店，客房房态类型及其显示方法大致相同。

客房房态一般分为如下几类：

(1)已入住客房(OCCUPIED/CHECK IN)：房态显示为“OCC”，指客人已住在此房。

(2)待售房(VACAND CLEAN)：房态显示为“VC”，指客人已离开饭店，客房已打扫完毕并检查合格可以出售给其他客人。

(3)待打扫房(VACANT DIRTY)：房态显示为“VD”，指客人已退房但客房尚未清扫完毕不能出售。

(4)续住房(STAYOVER)：房态显示为“S”，指住客当日不退房，又继续住宿1天以上。

(5)待修房(OUT OF ORDER)：房态显示为“OOO”，指客房设施出现问题一时无法修好，不能出售给客人。

(6)免费房(COMPLEMENTAR)：房态显示为“Comp ”，指客房处于出租状态，但住客不付租金。

(7)离店房(DUE-OUT)：指客人将于次日退房。

(8)提前离店房(EARLY CHECK-OUT)：房态显示为“ECO”，指客人在预计退房之日提前办理了退房手续并离开饭店。

(9)延时离店房(LATE CHECK-OUT)：房态显示为“LCO”，指客人在与饭店约定的离店时间延期退房，并已得到饭店准许。

(10)保留房(BLOCK)：指给重要客人、对客房有特殊要求的客人和大型会议团队客人提前预留的房间。

(11)未结账房(SKIPPER)：指客人未结账已离开饭店。

(12)空置房(SLEEPER)：指客人已结账离店，但前厅部或客房部未及时更新房态使客房空置。

(13)请勿打扰房(DO NOT DISTURBER)：房态显示为“DND”，指客人提示请勿打扰，服务员不得进入。

(14)外宿房(SLEEP OUT)：房态显示为“S/O”，指客人没在已租用的客房内过夜，住在饭店外的其他地方，但客人的物品及行李仍在租用的客房内。

(15)参观房(SHOW ROOM)：指饭店将各种房型各留出一套用作参观房。

(16)长包房(LONG STAYING)：房态显示为“LS”，指超过一个月租期的客房，房价较优惠。

(17)重锁房(DOUBLE LOCK)：房态显示为“D/L”，由于某种原因客房被加了锁，住客及服务人员不能进入，需经饭店管理层的确认并得到授权后方可开启房门。

(18)新入住客房(NEWLY CHECK IN):该房态显示方法常用于商务型饭店。当客人入住时,宾客关系主任在恰当的时间致电客人,及时了解客人的需求及对所安排房间是否满意等信息,以便于建立良好的客户关系。致电后,房态即可变为已入住房房态。该房态一般只保留20分钟左右。

客房房态显示系统一般分为预订客房房态显示系统和客房现时房态显示系统两类。预订客房房态显示系统,也称客房长期状况显示系统,即超过24小时的预订客房房态显示系统。客房现时房态显示系统,也称客房短期状况显示系统,即24小时以内的客房房态显示系统。除利用电脑显示房态外,客房房态显示架也是一种行之有效的显示工具。

二、为什么要对客房房态进行控制

客房房态控制是一项日常而又非常重要的工作,它需要客房部与前厅部密切配合共同完成,保证客房房态随时处在及时、准确、有效的动态显示中。

客房房态控制是客房管理和前厅管理的重点,其重要性主要体现在以下几方面:

1. 客房房态控制直接影响饭店的声誉和对客服务质量

客人对客房的第一印象是决定客人是否再次光顾某饭店的重要因素之一。如果客房房态出现差错将未打扫的客房、待修房或已经出售的客房重复出售给客人,将会使客人丧失安全感,并对饭店的服务质量和领导者的管理能力产生质疑,从而对饭店的声誉产生无法弥补的损失。

2. 客房房态控制直接影响客房的销售和收益

客房这一特殊商品具有不可储存性,这就决定了客房房态显示必须准确有效,能保证有限的客房得到有效销售。在销售旺季,对客房房态的时效性、准确性要求更为严格。饭店除应装备现代化通信联络设备来沟通客房部与前厅部等部门的房态信息外,还必须建立健全行之有效的客房房态管理制度。

3. 客房房态控制直接影响客房接待服务的效率

客房房态准确有效是保证客人及时办理入住手续和离店手续的前提。房态控制工作做得好,将使前厅部的客房分配、客账建立和累计工作迅速准确,使预订部的预订工作及时有效,使客房部的对客服务工作高效实施。

三、如何有效避免客房房态出现差异

客房房态差异是指客房现时房间状态显示与客房现时房间使用状况不一致,

即前厅部记录的客房现时房态与客房部现时使用的客房房态不一致。

(一)为什么会出现客房房态差异

1. 换房后未及时更新房态信息

客人入住后,由于种种原因对客房不满意,或由于饭店自身原因需要客人换房时,都会导致客房房态转换。换房后,如果服务员未能及时更改房态,就会造成客房现时房态与客房现时使用状态不一致。为弥补这一工作失误,饭店必须要求服务员严格按工作程序及时填写客房变更通知单并立即送交相关部门,以便正确显示客房房态和正确累计客账。

案例

一位住在501房间的李先生投诉房间噪声较大无法入睡,大堂值班经理及时向客人赔礼道歉,提出立即给客人换房的建议,客人同意调换房间。于是,大堂值班经理帮助客人将客房调换至1201房间,客人表示满意。但大堂值班经理没有将换房的信息按程序及时进行修改,此时,前厅部客房房态显示状况为:501房间仍为已入住房房态,客人仍是李先生,1201房间仍为待售房房态。而客房部现时的客房使用状态为:501客房为待打扫房房态(脏房),而1201房间为已入住房房态。前厅部与客房部两个部门之间的房态产生差异。

2. 服务员将房号输入电脑时出现差错

在为客人办理入住登记手续时,前厅部服务员如果将房号输入错误,就会产生房态差异。如,将303房间误输为330房间,将510房间误输为501房间等。

3. 客房部在更改房态时出现差错

客房部在清洁客房时,应不断地、及时地更改房态。加强对这一环节的控制,将有效避免出现房态差异。

4. 前厅部分配客房时出现差错

前厅部在为客人分配客房时,如果粗心大意,就会发生分错房或分重房的现象,特别是接待大型团队或会议客人时更容易发生此类问题。

5. 管理者不按程序开房

管理者由于种种原因临时使用客房,未及时通知前厅部更改房态而使房态出现差异。

6. 饭店房态控制系统出现问题

饭店房态控制系统出现问题引起房态差异。

(二)如何有效避免客房房态出现差异

客房房态是否准确直接影响到对客服务的质量、饭店的声誉和饭店的收益。如何有效地控制客房房态,建立一套完善的、切实可行的客房房态控制管理系统是提高饭店管理效率的重中之重。

客房房态控制管理系统主要有:

◆ 客房房态电脑软件控制系统

◆ 客房房态控制架管理系统

◆ 客房房态表格控制管理系统

◆ 客房房态控制管理制度

下面依次介绍如何有效利用这几种管理系统,最大限度地避免客房房态产生差异:

1. 有效利用客房房态电脑软件控制系统

客房房态电脑软件控制系统在饭店管理中起着重要的沟通媒介作用。该控制系统是将客房部管理终端机与前厅部及其他相关部门的管理终端机联网作业,保证所有相关人员能够及时、准确地掌握客房现时房态。

饭店应有效利用客房房态电脑软件控制系统开展下列各项工作:

(1)接受客人预订客房的要求并给予确认。

(2)为客人办理入住登记手续分配合适的客房。

(3)提供查询服务,准确显示客人信息。

(4)随时更新房态。

(5)为客人正确地建立客账和累计客账。

(6)及时办理离店结账手续。

(7)建立客史档案。

(8)提供客房维修保养等工作。

客房部管理者还可以通过该系统掌握更多的客房管理信息,如预订信息、住店和离店客人信息、大型团队会议用房信息、待修房信息等。根据这些信息,可以及时调整客房部工作计划及人员安排计划。

2. 有效利用客房房态控制架管理系统

客房房态控制架管理系统是一种人工控制客房房态的管理方法。作为电脑软件控制系统的后援系统,客房房态控制架管理系统可以在电脑软件控制系统出现故障或饭店停电的情况下有效保证客房房态准确。

饭店可以采用以下几种形式的客房房态控制架管理系统,有效避免客房房态出现差异:

(1)设置平面控制架,对应每一间客房建立一个小格子,用来记录客房房态和客人信息。

(2)在平面控制架的基础上设置窗式控制架,将房间的类型及售价标在小方格子上,方便服务员操作,避免出现差错。

(3)设置信号显示控制架,用不同色调的信号显示不同种类的房态。

3. 有效利用客房房态表格控制管理系统

由于客房房态处于不断变动的状态中,因此,在使用上述各种房态控制管理系统的基础上,加强对相关表格的控制管理将有效保证客房房态及时准确。

饭店经常使用的表格有客房房态日报表、客房房态差异报告、经营日报表、换房通知单等。

(1)客房房态日报表。客房房态日报表是用来反映每日客房房间的占用、维修、离店、待售等的使用状况,是传递客房房态信息的重要手段。客房部应每日定时检查客房房态,弄清每间客房的现时状态,前厅部应及时核对客房房态日报表,保证电脑房态控制系统与客房房态日报表一致,预防出现错误的房态信息。

(2)客房房态差异报告表。当前厅部和客房部的房态报告出现差异造成房态不统一时,就可通过填写客房房态差异报告的方式,由两个部门协同作战,立即采取行动找出产生差异的原因,及时更改客房房态,保证客房房态准确有效。

(3)客房收入日报表。客房收入日报表是依据房间占用数、住店客人数、房价等项目汇总而成的表格。在控制房态时,可以利用该表起到监督和辅助的作用。

(4)换房通知单。有效使用换房通知单是保证客房房态准确的必要方法。当客人调换房间时,应及时填写换房通知单,并通知相关部门。

4. 建立有效的客房房态管理制度

客房房态反映的是一种时时刻刻都在发生变化的房间状态。客房房态管理失控或失误,不仅会使客房收入蒙受重大损失,还会给饭店带来不可预测的其他损失和影响。因此,建立完善的客房房态管理制度是非常必要的,这些管理制度包括:

(1)明确各岗位在客房房态管理中的职责,要求新员工上岗前、管理者上任前熟知客房房态控制的责任及其重要性,并熟练掌握与客房房态控制相关的工作技能和工作程序,如分房程序、换房程序、查房程序、报房程序、客房钥匙发放及相关管理程序等。

(2)建立固定查房制度,及时准确地传递房态信息。查房是准确掌握客房房态的重要手段,特别是在客房出租的旺季,该制度更能发挥对客房房态进行有效控制的作用。客房部可以根据饭店客房的数量、出租状况、管理水平等条件,科学合理地确定每日查房的时间及次数,并将查房的结果及时反馈给前厅部及相关部门。

(3)建立房态变更授权制度,严格房态变更程序。这些制度及程序包括前厅房态变更授权及程序,客房房态变更授权及程序,特殊房态如待修房、保留房、请勿打扰房、重锁房、换房等的变更授权及程序等。

(4)提供现代化的通信联络设备,简便、快捷地沟通客房部与前厅部等部门的房态信息及住客信息。如客房楼层服务间的房态控制显示屏可以随时、准确地显示该楼层的房态变化信息，楼层服务员可以通过饭店配置的对讲机，随时沟通客房房态信息。

第三节　客房房价及计价方式

一、房价的分类

饭店的房价种类较多，具体操作时应灵活运用，针对不同的消费阶层制定不同的销售策略，以便及时适应市场的变化。

(1)标准价/柜台价(BACK RATE)：是指房价不含任何折扣。标准价一般标示在饭店前台的价格表上(Tariff)，它会根据不同的价格策略进行相应的变化。

(2)淡季价(LOW SEASON RATE)：饭店在经营淡季所采用的一种价格策略。通常在标准价的基础上下降一定的百分比，以增加淡季时的客房收入，提高客房出租率。

(3)平季价(ON SEASON RATE)：饭店在经营平季采用的一种价格策略。平季价一般高于淡季价而低于旺季价，有一定的折扣，但幅度不大。

(4)旺季价(HIGH SEASON RATE)：饭店在经营旺季采用的一种价格策略。旺季价往往高于标准价，一般没有任何折扣。

(5)团队价 (GROUP RATE)：团队价种类较多，主要有以下四类：

第一类，旅行社团队价。旅行社与饭店提前签订团体订房价格协议。饭店综合考虑旅行社对饭店客房出租的贡献率、客人的综合消费水平、付费方式、旅行社信用等因素后，商定可供执行的客房价格和付费方式。

第二类，会展团价。由会议、展览的组团人预订饭店客房及其他消费项目，如会议用餐及租用会议室、展览厅、会议展览设备等，饭店的会展销售代表通过对这些服务项目进行综合评定后进行定价。

第三类，奖励旅游团队价。奖励旅游是指企业为了表彰和激励优秀员工而组织其参加国内或国外旅游。这种团队消费较高，食宿全包，对饭店的接待服务要求较高。饭店可灵活制定相关客房价格。

第四类，航空公司价。航空公司因天气原因或飞机故障取消当日飞行安排乘客到航班机组指定的饭店住宿。饭店可灵活制定相关客房价格。

(6)折扣价(DISCOUNT RATE)：折扣价是根据饭店既定的销售策略，客人可享受的不同程度的折扣房价。一般分为以下五类：

第一类，对常客的优惠价。根据常客对饭店的贡献大小来确定优惠尺度和优惠价授权权限。

第二类，同行价。同行价是指饭店同行因公下榻饭店时所享受的客房折扣价格。

第三类，公司价。给饭店提供固定客源或固定数量间夜的公司，饭店可视具体情况给予不同比例的房价折扣。提供客源的公司应与饭店签订合同并严格执行合同条款。

第四类，信用卡折扣价。信用卡折扣价是指饭店与信用卡公司或发卡银行签订的客房折扣价格。客人凭特定种类的信用卡即可享受公布的折扣价。

第五类，由于客人投诉给予一定的折扣。

(7)小包价(PACKAGE PLAN RATE)：指房价中含食宿费、餐费及其他服务项目费用，饭店可视具体情况给予一定的折扣优惠。

(8)俱乐部会员价(CLUB RATE)：饭店俱乐部会员在房价方面可享受不同程度的优惠。

(9)日租用价(DAY RATE)：一间房的客人入住和离店时间发生在同一天的12时之后，客人可享受日租用价。

(10)免费价(COMPLIMENTARY)：实行免费价时，一般要事前申请，经总经理或总经理授权的人签字后，即可享受免费待遇。房价免费主要有以下几种类型：

第一类，饭店员工、管理者因公住在饭店。该类客房通常称为店用房(HOUSE USE)。

第二类，饭店的重要客户、饭店邀请的客人或与饭店有业务关系的人下榻饭店免收房费或全部费用。

第三类，有重大投诉的客人，饭店可视情况给予免收房费或全部费用的待遇。

第四类，饭店举办促销活动时邀请旅行商试住饭店，可免收全部费用。

第五类，饭店从事公益活动时，对客人免收全部费用。

(11)合同价(ALLOTMENT RESERVATION)：饭店同旅游业者或订房中签订客房销售协议，约定后者在完成一定数量的客房销售任务后应享有的权利。饭店一般根据售房的数量和价格给旅游业者或订房中心不同比例的佣金。

(12)加床价(RATE FOR EXTRA BED)：加床价是指一间客房内增加一张床后应执行的价格。

(13)周末价(WEEK END RATE)：周末价是指饭店根据周末客源情况而拟订的房价。

(14)儿童优惠价(CHILD RATE)：有些饭店为了促销，制定了12岁以下的儿童与父母同房免收房租和加床费的房价优惠政策。

二、客房房价的计价方式

按照国际惯例,房价的计价方式一般分为五种:

(1)欧式计价(EUROPEAN PLAN):该计价方式是指房费中只包括住宿费不包括餐饮费用,常用于散客。

(2)美式计价(AMERICAN PLAN):该计价方式是指房费中含早、中、晚三餐费用,因而又称为住宿加伙食计价法、全包价收费计价法或全食宿收费计价法。常用于会议和展览客人。

(3)修正美式计价(MODIFIED AMERICAN PLAN):房租含两餐,即早餐以及午餐或晚餐任选一种,客人可以灵活安排日程。酒店还可以增加住店客人的晚餐消费和收益。欧洲将这种收费方式称为半食宿收费计价法。

(4)欧陆式计价(CONTINENTAL PLAN):该计价方式是指房租加欧陆式早餐一份,常用于团队型客人。欧陆式早餐比较简单,一般供应面包、香肠、牛奶、咖啡和茶。目前,这种计价方式正式逐渐消失。

(5)百慕大计价(BERMUDA PLAN):该计价方式是指房租加美式早餐一份。由于配有丰盛的早餐,较受客人的欢迎。

三、制定房价时应考虑哪些因素

客房房价一般在客人预订客房时就已得到确认,自来客(WALK-IN)的房价则由前台服务员根据饭店的销售政策和授权来灵活掌握。制定房价时应考虑如下因素:

(一)内在因素

1. 投资成本

建造饭店需要巨额投资,而投资成本的抵偿主要靠的就是客房收益。因此,制定房价时首要考虑的因素就是这种价格策略能否抵偿投资成本并获得一定的经济效益。

2. 房价折扣造成的收益损失

客房的促销活动、对回头客人提供的优惠价格、对重要客人提供的免费客房等定价策略都将增加客房的成本,降低客房的收入。具体实施时,饭店除应根据实际情况确定这部分客房所占的合理比例外,还应灵活机动地掌握价格策略,争取将这部分收益损失降到最小。

3. 非赢利部门的费用摊销

饭店除客房部、餐饮部赢利部门外，还有很多非赢利部门，在制定客房房价时，应将这些部门维持正常运转的费用摊销进来。

4. 非赢利服务项目的支出

在饭店，有一部分配套服务项目为非直接赢利项目，如行政楼层俱乐部、健身房、游泳池、公共休息场所等，维持这些项目正常运转都要花费人力、物力，因此也需要从客房房价中给予补偿。

(二)外在因素

1. 客房的需求弹性

客房的需求弹性是指客房出租价格的变化引起的客房需求量的变化。即客房价格上升，客房需求量明显下降；客房价格下降，客房需求量明显提高。科学利用客房需求弹性，合理制定客房价格并灵活调整，这是占领目标市场的一种手段。

必须指出的是，靠一味地降低房价作为促销和占领市场的手段，忽视对目标市场的需求分析和对客房出租率下降原因的分析，这是十分危险的和无效的。有时候，客源流失并不是价格因素，而是饭店服务项目设置不合理。饭店管理者应有的放矢、对症下药。

2. 市场竞争

客房价格一般受客房数量、客房出租率、客房设备、客房卫生标准、客房服务质量、顾客认知度、饭店位置、饭店等级、销售策略、季节等因素的影响。房价最低标准取决于客房成本的高低，房价最高标准取决于市场竞争形势严峻与否。制定科学合理的房价，将极大增强饭店的市场竞争力，有利于实现客房效益最大化。

四、如何制定客房价格

制定饭店客房价格的方法有很多，这里仅提供几种较常见的模式。

1. 赫伯特定价法

赫伯特定价法是20世纪50年代美国饭店和汽车旅馆协会主席罗依·赫伯特先生创立的。这种定价方法以目标收益率为定价的出发点，在已确定营业期各项成本费用及饭店利润指标的基础上，通过计算客房部的营业收入来确定房价。

在计算过程中，它结合了国际饭店业通用的统一会计制度，通过参照资产负债表和损益表中反映的收支状况，在预测成本支出的前提下来制定客房的价格。

赫伯特房价计算方法分为八个步骤：

第一步，用预期回报率乘以业主投资，从而计算出饭店的预期利润。

第二步，用第一步计算出的预期利润除以 1 减去饭店税率，计算出饭店的税前利润。

第三步，计算固定费用和管理费，包括折旧费、利息、财产税、保险费、土地使用费、租金及管理费等。

第四步，计算没有分摊的营业费用，如人力资源费、市场营销费、能源费、维修保养费及综合费用等。

第五步，估算非客房经营部门的收入和损耗，如餐饮部的收入和损耗、电话及网络的收入和损耗等。

第六步，计算客房部要获得的收入。计算时，应将税前利润（第二步）、固定费用和管理费（第三步）、未经分摊的营业费用（第四步）以及其他经营部门的损耗减去其收入（第五步），几项的总和等于客房部要获得的收入。从根本上看，饭店的全部财务负担都放在了客房部。

第七步，决定客房部的营收。客房部要获得的收入（第六步），加上客房部的工资等相关直接开支，再加上其他直接经营支出，等于要获得的客房部营收。

第八步，用客房部营收（第七步）除以预期的客房销售额，计算出平均房价。

用赫伯特公式计算法得到的结果比较准确，但需要大量的市场信息和准确的资料，从计算方式上看，它更适用于已经走上正常经营轨道的饭店企业，对于没有任何经营数据可以参照的新饭店来说，是不现实的。

2. 千分之一定价法

千分之一定价法是国际上较为通用的一种计算客房价格的方法，它主要是根据饭店的总建造成本来制定客房价格的。其计算公式为：

每间夜客房价格 = 饭店建造总成本 ÷ 饭店客房总数 ÷ 1000

饭店的建筑成本分为两部分，一部分是建筑材料、各种设备、用品及内装修等成本，另一部分是建造饭店所耗费的时间以及所需的各种技术费用和员工的培训费用。将建筑总成本数除以要建造的总房间数，即为平均每一标准间的建造成本。

例如，一家有 250 间/套客房的饭店，其建设成本为 1.4 亿元，那么它的每间/夜的客房平均价格就是 560 元（1.4 亿元除以 250 间客房除以 1000）。

通过千分之一定价法计算出来的客房价格只是客房的平均价格，由于客房类型不同，客房的销售单价也是有区别的。面积大、投资高的高级客房如套间等客房产品的销售价格肯定会高于这个平均价格，而投入相对经济的客房价格肯定会低于这个平均价格。具体实施时，饭店应按照平均房价去经营，再确定同等客房出租的盈亏平衡点。高于盈亏平衡点，饭店可以赢利；低于盈亏平衡点，饭店将会亏损。

千分之一法是以饭店的总建造成本为基本依据测算平均房价的，未考虑其他诸多因素如通货膨胀、劳动力成本、设备设施成本以及出租率水平对房价的影响，但由于其方法简单，可以作为筹备者制定房价的基本工具来使用。

3. 随行就市定价法

饭店的经营筹备者不论准备采用哪种方法制定房价，都不能忽略一个重要信息，那就是与本饭店位于同一竞争区域内并同档次、等规模、已处于市场运营中的饭店企业的客房价格。

参考同业饭店的客房价格对新开业的饭店有重要意义：首先，这个价格能够存在，本身就说明了它是合理的，是被类似的客源市场所接受的；其次，这个价格是由具有相同饭店客房商品的多个供应企业和适用于这个市场的消费者群体共同决定的，基本不存在运作风险；最后，这个价格是合理的客房商品的平均成本、平均利润和营业税金的总和，是买者与卖者之间形成的彼此都会接受的“预期价格”，因而具有竞争力。

饭店经营筹备者选择随行就市法定价是最简单的，它既能降低企业的市场风险，增强企业的竞争力，对于快速进入目标市场也是最有效的方法。但是，每个饭店企业的运作、管理和赢利模式还是有很多不同之处，这就需要各饭店综合考虑自身情况后加以实施。

4. 平均房间价格法

平均房间价格是饭店日营业收入的每间客房的平均价格。

饭店的房价一般分为几种，如最低等级的房价，可占饭店客房总数的 10% 左右。它一般是出于竞争的需要而设立的。在不同的销售季节，该等级的客房数量将有所变化，淡季时多一些，旺季时少一些。标准间价格基本上是平均客房价格，一般占饭店客房总数的 70% 左右。然后为豪华间、套间等，占饭店客房总数的 20% 左右。

饭店的等级高低并不仅仅是依据平均房间价格的高低来确定的，因为平均房间价格会受出租率的影响，有时出租率越低，平均价格会越高。因此，制定合理的客房价格，保持较高的客房出租率是非常重要的。

五、如何在房价管理上进行创新

客房价格是以间夜来计算的。所谓“间夜”，是一间客房在客人当日入住登记时间（一般为当日中午 12 时）和次日离店结账时间（次日中午 12 时）之间的时间段，如在此时间段内办理离店手续，为提前退房；如在当日 12 时之前办理入店手续，为提前入住；如在次日中午 12 时之后办理离店手续，为延时离店。饭店应区分不同情况，制定相对灵活的客房收费标准，吸引更多的客人入住饭店。

1. 制定提前入住的客房收费标准

对提前入住的客人，饭店一般在不同的住宿季节执行不同的房价收费标准和促销政策。在住宿淡季和平季客房使用率不高、周转房可供客人使用的情况下，饭店一般会以一种促销的形式将客房的入住时间提前至上午10时左右，对在规定时间段之前入住的客人，执行客房提前入住收费标准。在住宿旺季，饭店一般会严格执行原有的入住登记时间标准，根据客人提前入住的时间加收不同标准的房费。加收房费应建立严格的时间段约定制度、严格的授权制度和有效的监督和审计制度。

2. 制定延时离店的客房收费标准

对延时离店的客人，饭店应在不同住宿季节执行不同的房价收费标准和促销政策。在住宿的淡季和平季客房使用率不高、周转房可供客人使用的情况下，饭店一般会以一种促销的形式将办理离店手续的时间延至下午15时左右，对在规定时间段之后办理离店手续的客人，饭店执行客房延时收费标准。在住宿旺季，饭店将严格执行原有的离店手续办理时间标准，根据延时的时间加收不同标准的房费。加收房费应建立严格的时间段约定制度、严格的授权制度和有效的监督和审计制度。

3. 制定提前退房的客房收费标准

由于客房商品的特有属性，饭店一般是以"间夜"的计价方式而不是按小时的计价方式收取房费的。对提前退房的客人，不同的饭店执行不同的收费标准。有些公路饭店、机场饭店、码头饭店、度假型饭店等根据其地理位置和客源市场的特点，执行的是以小时计价或按半日计价收费标准。

4. 制定双人入住客房的收费标准

双人入住客房在国外饭店比较普遍。一般来说，一个双人间客房住两名客人的收费标准高出一名客人居住费用的1/3左右。以一间标准客房为例，一位客人居住的收费标准为60美元，两位客人居住的收费标准为80美元。由于我国饭店客房数量供大于求，绝大多数饭店没有制定双人住宿同一间客房的收费标准。但是，为了控制成本、提高客房收益，特别是在住宿旺季，一些饭店还是制定了双人住宿率控制标准。

第四节　客房部预算管理

预算是饭店全年经营活动的指南。饭店可以通过预算来监控战略目标的实施进度，有助于控制开支，有效分配饭店的财务、实物及人力等资源，并预测饭店的现金流量与利润。

预算的编制为一年一期，与会计年度一致，这样有利于对预算执行结果进行分析、评价和考核。

一、为什么制定客房部预算

1. 便于指导部门经营

预算作为一种计划，规定了饭店在一定时期的总目标以及各部门的具体目标，这将有助于客房部了解本部门的经济活动与整个饭店经营目标之间的关系，并积极制定各个时期的工作目标和关键经营指标，明确职责及努力的方向，为将来一个阶段的工作做好详细的规划。

2. 便于强化日常管理

编制预算是客房部经营管理的起点，也是控制日常活动的依据。在预算执行过程中，客房部应通过计量、比较，及时对实际脱离预算的差异及产生差异的原因进行分析，以便采取必要措施，消除薄弱环节，对客房部的经营活动进行组织安排，加强对经营活动中各种消耗以及资源配置的控制，争取以最少的人力、物力、财力获得最大的利润。

3. 便于控制资金流向

客房部考虑购买先进的新型设备、家具或对客房进行装饰装潢改进服务设施时，会以客房部预算为指南，分清轻重缓急，合理配置资金，按顺序购买物品。一般来说，下一年度必须上马的项目排在第一位，改善外观、提高服务品质的新项目放在次要地位，未来一两年内需要上马的项目则排在第三位。

客房部经理在制定预算时，除了考虑购买物品的价格、预测维修和更新客房设备的费用外，还应调查客人对客房风格、式样和质量的建议及兴趣，提出改善客房资金流向的设想，将有限的资金用在急需办的项目上。

4. 便于考核业绩标准

客房部预算可作为考核客房部各级工作人员业绩的标尺。具体实施时，可根据各级人员完成预算的情况，分析偏离预算的程度和原因，划清责任，有奖有罚，促使各部门为完成既定目标努力工作。

二、客房部预算是如何制定出来的

编制客房部预算大致要经过下列几个步骤：

(1)根据饭店决策层对客房部预算管理的要求，结合本部门的实际情况，编制客房部的经营预算。

(2)认真做好预算前期的调研分析,掌握市场动态变化,分析市场需求,制订合理的经营管理计划。

(3)贯彻落实上级下达的经营预算,在本部门内进行各项指标的再分解,组织部门所属各班组实施预算管理工作。

(4)对于预算要求的人、财、物等所有涉及业务活动的支出,必须按照预算要求严格控制,保证预算中既定的各项指标和经济任务能够顺利完成。

(5)结合下发的预算方案,制订部门成本和费用控制方案。

(6)按照预算要求,制订预算完成的日计划、周计划、月计划,督导所属班组执行预算。

(7)考核分析预算指标的阶段完成情况,对指标完成情况进行奖惩。

需要指出的是,预算并不是一成不变的,而是动态发展的。在落实预算的过程中,客房部管理人员还应积极协调与各部门的关系,为确定开支款项做好如下准备工作:

(1)与工程部经理对客房设备的维修、翻新和更新等问题进行沟通。

(2)与财务部经理对每间客房的成本及客房费用的分摊问题进行沟通。

(3)与人力资源部对客房部的人员配置方案进行沟通。

(4)与保卫部就客房安全设备的维护保养进行沟通。

(5)与库房管理员对客房物品的库存状况进行沟通。

(6)与供应商建立经常性的联系,随时掌握货源信息及价格浮动情况。

三、客房预算指标都有哪些

客房部管理者制定预算时,应权衡下列指标:

1. 收支平衡点

收支平衡点是指既无利润也不亏损的营业额水平。收支平衡点包含两个要素:销售额和成本额。当二者相等时,收支平衡,饭店才能进一步赢利。收支平衡点是用出租率来表示的。

2. 客房出租率

客房出租率常被用作衡量饭店的市场占有份额。用公式来表示:

客房出租率 =(售出客房数 ÷ 可销售客房数)×100%

例如:一家饭店客房总数为 820 间,可销售客房数为 800 间,当日售出的客房数为 600 间,求客房出租率。

客房出租率 =(售出的客房数 ÷ 可出售客房数)×100%

$=(600\div800)\times100\%=75\%$

3. 每日平均房价(ADR)

每日平均房价是用来衡量与实际售出客房数相关的客房平均收入,它反映了饭店客源的质量情况。用公式表示为:

每日平均房价 = 日客房销售额 ÷ 日售出客房数

例如:一家饭店客房日销售额为660000元,售出的客房数为600间,求每日平均房价。

每日平均房价 = 日客房销售额 ÷ 日售出客房数 = 660000 ÷ 600 = 1100元

4. 可出售客房的平均房价(Rer Par)

可出售客房的平均房价是衡量与可出售客房数相关的客房平均收入或销售额的一项指标。该指标主要用来评估饭店的房价和出租率的稳定程度,特别用在饭店经营淡季。

其计算公式为:

可出售客房的平均房价 = 客房收入 ÷ 可出售客房数

5. 客房双开率

双开客房,即一个标准间同时住有两位客人。在制定客房价格时,一个标准间住两位客人比住一位客人的房价要高出1/3左右。合理利用双开客房,将在资源有限的条件下提高客房收入。国际饭店业很注重客房双开这种经营手段,在我国,由于种种原因,客房的双开率极低,使客房每个标准间的年收入低于国际饭店的标准,而成本却高于国际饭店的标准。在制定客房预算时,充分考虑客房双开率所占比重,将有助于我们增收节支。

客房双开率的计算公式为:

客房双开率 -(客人总数 - 已租用房间数)÷ 已租用房间数 × 100%

例如:某饭店当日客人下榻数为390人,租用客房数为260间,计算双开率。

客房双开率 =(客人总数 - 已租用房间数)÷ 已租用房间数 × 100%

$=(390-260)\div260\times100\%=50\%$

6. 客房营业收入

决定客房收入的主要因素是客房出租率和房价。一般情况下,出租率越高,客房收入应该越多,但时常会发生出租率很高但客房收入并没有增加甚至减少的现象,其中的原因很多,需要客房部经理随时注意分析出租率、房价与成本之间的关系,对于非正常原因,要与相关部门管理者及时沟通,必要时向主管总经理汇报,努力使客房的成本费用保持合理的水平。

客房营业收入的计算方法为:

客房营业收入 = 可供出租客房数 × 预计出租率 ×
预计平均房价 × 预算期营业天数

例如:某饭店有客房820间,预计出租率为75%,预计平均房价为750元,求全年预计客房收入。

7.宾客满意率

了解宾客的满意度是做好客房预算很重要的一项内容。宾客满意度是指被调查的宾客满意人数之和占被调查人数之和的比。

计算公式为:

宾客满意率 =宾客满意人数之和÷被调查人数之和×100%

8.宾客投诉率

了解宾客的投诉内容,特别是对对客房服务与设备的投诉,是做好客房预算的一项重要依据。宾客投诉率是指投诉宾客之和除以住宿宾客之和。

计算公式为:

宾客投诉率 = 投诉宾客之和÷住宿宾客之和×100%

四、客房成本费用预算

客房的成本费用预算是在客房销售预算的基础上进行的,它不是一成不变的,而是要根据无法预测的或变化的情况进行及时调整。如果客房销售未达到预期目标,就要对客房费用做出相应的调整;如客房销售高于预期目标,需要追加客房费用,并将其纳入修订了的预算案中。客房部经理应时刻掌握客房出租率,对部门在预算内的支出能力进行监督。

依据客房出租率,可将客房的费用预算项目划分为固定费用和变动费用,分别计算预计发生额之后汇总为客房费用预算。

固定费用由于不受客房出租率的影响,每月发生额基本不变,可以按固定的计算方法掌握总费用,也可以用总费用除以预算期天数,掌握一天一间客房应分摊的固定费用额。

变动费用是随着客房出租率的变化而变化的,如客用品消耗、洗涤费、水电费、燃料费等,依据原始资料计算出单位客房变动费用的定额标准,将其汇总为每间客房每天变动费用额,乘以预算期内客房出租率,计算公式为:

预算期内客房变动费用支出额 =每间客房每天变动费用消耗额×客房总数×预计出租率×预算期天数

对于燃料费和水电费,饭店一般依据各部门的营业收入占饭店总收入的比例进行分摊。客房部的分摊比例较大,由于该项费用较难控制,所以应当引起客房部经理的足够重视,一旦发现问题,一定要及时找出原因并采取有效的补救措施。

第四章 客房接待服务与管理

第一节　客房部的两种主要运转模式

客房部的运转模式主要有两种，一种是设立客房服务中心，一种是设立楼层服务台。

目前，我国大部分中、高档次的饭店都采用客房服务中心这一模式。下面将依次介绍这两种运转模式。

一、认识客房服务中心

客房服务中心（HOUSEKEEPING SERVICE CENTER）是客房部业务活动的中心，是联络协调对客服务、满足对客服务需要、沟通客房内部与饭店相关部门信息的中心。客人住宿期间的服务由客房服务中心统一协调。中心实行 24 小时值班制，装备有独立的、现代化的通信系统，保证信息畅通。

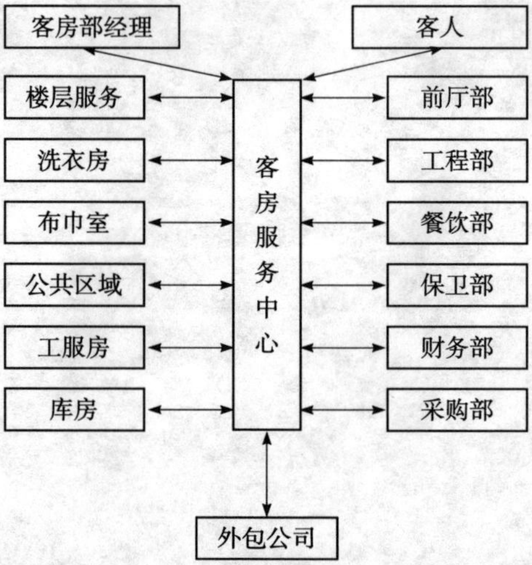

图 4－1　客房服务中心运作图

随着客房管理水平的提高和客源市场的变化，客房服务中心已成为客房服务不可或缺的一种运作模式。

1. 客房服务中心的运作特点

(1)建立了专业化的对客服务队伍,统一了服务程序,提高了对客服务的质量。

(2)客人需要时服务员就出现,客人不需要时就多给客人一些私人空间。能提供上门服务,让客人感到更多的个性化照顾。

(3)大大减少了人员编制,降低了劳动成本,提高了工作效率。

(4)加强了客房服务与管理工作,使日常工作程序化,保证了客房服务工作的及时性和准确性。

(5)使客房服务中心成为沟通信息的桥梁,随时保证内部信息和外部信息有效畅通。

2. 客房服务中心的主要职责

(1)是对客服务中心:客房服务中心负责统一协调、调度对客服务工作,及时满足客人的服务需求。

(2)是钥匙管理中心:客房服务中心负责客房部钥匙的管理和发放工作。

(3)是房态控制中心:一方面,由客房服务员将责任区的客房清洁状况不断汇报给客房服务中心,由客房服务中心负责更改房态(有些饭店的客房服务员可在客房内直接更改房态);另一方面,由前厅接待部不断地将客人的入住信息和客人需求信息反馈给客房服务中心。

(4)是信息中心:客房部的信息、饭店内部的信息、对客服务信息都是通过客房服务中心进行分拣、处理、发布和落实的。

(5)是失物招领中心:客房服务中心负责饭店遗失物品的处理、储存、保管工作,随时进行遗失物品的招领工作并保障遗失物品完好。

(6)是档案资料管理中心:客房服务中心负责客房部各类档案资料的建立、补充、更新、保管工作,保证档案资料完整、连续。

(7)是考勤管理中心:客房服务中心负责客房部员工的考勤管理工作,根据实际情况及时调整员工的工作任务。

(8)是成本控制中心:客房服务中心负责客用品的领用、保管、发放、盘点及成本控制工作,保障客用品及时到位。

二、认识楼层服务台

楼层服务台是我国饭店特有的客房服务形式,是在饭店客房区域每个楼层设立服务台,24 小时设专职服务员值台,与总台保持密切联系。

客房楼层(GUEST FLOOR)是由不同类型的客房组成的。客房服务员(ROOM ATTENDANT OR ROOM - MAID) 负责一定数量的客房清扫及楼层清洁卫生工作,

同时兼任客房的接待服务工作。楼层服务台主要有以下特点:

(1)楼层值台人员能与客人面对面交流,更容易使客人感到"宾至如归"。

(2)能及时发现不安全因素,也能做有求必应。

(3)能及时准确掌握客人入住、退房、客房即时租用等情况,有利于客房销售。

(4)能加快查房速度,避免使客人退房结账等候过久。

(5)劳动力成本较高。

(6)管理点分散,服务质量较难控制。

(7)易使客人感觉受限制。

第二节　客房接待服务与管理①

客房接待服务与管理工作主要有以下几方面的内容:

一、迎接客人服务

迎接客人服务是客房服务工作中的首要环节,它包括客人到达前的房间准备工作,客人到达楼层的迎宾工作,客人进入客房时的设备介绍工作,送欢迎茶和擦手巾,随时回答和解决客人提出的问题。

1. 客人到达前的房间准备工作

为客人提供合适的房间,满足客人的住房要求是客房接待服务的第一环节。客房部根据前厅部提供的客人信息及客史档案为客人准备房间。如果客人提出特殊的布置要求或接待方提出特殊接待要求的,客房部应尽量实现客人的愿望。在客人到达前,调整好室内温度和光线,准备好饮用水。熟记客人姓名,在客人到达楼层时,在电梯口迎候客人。

2. 客人到达楼层的迎接工作

客人走出电梯时,客房服务员应微笑着欢迎问好,问清客人的房号,核对房卡,引领客人进入房间。如果客人有较大行李,服务员应主动提出帮助提拿的建议,贵重物品则由客人自己提拿。在有些饭店,这项工作是由前厅部行李员完成的,但

① 凡涉及客房接待服务礼仪的内容详见由旅游教育出版社 2007 年出版的《中国饭店行业服务礼仪规范(试行)指南》和《客房服务礼仪 VCD》。

是，如果客人无行李或行李不多或入住高峰时行李员人手不够时，就需要客房服务员承担起这项工作。

3. 客房设备介绍工作

一般情况下，客房设备的介绍工作是由行李员或贴身管家完成的。按程序打开房门后，根据客人对饭店的熟悉程度适度地介绍房间的设备，对一些特殊的设备要进行重点介绍，如电视点播收费系统、DVD 播放系统、触摸式开关、房间内的结账系统、紧急逃生系统等。介绍完毕后礼貌地向客人致谢，退出房间轻轻将房门关上。具体操作时，服务员应根据接待对象对饭店的熟悉程度和不同情况决定是否向客人介绍客房设备。有时，过多的介绍和过度的服务反而会引起客人的反感。

4. 送欢迎茶和擦手巾

根据客人的特点选择适当的时间将欢迎茶和擦手巾送到客人房间，表示饭店对客人的热烈欢迎。

二、欢送客人服务

客房服务员要以迎接客人的热情和态度做好欢送客人的服务工作，给客人留下美好的印象。欢送客人的服务工作主要有：客人离店前的准备工作、客人离店时的送别工作和客人离店后的客房检查工作。客人离店的服务工作需要收银员、客房服务员、行李员、客房服务中心等共同配合来完成。

1. 客人离店前的准备工作

得知客人离店信息后，客房服务员要及时检查各种客房消费账单是否已转入前厅收银处，如迷你吧酒水单、房内付费用品单等。客人已结清账目仍滞留在房间的，要及时通知客房服务中心和大堂值班经理，并及时协助客人通知行李员运送行李。

2. 客人离店时的送别工作

送别客人时，客房服务员主动协助行李员为客人提拿行李，热情地将客人送至电梯口，按下电梯按钮，以敬语向客人道别，欢迎客人再次光临，直至电梯门关闭后再离开。

3. 客人离店后的客房检查工作

(1)检查客房内是否有客人遗留物品，如有，应迅速通知前厅部及时送交客人。

(2)检查迷你吧酒水，如客人结账后、离店前仍有消费，应迅速通知前厅收银员向客人收取相关费用。

(3)检查房间内的物品及设备是否损坏或丢失，如有，应及时向主管报告。

(4)检查房间内是否有异常情况，如有，应保护现场并立即向主管汇报。

三、访客接待服务

楼层服务员经常要接待来访的客人。对于来访的客人,饭店和当地公安机关都有明确的访客登记和探访时间要求。客房服务员应按程序礼貌、热情地接待来访者,并认真做好访客登记工作。经住店客人同意后,将来访者引领至客人房间。服务员应主动为来访者敬茶,送上坐椅等。对晚间来访的客人,要主动告知饭店规定的会客时间和留宿登记的要求。如发现可疑情况,应及时向大堂值班经理和客房部经理汇报。

四、擦皮鞋服务

客房衣柜内放有免费擦鞋篮,客人将要擦拭的皮鞋放入鞋篮内,服务员及时为客人提供擦鞋服务,并将擦干净的鞋放回篮中。

擦皮鞋时应注意:

(1)认真检查客人的皮鞋是否有损坏,特别是皮鞋上的装饰物是否完好,如有损坏,应经客人确认后再提供服务。

(2)收取皮鞋时,应将记录房号的纸条放在鞋中,以免张冠李戴,送错房间。

(3)分清客人皮鞋的颜色合理使用鞋油,避免染色。

(4)对特殊颜色或材质的皮鞋要慎重决定是否可以为客人擦拭。

五、婴幼儿童托管服务(BABY - SITTER)

为了方便带小孩的客人,客房部为客人提供婴幼儿童托管服务。由客房部选派有经验、有责任心、受过专业训练、有一定外语基础的服务员帮助客人照看小孩并按小时收取费用。有的饭店根据客人的需求量成立有婴幼儿童托管所,配有简单的儿童娱乐设施和专职教师为客人提供服务。客人如需服务,应提前向客房部申请并填写申请表。

申请表的主要内容为:

(1)客人的姓名、房号、国籍和联系电话。

(2)申请照看儿童的时间。如果超过晚上9点,一般需要额外支付出租车费给照看小孩的服务员。

(3)被照看儿童的基本情况如性别、年龄、习惯、性格、爱好、应注意的事项等。

(4)客人的特殊要求,如对选派服务员的要求,对语言和年龄的要求等。

(5)收费标准等。饭店提供该项服务的收费一般不作为饭店的营业收入,所收取的费用全部付给照看儿童的服务员或客人按收费标准直接付给服务员。

六、留言服务(VOICE MAIL)

高星级饭店客房的电话配备有自动留言录音系统。客人外出时,该系统可以将未接电话的留言录制下来,如有留言,电话上的留言灯会自动闪烁,直到客人听取留言后,提示灯自动关闭。

七、租借用品服务

租借用品一般是指客人在旅游或商务活动中忘记或不便携带的日常生活用品。为了满足客人的个性化需求,客房部依据日常服务过程中住店客人的特点和需求,为客人准备了多种不同的租借用品,以方便客人的使用。

这些用品主要包括婴儿床、婴儿车、婴儿坐椅、加床、轮椅、拐杖、硬板床、加热器、多功能接线板、多功能充电器、抗过敏枕头及特殊枕头、冰袋或暖水袋、急救包、熨斗、熨板(如客房不配备)、一次性剃须刀(如客房不配备)、吹风机(如客房不配备)、色彩齐全的针线包、开瓶器及简单的娱乐品等。

客人以电话形式要求提供租借用品服务时，客房服务中心工作人员应认真听取客人要求，记录来电时间，告知客人物品被送入客房所需的时间。

在送交物品的过程中，服务员应按服务程序完成下列各项工作：

(1)送交小件物品时应使用托盘而不应用手拿。

(2)送交大件物品时要事先与客人约定好时间，最好是在客人不在房间时将物品摆放好。

(3)如果是夜晚送交物品，服务员将物品送到房门口，按铃后在门口交给客人，尽量避免进入客人的房间。

(4)客人收到或返还租借用品时，服务员应请客人在租借用品单上签字并注明租借和返还的时间。

(5)服务员在完成送交、取回物品的工作后，都应立即通知客房服务中心并及时将物品送还、保存。

(6)租借用品损坏或丢失后，为争取客人的理解与支持，饭店必须提前向客人申明租借规定及租借用品损坏或丢失后的赔偿方法。

八、客房送餐服务(ROOM SERVICE)

为了适应客人的生活方式和饮食习惯变化的新需求，高星级饭店提供24小时客房送餐服务。每间客房都配有送餐菜单和订餐专用电话，客人通过电话预订的形式订到满意的食品。餐饮部安排专门厨师和送餐服务员为客人提供房内用餐服务。

由于就餐地点改变，送餐服务需要送餐服务员和客房服务员全力配合来共同完成。如从房间内撤出餐具，保证餐具及时回收、避免丢失等工作需要客房服务员完成；如果房间内设施坏了，房内温度过高或过低等，需要送餐员按照客房部的对客服务程序提供相关服务。两个部门的服务员只有不断地交叉培训，互相了解工作程序，才能更好地为客人提供服务。

1. 送餐服务程序

(1)铃响10秒内接听客人订餐电话。

(2)记录客人预订菜品及饮料的名称，重复菜品内容，确认正确无误。

(3)告知客人订餐送达房间所需时间，感谢客人来电订餐。

(4)将订餐需求立即通知厨房，并就客人的制作要求与厨师沟通。

(5)进行送餐服务的准备工作(餐具、调料、装饰品、送餐车、加热器等)。

(6)在承诺的时间内将食品送到客人房间。

(7)进入房间时先敲门或按门铃，报身份(ROOM SERVICE)，经客人同意后再进入房间。

(8)布置餐桌，摆放菜品、饮品、调料、餐具和装饰品等。

(9)礼貌地对菜品进行逐一介绍，告知客人菜品已全部上齐，请客人用餐。

(10)请客人在账单上签字。

(11)祝客人用餐愉快，顺便告知客人，就餐完毕后请通知送餐服务员收回餐具。

2. 送餐服务注意事项

(1)送餐时，敲门、按门铃无回应，送餐员应通知客房服务中心请客房服务员配合叫醒客人。

(2)送餐中遇到客人着装不整，送餐员应礼貌地、婉转地告知客人自己将在门外等候，等客人穿好衣服再进门服务。

(3)送餐中遇到单独醉酒的客人时，暂时不要进入房间，通知大堂值班经理共同完成送餐服务。

(4)送餐中发现客人生病，应询问客人是否需要帮助，并立即通知客房部和大堂值班经理给予关注，及时探访客人。如客人对制作食品有特殊要求，应尽量满足。

(5)送餐中发现客房有异常情况，如发现大宗现钞、枪支、血迹、注射器等，应沉着应付，并立即通知大堂值班经理。

(6)送餐时客人提出其他服务需求时，不能以自己不是客房服务员为由拒绝客人，而应礼貌地记录下来，及时通知相关部门立即解决。

九、客房迷你吧服务

在客房，增设客房迷你吧服务是为了提高客房住宿质量，增加客房商品的附加值，扩大客房收益。客房迷你吧的发展已向自助化服务与管理的形式发展，有的饭店已将迷你吧发展成为客房中的小小购物中心，配备有各种礼品和生活日用品等。

1. 客房迷你吧配置

客房迷你吧分为免费和付费两种形式。

表 4-1 客房免费迷你吧配置清单

矿泉水	冰水
冰块	茶(红茶、绿茶、花茶、乌龙茶)
咖啡(咖啡、奶粉、糖包、低卡糖包)	红、白葡萄酒或洋酒等(为 VIP 客人提供)

表 4-2 客房付费迷你吧配置清单

名牌矿泉水或进口矿泉水	苏打水	各种果汁饮料
可乐	雪碧	啤酒
红葡萄酒	白兰地	伏特加
香槟酒	威士忌	杏仁果
腰果	开心果	巧克力

配备迷你吧酒水时,应根据住店客人的需求和消费能力合理配置。

表 4-3 客房迷你吧玻璃器皿及用品配置清单

红酒杯	白兰地杯	水杯
杯垫	茶杯	咖啡壶
咖啡杯	碟子	茶匙
搅拌棒	纸巾	口布
开瓶器	收费单	

表 4-4 客房迷你吧酒水单

编号
No. ________

日期
DATE ________

客人签名
GUEST SIGNATURE ________

房间号码
ROOM No. ________

DO NOT WRITE IN ABOVE SPACE 请勿填写上面空位					
SOFT DRINKS 软饮料	**RMB**		**SPIRITS** 酒类	**RMB**	
2 Coca Cola 可口可乐	25.00		2 Bourbon 波本威士忌	45.00	

续表

SOFT DRINKS 软饮料	RMB		SPIRITS 酒类	RMB	
2 Sprite 雪碧	25.00		2 Premium Scotch 上品威士忌	48.00	
2 Diet Coke 健怡可乐	25.00		2 Cognac V. S. O. P. 格涅克白兰地	48.00	
2 Orange Juice 橙汁	15.00		2 Gin 金酒	45.00	
2 Local Water 本地矿泉水	20.00		2 Vodka 伏特加	45.00	
2 Evian 依云	30.00		1 Red Wine 红葡萄酒	22.00	
			1 White Wine 白葡萄酒	22.00	
BEER 啤酒			2 Meifu bathing - Bag 美肤浴袋	15.00	
2 Budweiser 百威啤酒	35.00		2 Vivil Sugar free Lozenges 威威无糖润喉糖	25.00	
2 Local Beer 本地啤酒	25.00				

审查时间

Time Checked ______________

客房服务员

Room Boy ______________

楼层领班

Floor Supervisor

总计

Total ______________

前厅出纳员

F. O. Cashier ______________

2. 客房迷你吧服务程序

（1）检查房间内迷你吧的配置是否齐全，器皿及用品是否更换消毒，摆放是否整齐。

（2）检查饮料食品是否过期、挥发，如有，应及时更换。

（3）客人消费后，应及时将客人的耗用量填写在收费单上，将第一、第二联交到前台收银处记入客账。第一联在客人结账时交给客人审核，第二联存档，第三联留存客房部作为用品补充的凭据。

（4）服务员及时补充饮料食品。

（5）如果是离店房，服务员应立即到达客房检查饮料食品的消费情况，如有消费，应先电话通知前台收银处，再开账单交到收银处。

表4－5　客房小酒吧日报表

楼层　　　　　　领班　　　　　　日期

品种 房号																		
01																		
02																		
03																		
04																		
05																		
上午																		
下午																		
小计 Total																		

【用法】

(1)服务员每天定时检查和补充客房小酒吧,将客人的耗用量填在账单和工作表上。

(2)领班每天统计当天楼层客房小酒吧的消耗量,并凭此表给服务员补充小酒吧内的酒水、饮料及食品。

十、拾遗物品服务(LOST AND FOUND)

饭店全体员工在饭店区域内发现客人的遗留物品,必须立即如数交给客房部,如私自侵占客人遗留物品,将视情节轻重给予不同程度的处罚直至送交公安部门。客房部设有专人负责拾遗物品的管理工作,制定有严格的管理制度和工作程序并配有储存物品的安全设备。按照规定,拾遗物品的保存期为3～6个月(食品除外),超过保存期限仍无人认领的,饭店将根据有关规定自行处理(贵重物品除外)。

1. 上缴拾遗物品程序

(1)发现客人遗留物品的,应立即上缴客房部失物招领中心。

(2)填写拾物单,记录日期、种类、数量、品名、拾物人姓名、性别、部门、拾物的时间、拾物的地点等内容。

(3)将物品封好,按不同类别存入储物柜。

(4)在拾物日志上登记签字。

2. 返还拾遗物品程序

(1)客人认领失物时,应核实失物的具体情况如物品的名称、规格、新旧的程度、数量、种类、丢失的地点、丢失的时间等问题。客人如果不能亲自来店认领,可通过电子邮件、电话、传真等形式确认相关事宜。

(2)经客房部核对属实后,将物品返还给客人。

(3)返还时,应请客人出示有效证件并复印存档,请客人及经办人同时在返还单上签字。客人也可委托他人来店领取失物,但需有客人亲笔签字的委托书以及客人本人的有效证件和委托人的有效证件。

(4)客房部也可将失物邮寄给客人,邮资由客人承担(事先征求客人的同意),将邮局回执保存存档。

表 4-6 遗留物品登记表

日期	时间	地点	拾得物名称及数量	拾交人	编号	联络员	保管员	领取人签名及证件号码	领取日期	备注

【用法】

(1)饭店通常规定,饭店员工无论在饭店任何区域拾到遗留物品,均需及时报告客房中心,当天交至客房中心。

(2)客房中心相关负责人进行登记后,妥善保管客人遗留物品。

(3)如有失主认领遗留物品,客房中心有关人员验明其证件后,请失主签名并登记证件号码、领取日期。

(4)在登记表上注销已被领取的物品。

十一、洗衣服务

客房洗衣服务分为湿洗、干洗、熨烫、织补等几种类型。洗涤方式分为一般洗涤和加急洗涤。

洗衣服务程序为:

(1)客人填好洗衣单,把需要洗涤的衣物放在饭店预先准备好的洗衣袋中。

(2)客房服务员按照约定的收取衣物的时间到房间收取衣物。

(3)收取时,客房服务员应根据客人填写的洗衣单核对填写内容与衣物是否一致,并检查衣物是否有破损、严重污迹、纽扣是否丢失和损坏、衣袋内是否有财物等。如发现问题,应及时告知客人,经客人认可签字后再收取客衣。

(4)收齐送洗衣物后,通知洗衣房领取客衣,双方再次核对、检查、签字交接。

(5)客房服务员将洗好的衣物及时送回客房。如是“请勿打扰”房,要给客人留言,提醒客人衣物已洗好,请尽早与客房部联系。

表4-7 客房湿洗衣单

LAUNDRY LIST

客人姓名 NAME:________ 客人签署 GUEST'S SIGNTURE:________ 日期 DATE:________ 房号 ROOM No. ________

特别提示,请在适当位置作[√]号
SPECIAL INSTRUCTIONS,PLEASE INDICATE IN BOX[√]

登记编号 MAKR No. ________

[ ]正常服务 Regular [ ]快期(50%额外收费)Express (50% Extra Charge)

恤衫手帕需要浆硬: 是[ ] 否[ ] 衬衫:折叠 [ ] 挂起 [ ]
Shirte/handkerchiefs starched:Yes[ ] No[ ] Shirts:Folded[ ] On Hanger[ ]

正常服务-在中午十二时前收取客人的洗衣,将于同日送回到客房。
Regular service - All laundy collected before 12:00 noon will be returned on the same day.
快速服务-在中午十二时至下午二时收取客人的衣物,将于同日送回到客房。
Express service - All laundy collected between 12:00 noon and 2:00 P. M. Will be returned on the same day.

额外工作如有褶衣服,手洗等另加收费。
There will be an additional charge for any extra work,such as pleats,hand - washing,etc.
所有投诉,必须在发送后二十四小时之内提出,并应持有原单据。
All Claims must be made within 24 hours after delivery and must be accompanied by the original list.

GENTALEMEN 男装	GUEST COUNT 客人点算	HOTEL COUNT 饭店点算	UNIT PRICE 单价	AMOUNT 金额	LADIES 女装	GUEST COUNT 客人点算	HOTEL COUNT 饭店点算	UNIT PRICE 单价	AMOUNT 金额
Shirt 衬衣			19.00		Blouse 衬衣			20.00	
T-shirt T恤			16.00		T-shirt T恤			18.00	
Undershirt 内衣			10.00		Underpants 内裤			8.00	
Underpants 内裤			8.00		Pyjamas (per set) 睡衣(一套)			30.00	

续表

GENTALEMEN 男装	GUEST COUNT 客人点算	HOTEL COUNT 饭店点算	UNIT PRICE 单价	AMOUNT 金额	LADIES 女装	GUEST COUNT 客人点算	HOTEL COUNT 饭店点算	UNIT PRICE 单价	AMOUNT 金额
Pyjamas(per set) 睡衣(一套)			30.00		Stockings (per set) 长袜子(一对)			8.00	
Socks (per pair) 袜子(一双)			8.00		Stacks 西裤			24.00	
Trousers 西裤			24.00		Shorts 短裤			16.00	
Shorts 短裤			16.00		Sweater 毛衣			21.00	
Sweater 毛衣			20.00		Skirt 西裙			24.00	
Handkerchief 手帕			5.00		Skirt, Pleated 百褶裙			40.00	
Jeans 牛仔裤			24.00		Handkerchief 手帕			5.00	
Sport shirt 运动衣			30.00		Brassiere 胸衣			8.00	
Kimono 和服			24.00		Night Gown 睡袍			21.00	
Jacket(Cotton) 布外套			24.00		Slip 内裙			10.00	
Quilted jacket 羽绒服(短)			40.00		Dress 连衣裙			34.00	
Overall 连衣裤			38.00		Jacket(cotton) 布外套			24.00	
Quilted jacket 羽绒服(长)			45.00						
Total 总数					Total 总数				
另加15%的服务费 Plus 15% Service Charge					总额 RMB Total Charge				

备注:本饭店洗衣时,将会对衣物作适当的小心处理,干洗衣过程中如有任何损失或失去纽扣或饰物,或留在衣物袋内的任何物件损失,本饭店概不负责。任何物件的丢失损坏,其赔偿将不超过洗熨费的十倍。

REMARKS: All articles sent for laundering are accepted by the hotel at the owner's risk. Although the management will exercise reasonable care, the hotel cannot be held responsible for any damage resulting from the laundry process for loss of buttons or ornaments, or for anything left in the pockets of garments. In the event that any article is damaged due to hotel negligence, compensation will be limited to ten times the charge of laundering or drycleaning the said item.

表4-8 客房干洗/净熨衣单

Dry - Cleaning & Pressing List

客人姓名 客人签署 日期 房号

NAME:________ GUEST'S SIGNTURE:________ DATE:________ ROOM No.________

特别提示,请在适当位置作[√]号 登记编号

SPECIAL INSTRUCTIONS, PLEASE INDICATE IN BOX[√] MARK No.________

[ ]正常服务 Regular [ ]快期(50%额外收费)Express (50% Extra Charge)

正常服务-干洗:所有干洗衣物在中午十二时前收取并将于即日内送回。

-净熨:所有衣物于收到后四小时内送回。

Regular service - Dry cleaning: All dry cleaning collected before 12:00 noon will be returned on the same day.

- Press: All garmments will be returned within 4 hours from the time of collection.

快速服务-所有干洗衣物在中午十二时至下午二时收取将于即日内送回。

-所有净熨衣物于收到后二小时内送回。

Express service - All dry cleaning collected between 12:00 noon and 2:00 P. M. Will be returned on the same day.

- All Press will be returned within 2 hours from the time of collection.

额外工作如有褶衣服,手洗等另加收费。

There will be an additional charge for any extra work, such as pleats, hand - washing, etc.

所有投诉,必须在发送后二十四小时之内提出,并应持有原单据。

All Claims must be made within 24 hours after delivery and must be accompanied by the original list.

Dry - cleaning 干洗									
GENTALEMEN 男装	GUEST COUNT 客人点算	HOTEL COUNT 饭店点算	UNIT PRICE 单价	AMOUNT 金额	LADIES 女装	GUEST COUNT 客人点算	HOTEL COUNT 饭店点算	UNIT PRICE 单价	AMOUNT 金额
Suit(2 pieces) 西装(二件套)			55.00		Suit(2 pieces) 西装(二件套)			55.00	
Suit(3 pieces) 西装(三件套)			70.00		Suit(3 pieces) 西装(三件套)			70.00	
Trousers 西裤			25.00		Stacks 西裤			25.00	
Jacket 外套			30.00		Jacket 外套			30.00	
Sweater 毛衣			25.00		Sweater 毛衣			25.00	
Overcoat 大衣(短)			57.00		Overcoat 大衣(短)			57.00	
Overcoat 大衣(长)			67.00		Overcoat 大衣(长)			67.00	
Shirt Silk/Wool 丝毛衬衣			25.00		Blouse 衬衣			26.00	
Tie 领带			13.00		Dress 连衣裙			42.00	

续表

GENTALEMEN 男装	GUEST COUNT 客人点算	HOTEL COUNT 饭店点算	UNIT PRICE 单价	AMOUNT 金额	LADIES 女装	GUEST COUNT 客人点算	HOTEL COUNT 饭店点算	UNIT PRICE 单价	AMOUNT 金额
Shorts 短裤			18.00		Skirt 西裙			25.00	
Night Gown 睡袍			25.00		Skirt pleated 百褶裙			50.00	
Waistcoat 背心			15.00		Scarf 围巾			13.00	
Scarf 围巾			13.00		Short 短裤			18.00	
Quilted jacket 羽绒服(短)			57.00		Cheongsam 旗袍			50.00	
Overall 连衣裤			44.00		Waistcoat 背心			15.00	
Quilted jacket 羽绒服(长)			67.00		Raincoat 风雨衣			38.00	
Total 总数					Total 总数				
PRESSING 熨烫									
Suit(2 pieces) 西装(二件套)			33.00		Suit(2 pieces) 西装(二件套)			33.00	
Suit(3 pieces) 西装(三件套)			42.00		Suit(3 pieces) 西装(三件套)			42.00	
Trousers 西裤			15.00		Stacks 西裤			15.00	
Jacket 外套			18.00		Jacket 外套			23.00	
Overcoat 大衣			38.00		Overcoat 大衣			38.00	
Shirt Cotton 布衬衣			15.00		Blouse 衬衣			16.00	
Tie 领带			10.00		Dress 长裙			26.00	
Shorts 短裤			11.00		Skirt 西裙			15.00	
Waistcoat 背心			9.00		Short 短裤			11.00	
Total 总数					Total 总数				
另加15%的服务费 Plus 15% Service Charge					总额 RMB Total Charge				

备注:本饭店洗衣时,将会对衣物作适当的小心处理,干洗衣过程中如有任何损失或失去纽扣或饰物,或留在衣物袋内的任何物件损失,本饭店概不负责。任何物件的丢失损坏,其赔偿将不超过洗熨费的十倍。

REMARKS: All articles sent for laundering are accepted by the hotel at the owner's risk. Although the management will exercise reasonable care, the hotel cannot be held responsible for any damage resulting from the laundry process for loss of buttons or ornaments, or for anything left in the pockets of garments. In the event that any article is damaged due to hotel negligence, compensation will be limited to ten times the charge of laundering or drycleaning the said item.

十二、行政楼层的接待服务与管理

行政楼层被誉为"饭店中的豪华饭店",它将入住登记、结账离店、商务中心、餐饮、会议、金钥匙服务、客房贴身管家服务及刚刚在一些世界著名饭店中兴起的电脑侍从服务等合为一体,为客人提供更温馨的服务。

在客房管理中,行政楼层服务主要涉及贴身管家服务。

贴身管家一般隶属于客房部,提供24小时服务。客房提供贴身管家服务的目的是为了随时了解客人需求,为客人提供个性服务、超值服务、延伸服务和预测服务,激励贴身管家不断改进服务,增强客房商品的吸引力和竞争力。

贴身管家服务在客人入店前就开始了,客人入店后,贴身管家将随时听从客人的吩咐和安排。

贴身管家的具体服务内容为:

(1)迎接客人的光临,引领客人进入房间。

(2)为客人介绍房间设施。

(3)为客人整理行李。

(4)安排现场叫醒服务的同时,将客人预订的免费冷热饮送到客房。

(5)随时为客人提供免费的咖啡和茶。

(6)随时为客人提供免费的矿泉水。

(7)为客人提供免费水果。

(8)为客人提供免费熨烫衣物服务。

(9)为客人提供免费早餐及送早餐到房间的服务。

(10)提供"欢乐时光"服务,为客人提供免费饮料、酒水和小吃。

(11)将客人放在擦鞋筐里的鞋及时擦亮送回。

(12)为客人提供预订机票、洗衣取送、行李存放、按摩预订服务等。

(13)提供饭店日常卫生用品及导游服务、胶卷冲洗服务、邮寄服务和设备租赁服务等多项服务。

(14)向客人提供客人需要的一切信息。

(15)随时完成客人交办的其他事宜。

第三节 如何处理接待服务中的特殊情况

在客房接待服务过程中,不可避免地会出现无法预防和控制的紧急事件及特殊情况。客房管理者应预先制定出紧急事件及特殊情况的处理程序,对在岗员工进行严格培训,使客房服务员具备敏锐的观察力和判断能力,根据不同的情况灵活运用适当的方法,使事件得到迅速圆满地解决。

一、如何处理客人财物在房间内丢失事件

1. 接到客人丢失财物的通知后

(1)向客人表示同情。

(2)记录客人报失的时间、丢失财物的名称及数量。

(3)立即通知客房部经理,由客房部决定是否通知保卫部及大堂值班经理。

2. 采取行动

(1)大堂值班经理与保卫部人员立即到达现场。保卫部人员应携带工作箱(笔录纸、照相机、手电筒、手套等所需物品)。

(2)向客人了解情况,认真听取失主对丢失财物全过程的详细说明,认真记录。

(3)详细询问丢失物品的特征。

(4)征求客人的同意,当着客人的面,对客人的房间及物品进行认真检查,确认物品是否丢失。

(5)根据实际判断,通知与财物丢失有关的部门、部位的管理者留下相关人员,及时了解情况。

(6)如客人明确要求向公安机关报案,或丢失财物贵重、数目较大的,保卫部应在征询饭店管理者意见后,立即向公安机关报案,并做好现场保护工作。

(7)如案情较轻不需要报案或客人不同意报案,应立即查勘现场是否遭到破坏,必要时进行拍照并提取与破案有关的可疑物进行分析,视情况的发展确定是否需要报案。

3. 做好访问笔录

(1)检查失主有效护照或身份证,确认证件是否与持照人一致。

(2)核对海关申报单是否有失物的登记,并注意登记的数量、种类、型号是否与

报失的财物相符。

(3)记录失主的姓名、年龄、性别、国籍、职业、职务、入店目的、进店和离店日期、时间、下一个目的地等内容。

(4)记录丢失财物的名称、型号、种类、数量、价值、特征、新旧程度、特殊记号、是否上保险等。

(5)记录丢失财物的准确时间、最后见到丢失财物的时间、丢失财物的地点、放置财物的地点以及丢失钱财的张数及面值等事项。

(6)询问财物丢失前来房间的人,如亲朋好友、饭店工作人员(客房服务员、送餐服务员、客衣收发员、工程部员工等)或客人怀疑的人其理由。

(7)告知客人查找丢失财物的程序及所需时间,征求客人的意见,了解客人的想法。

(8)请客人在丢失财物报告单上签字。

4.调查处理

(1)找与案情有关的人员谈话,了解情况。

(2)对所获取的信息进行筛选,必要时请公安机关配合取证。

(3)将调查情况向饭店管理者汇报,提出处理办法上报管理者审批。

(4)详细记录事件发生的全过程,存档。

(5)将有关情况向相关部门管理者沟通,将调查结果及时通知客人。

5.赔偿

(1)按照饭店规定的赔偿原则进行赔偿。

(2)如客人未离店,在客人消费的账目中减去赔偿金额,并请客人在赔偿单上签字。

(3)如客人已离店,通过客人留下的联系方式与客人协商赔偿方法。

(4)如客人离店前案件尚未查明但客人坚决要求赔偿的,向客人解释饭店在入住登记单及房卡上注明的丢失物品赔偿制度,并及时向上级汇报,请示裁决,确定赔偿办法。

二、如何处理客人财物在饭店公共区域丢失事件

住店客人或非住店客人的财物在饭店公共区域内丢失时,应按下列程序进行处理:

(1)立即通知大堂值班经理。

(2)大堂值班经理向客人了解遗失物品的名称、数量、特征、价值及遗失的具体时间、地点、过程等信息。

(3)与客房部失物招领处联系,帮助客人查找。

(4)如无法找到失物,立即告知客人。如客人提出报案,大堂值班经理应通知保卫部,由保卫部处理。

(5)记录事件的全过程,存档。

三、如何处理客人财物在饭店外遗失事件

住店客人的财物在饭店外遗失的,大堂值班经理应积极帮助客人查找。客人如要求报案,大堂值班经理应通知保卫部协助客人报案;客人如需向饭店借钱,饭店可根据客人的店内信用等级决定是否给其借钱。

四、如何处理损坏客人物品事件

(1)接到损坏客人物品的报告后,大堂值班经理应立即到达现场,察看物品损坏情况。

(2)与当事人了解物品损坏的原因。

(3)如责任在饭店,首先向客人道歉,提出两种以上解决问题的办法,让客人选择。

(4)如客人提出赔偿,由大堂值班经理、前厅部经理、店总值班人或饭店领导根据实际情况决定赔偿金额和赔偿方法。

(5)如属贵重物品,应向客人了解是否上有保险。

(6)如责任不在饭店,应积极协助客人解决问题。

(7)联系工程部检查被损坏的物品是否可以修复,如不能修复,应尽快告知客人。

(8)记录事件发生的全过程,存档。

五、如何处理客人损坏饭店物品事件

(1)接到饭店物品被损坏的报告后,大堂值班经理应立即到达现场。

(2)检查物品损坏情况。

(3)向客人及服务人员调查物品损坏的过程。

(4)查阅被损坏物品的价格,由大堂值班经理、前厅部经理、饭店总值班人或总

经理决定是否要求客人或服务人员赔偿。

(5)如需赔偿,饭店应指定相关人员告知客人或服务员物品的理赔金额,由专人陪同客人交付赔偿金或在杂项单上签字计入客账中。

(6)如属饭店的贵重物品,价值较大,应保护好现场,及时拍照,并通知保险公司。

(7)通知相关部门立即更换被损坏的物品。

(8)填写物品损坏报告。

(9)记录事件的全过程,存档。

六、如何处理客人受伤或突发疾病事件

1. 接到客房部的报告后,大堂值班经理、客房部经理应及时到达现场。

(1)询问客人情况,表达乐于向客人提供帮助的意愿。

(2)通知饭店医生立即到达现场。

(3)检查受伤者的伤情,根据情况决定是否到医院诊治。

(4)通知急救中心并安排相关人员陪同客人。

(5)立即向饭店领导汇报。

2. 做好迎接医生及救护车的准备工作

(1)通知前厅部派专人指挥救护车在指定地点停靠。

(2)指定专人迎接医生,迅速汇报客人伤情。

(3)通知工程部控制一部专用电梯。

(4)由饭店派专人陪同客人前往。

3. 联络

由专人保持与医院的联系,随时掌握客人的伤情,及时向饭店领导汇报。

4. 提供帮助

与相关部门配合,为客人提供一切可以给予的帮助。

5. 填写报告

(1)填写宾客受伤报告。

(2)填写客人突发疾病报告。

6. 记录

记录事件发生的全过程,存档。

七、如何处理“请勿打扰”房

(1)客人如在饭店规定的时间(一般为下午2:30分左右)仍未取消“请勿打扰”标记,客房服务员应立即通知领班或客房服务中心。

(2)领班或客房服务中心立即打电话到客人房间,确认客人是否在房间,征询为客人打扫客房的时间或了解客人是否需要帮助。

(3)如客人不在房间或无人接听电话,应立即通知大堂值班经理或客房部经理。

(4)大堂值班经理或客房部经理应立即到达该房间,确认房间内是否有客人或客人是否发生意外。

(5)根据现场的实际情况决定是否可以对该房间清扫。

(6)详细记录处理“请勿打扰”房房态的全过程。

八、如何处理客人投诉

1. 聆听客人投诉

客人提出投诉时,受理人员应认真聆听。聆听时,应目视客人,不断点头表示会意,必要时做好记录,表示对客人投诉的重视程度。注意不要打断客人谈话或忙于解释。

2. 表示同情

理解客人的处境和心情。如果确认饭店负有责任时,应向客人表示歉意。

3. 决定要采取的措施

对客人反映的问题应立即表示出解决的意向,并提出解决的方案,征求客人的意见。如客人同意饭店的处理意见,应立即采取行动;如客人不同意饭店的处理意见,或受理人员不能马上答复客人时,应立即向上级汇报。

4. 感谢客人投诉

对客人投诉表示真诚的、发自内心的感谢,必要时可以送给客人一些礼品。

5. 立即采取行动

立即采取行动意味着高效率处理问题,切记耽误时间只能进一步引起客人的不满,使投诉复杂化。

6. 跟踪投诉事件的全过程

处理客人投诉的重要一环是落实已经采取的措施,检查处理效果,询问客人对处理结果的意见及客人满意的程度。

第五章 客房清洁服务与管理

客房部要想为客人营造一个干净、安全、舒适的环境，就要按照客房清洁程序服务。客房清洁程序包括清洁前的准备工作、清洁及清洁后的检查工作。

第一节　客房清洁服务标准

一、应按何种标准清洁客房

服务员清洁客房时，应把握以下四项总原则：

（1）眼睛看到的地方无毛发、无污迹。

（2）手摸到的地方无灰尘。

（3）房间整齐有序，优雅安静，无异味。

（4）浴室及卫生间空气新鲜，无异味。

将以上四项原则细化为各项可供操作的标准：

（1）房间墙面干净、无尘土、无蜘蛛网，墙纸无脱落、外表无指印、无斑迹、与地面连接处无缝隙。

（2）房顶无尘土和污迹，灯及灯泡无损坏。

（3）地面干净无杂物、无污迹、无脚印。

（4）门无印迹、清洁干净，门镜无尘土，合叶干净、灵动。

（5）玻璃灯具明亮无痕迹。

（6）茶具、杯具消毒无痕迹。

（7）家具设备整齐无残缺。

（8）金属制品光亮无污迹。

（9）纺织品色彩如新，无污染痕迹，无破损。

（10）浴室清洁无异味。

（11）房内外干净无虫害。

二、应按何种标准检查客房清洁质量

（一）落实四级客房检查制

1. 客房服务员自查

客房服务员每完成一间客房的清洁任务,在上报领班检查之前,都应认真地按照工作任务单内容进行自查,保证清洁工作达到标准。

自查的目的是:

(1)增强服务员的责任心和自律能力。

(2)提高清洁客房的合格率和服务质量。

(3)减轻领班查房的工作量,加快客房周转。

(4)增进工作环境的协调与和谐。

2. 领班必查

领班查房的目的是:

(1)拾遗补阙:服务员清洁客房难免会有遗漏,设领班查房这道关卡,就是要防止此类问题发生,为客房的清洁质量上双保险。

表5-1 客房检查返工单

房号　　　　日期　　　　姓名

请完成以下工作: 完成后请交还,谢谢! 楼层领班(签名)

【用法】

◆ 领班或主管将查房中发现的不合格项目列出,交有关服务员返工。

◆ 服务员按单上所列项目返工,完成后交领班。

◆ 领班凭此单进行复查。

◆ 将此单与工作单(见表5-2)放在一起。

(2)帮助指导:领班查房能起到现场培训的作用。领班对发现的问题,随时与员工进行面对面的培训指导,可使出现的问题得到有效控制,使员工知其然,知其所以然,避免同类问题的发生。

(3)考察评估:领班的检查报告是对服务员的工作质量进行评估的一种有效方法。通过检查,可以激励优秀,鼓励后进。

(4)控制调节:领班每日与服务员一同工作,能随时掌握一线员工的需求,及时向上级反馈。

表 5-2　领班工作单

日期　　　　　　　　　　　　清扫员

楼层　　　　　　　　　　　　楼层领班

房号	状况	检查时间		检查记录	借用物品	房　号
		入	出			
					加床	
					婴儿床	
					枕头	
					毛毯	
					电吹风	
					插座	
					……	
					今日客情	房号
					贵宾	
					病客	
					特殊客人	
					长住客	

【用法】

◆　领班领取工作单后，要了解管辖区域当班服务员、客房状况及有无其他情况等。

◆　领班根据服务员清扫整理客房的进程及时查房，随查随记录。

◆　领班应及时检查已整理完毕的走客房，若合格，应及时报客房中心，再由客房中心报总台。

◆　下班时，领班应将表上全部项目填好，交主管审阅，由客房中心汇总存档。

3. 主管检查

查房是主管日常工作中的一项重要内容。主管必须检查 VIP 房，抽查住客房和领班已检查过的房间。客房部规定了主管每天查房的数量，并有严格的查房记录，工作结束后交客房部经理。

4. 经理抽查

经理查房是为了了解客房卫生清洁质量、服务员的工作效率和效果、客人的需求和意见，同时是为了检查主管的工作质量，以便不断发现问题，不断改进管理。

(二) 执行客房检查标准

客房检查标准分为清洁标准和检查标准两大类。

1. 客房清洁标准

表 5-3 客房清洁标准

房号

清洁项目	质量标准
1. 房门	
——门牌	完好、光亮
——门锁	使用灵活，转动良好
——防盗链	固定、无松动
——紧急疏散图	干净、清晰、无划痕
——请勿打扰灯或 请勿打扰牌 请即打扫牌	无损坏、干净
——门镜	无破损，正常
——闭门器	闭合速度适宜，无噪声，干净
——门吸	吸着力强，无松动
2. 衣柜	
——衣架杆	牢固、无松动、干净
——衣架	数量及种类齐全，码放整齐有序
——柜门	干净
——柜内自动开关灯	正常
——加枕、加毯、棉被	码放整齐，有序，干净
3. 空调器	
——温度	设定到规定温度
——出风口	无灰尘，无噪声
4. 床	床铺平整、美观、清洁，床底无杂物
——床头板	无尘，无污迹
——床 垫	有标记、已翻转、软硬适度
5. 灯具	
——灯泡	清洁，瓦数正确，使用正常
——灯罩	接缝部分面朝墙，无污迹
6. 电话	电话功能正常，指示标志清晰完好，电话机及电话线按要求摆放且干净卫生
7. 电视机及音响	使用正常，音量适中，清洁无尘，频道设置在规定档位置上
8. 组合柜	干净明亮，无脱漆，无划痕，无损坏，位置摆放正确
——物品配置	齐全、整洁、有序

续表

清洁项目	质量标准
9. 抽屉	
——把手	完好无损
——滑轨	灵活自如
10. 冰箱	清洁无异味,运转正常,无噪声
——饮料	按规定摆放,数量品种齐全,在保质期内
——杯具	按规定配置摆放,干净卫生
11. 扶手椅或沙发	干净,无破损,无沉积物
12. 天花板	无蜘蛛网,无裂痕,无油漆脱落,无渗漏,无霉、斑迹
13. 墙面	无裂痕,无污迹,无墙纸翘起或脱落
14. 挂画及镜子	悬挂端正,无尘,镜面明亮,完好无损
15. 地毯	无斑迹,无烟痕,无破损,平整干净
16. 窗帘	悬挂美观,位置正确,干净无尘
——轨道	使用自如,干净整齐
——挂钩	无脱落,无变形,无污迹
17. 窗户	清洁明亮,开启轻松自如并有安全措施
——窗台及窗框	干净完好

【用法】

◆　可供服务员自查。服务员每完成一间客房的清洁任务,都应认真地按照此标准中所列各项内容进行自查,保证清洁工作达到标准。

◆　也可供领班查房时使用。

◆　每房一份表,随查随记录。

◆　发现问题应及时处理,以保证客房处于完好状态。

2. 客房检查标准

表 5－4　客房检查标准

房号

检查标准 / 检查项目	完好	清洁	更换	维修	丢失	返工	备注
1. 房门							
门牌							
门锁							
防盗链							

续表

检查标准 检查项目	完好	清洁	更换	维修	丢失	返工	备注
紧急疏散图							
请勿打扰灯或 请勿打扰牌 请即打扫牌							
门镜							
闭门器							
门吸							
2. 衣柜							
衣架杆							
衣架数量							
柜门							
柜内自动开关灯							
加枕、加毯、棉被							
3. 空调箱							
温度							
出风口							
4. 床							
床头板							
床垫							
床架							
床罩							
棉被							
毛毯							
枕头							
褥垫							
5. 灯具							
灯泡							
灯罩							
瓦数正确							
位置正确							
接触良好							

续表

检查项目 \ 检查标准	完好	清洁	更换	维修	丢失	返工	备注
6. 电话							
键盘标志图							
留言灯							
听筒							
功能							
电话线							
7. 电视机及音响							
音质							
遥控器							
图像							
电视机架							
8. 组合柜							
行李柜							
写字台							
电视柜							
物品配置							
9. 抽屉							
把手							
滑轨							
10. 冰箱							
饮料							
杯具							
11. 扶手椅或沙发							
装饰布							
框架							
12. 天花板							
13. 墙面							
14. 挂画及镜子							
15. 地毯							
16. 窗帘							
轨道							

续表

检查标准 检查项目	完好	清洁	更换	维修	丢失	返工	备注
挂钩							
位置							
17. 窗户							
窗台							
窗框							
清洁							
18. 踢脚线							
19. 电线							
20. 插座							
21. 总开关							
22. 虫子							
23. 气味							
24. 霉湿							

【用法】

◆ 可供服务员自查，或其他三级管理人员全面检查客房状况使用，如客房部经理一般每年至少查房两次。

◆ 客房部经理会同工程部经理对客房设施设备状况进行全面检查时填写此表。

◆ 每房一份表，随查随记录。

◆ 各级检查人员发现问题应及时处理，以保证客房处于完好状态。

3. 卫生间检查标准

表 5－5 卫生间（浴室）清洁标准

房号

清洁项目	质量标准
1. 门	正面、背面干净，状态完好
——门锁或门把手	转动灵活，干净
——挂衣钩	无松动
2. 洗面盆	内壁无水珠，无皂迹
——水龙头	冷热水标志明显、正确，水压正常，出水顺畅
——水塞	干净，无污物或毛发，排水通畅

续表

清洁项目	质量标准
3. 洗面台	清洁明亮,无腐蚀,无磨损
4. 镜子镜框	无水痕,无污迹,干净明亮
5. 浴缸	内壁无水珠,无皂迹,无脱磁,无毛发
——水龙头和喷洒头	干净明亮,无污迹,冷热水标志明显、正确,水压正常,出水顺畅
——排水口	无毛发,无污物,水堵正常,排水通畅
——扶手	牢固、干净、明亮
6. 浴帘	无污迹,无破损,干净卫生
7. 恭桶	内外壁无污物,无破损,无异味,无腐蚀,干净明亮
——盖板	清洁,使用正常,无破损,无划痕
——水箱	水箱内无锈迹,内外清洁,无噪声,冲水功能正常
8. 地面	无毛发、杂物及水迹
——地漏	无毛发及杂物,排水正常
9. 墙面	无水痕,无污迹,无腐蚀,瓷砖或壁纸无脱落且干净明亮
10. 天花板	干净,无污迹,无漏水,无脱落
——抽风机	运转正常,无噪声,清洁
11. 客用品	按规定的配置量和种类正确摆放

【用法】

◆ 可供服务员自查。服务员每完成一间客房的清洁任务,都应认真地按照此标准中所列各项内容进行自查,保证清洁工作达到标准。

◆ 也可供领班查房时使用。

◆ 每房一份表,随查随记录。

◆ 发现问题应及时处理,以保证客房处于完好状态。

表 5-6 卫生间(浴室)检查标准

房号

检查标准 检查项目	完好	清洁	更换	维修	丢失	返工	备注
1. 门							
门锁							
门把手							
挂衣钩							
门吸							

续表

检查项目 \ 检查标准	完好	清洁	更换	维修	丢失	返工	备注
2. 洗面盆							
水龙头清洁							
冷热水标志							
出水							
水塞清洁							
有效							
3. 洗面台							
4. 镜子镜框							
5. 浴缸清洁							
水龙头							
喷洒头							
防滑扶手							
防滑垫							
水塞清洁							
毛巾架							
皂托							
6. 排水口							
通畅							
清洁							
7. 浴帘							
浴帘杆							
浴帘钩							
晾衣绳							
8. 恭桶							
盖板							
厕盆							
冲水							
水箱							
9. 地面							
地漏							
10. 墙面							

续表

检查项目＼检查标准	完好	清洁	更换	维修	丢失	返工	备注
电源插座							
吹风机							
电话							
11. 天花板							
抽风机							
电灯							
12. 客用品							
13. 垃圾桶							
14. 地秤							

【用法】

◆ 可供服务员自查,或其他三级管理人员全面检查客房状况使用,如客房部经理一般每年至少查房两次。

◆ 客房部经理会同工程部经理对客房设施设备状况进行全面检查时填写此表。

◆ 每房一份表,随查随记录。

◆ 各级检查人员发现问题应及时处理,以保证客房处于完好状态。

第二节 客房的清洁服务

一、如何开展清洁准备工作

清洁客房前必须做好各项准备工作。

(一)客房部经理应做好的准备工作

(1)阅读每日经营报表。

(2)阅读夜班工作日志或面见夜班主管了解工作进展及住店客人情况。

(3)阅读客房房态报告和各楼层客房使用报告。

(4)掌握预计到店客人的住房安排和当日宴会、会议安排情况。

(5)了解当日将入住的重要客人的房号及特殊要求。

(6)了解当日需要实施的大清洁工作。

(7)安排当天的工作计划。

(8)参加总经理主持的早例会,了解当日客房销售及变动情况,接受总经理下达的工作任务,与相关部门进行工作沟通。

(9)主持部门例会,落实饭店例会的内容,向当班助理及主管分配工作任务。

(二)客房服务员应做好的准备工作

(1)按规定穿好工作服,检查自己的仪容仪表。

(2)到客房服务中心签到,按程序领取客房钥匙及清洁客房工作单。

(3)参加主管或领班主持的每日例会,接受当日的工作任务。

(4)阅读上一班次的工作日志,了解客人的情况和要延续的工作。

(5)检查工作车的备品、清洁工具及其质量。

(6)熟悉客房房态,确定房间清洁顺序。

(三)确定清洁准备工作重点

1. 领取客房工作单,准确掌握当日清扫房房态

客房服务员应准确掌握所负责区域的下列主要客房房态和入住客人的情况:

- 离店房(CHECK - OUT)
- 延住房(STAY - OVER)
- 住客房(CHECK - IN)
- 待售房(VACAND - CLEAN)
- 待修房(OUT - OF - ORDER)
- VIP 房(VERY IMPORTANT PERSON)
- 外宿房(SLEEP - OUT)

2. 视具体情况合理确定清洁顺序

清洁客房的顺序不是一成不变的,而是不断变动的,客房部领班应根据饭店的经营方针、当日客房的销售状况及客人的需求合理确定清扫顺序。

(1)确认“请勿打扰”房房态

在按照规定的顺序清洁客房时,有时会遇到“请勿打扰”客房。这时,客房服务员应避免打扰客人,推迟服务时间并在工作单上做记录,随时留意该房态客房情况。按照饭店的规定,如果到下午两点或两点半该房间仍未取消“请勿打扰”状态,服务员就要及时向领班或主管汇报。

(2)登记客人拒绝清洁的客房

当客人拒绝清洁客房时,服务员要做好记录并向领班或主管汇报。领班或主管应立即致电客人,向客人征询对清洁客房时间的意见,通过对话,间接了解和判断客房是否出现意外事故,一旦发现客人生病或发生了需要饭店干预的情况,应及时采取行动。

为了尽可能少打扰客人,饭店可在客房内摆放客房服务提示卡,让客人根据自己的喜好选择清洁客房的时间。

(3)确认抢房(赶房)房号

在客房销售旺季,时常会出现客人排队等房的现象,这就需要客房部全力配合,迅速组织人员将脏房在最短的时间内恢复为待售房。必须强调的是,即便是抢房,也要按照正常的清洁程序工作,保证客房的清洁质量达标。

一般情况下,清洁客房的顺序如图 5 - 1 所示:

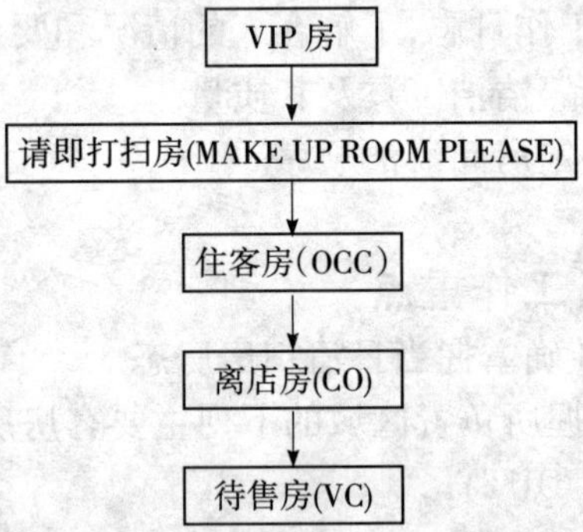

图 5 - 1　清洁客房的常规顺序示意图

销售旺季时,清洁客房的顺序会有所变动,如图 5 - 2 所示:

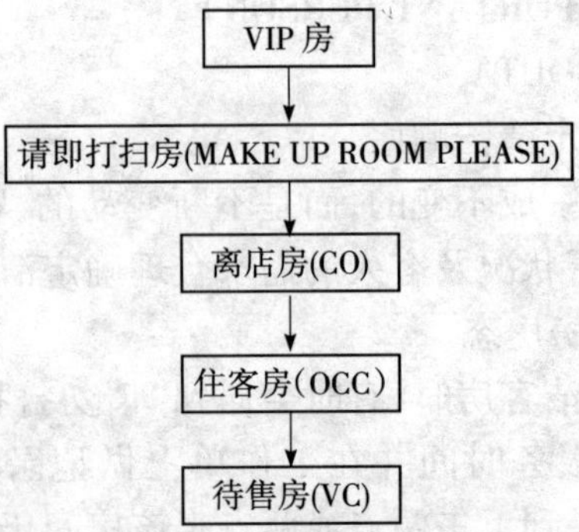

图 5 - 2　清洁客房的特殊顺序示意图

3. 准备好吸尘器

吸尘器是专门用于清洁客房地毯、地板灰尘的工具。每次使用前,服务员都应检查电线和插座是否完好、蓄尘袋是否倒清、滤网是否除尘、吸尘时机器是否正常工作。

4. 检查工作车(或工作篮)

工作车是客房服务员清洁客房的主要工具。补充工作车用品应在服务员下班前完成,第二天工作前再检查一次,保证配置的用品齐全,以免影响工作效率。

表 5－7　工作车物品配置及准备程序

程　序	标　　准
1. 擦拭工作车	1. 用半干的抹布将工作车由里向外擦拭一遍。 2. 检查工作车车况是否良好。
2. 更换干净的纺织品袋和垃圾袋	1. 对准车把上的挂钩,牢固地挂紧每一个挂钩。 2. 车把两边一边放脏的纺织品,另一边放垃圾。
3. 摆放客房用品	按规定的数量和种类将客房用品整齐地摆放在工作车的首层。
4. 将干净的纺织品放在车架中	按工作车图示(图 5－2)摆放干净的纺织品。
5. 摆放清洁工具和清洁剂	1. 摆放橡皮手套、防护镜、口罩。 2. 摆放干湿擦尘布、刮刀、恭桶刷、万能擦布。 3. 摆放多功能清洁剂、玻璃清洁剂、抛光剂、消毒剂、卫生间清洁剂等。

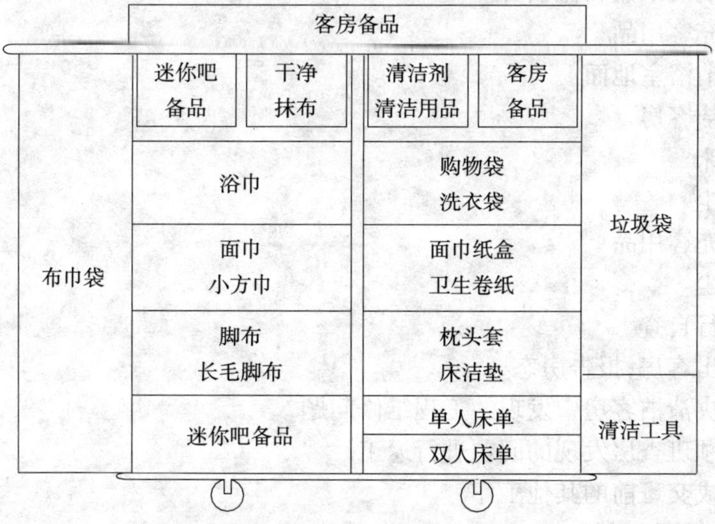

图 5－3　客房工作车备品布置图

二、如何清洁客房

客房的清洁服务分为房间清洁、卫生间清洁、房间小整理、做夜床、补充客房用品等项内容。在客房的清洁中应注意以下几点:

(一)对照客房服务员任务单合理安排清洁工作

客房服务员任务单是让每位服务员清楚地了解工作职责和工作内容的说明书。它详细说明了客房服务员当班过程中应承担的所有工作,是一本随拿随用的很好的岗位培训教材。服务员应充分重视这份任务单的使用价值,使其发挥应有的作用。

各饭店应根据自己的实际情况确定任务单的内容和工作的先后顺序。

客房服务员任务单的主要内容有:

- 为所分配的房间准备客用品
- 为所分配的房间准备清洁用品
- 备好工作车,保持工作间清洁整齐
- 进入客房
- 清洁浴室
- 清洁浴缸和淋浴区
- 清洁恭桶
- 清洁洗手盆和梳妆台
- 补充客用品
- 清洁浴室地面
- 清洁客房
- 做床
- 擦尘
- 补充客用品
- 吸尘
- 进行自查
- 走出客房,报告房态
- 解决清洁客房中发现的工程维修问题
- 对领班查房发现的问题进行返工
- 完成交班前的其他工作
- 翻转床垫

- 放置或取出租借用品和其他服务设备
- 完成计划卫生或大清洁房间
- 提供做夜床服务和特殊服务

(二)对照客房服务员工作单清洁客房

客房服务员工作单是领班或主管派给服务员的、标明清洁房间的数量、清洁房间的类型及清洁工作标准等内容的一种管理表。客房服务员应根据工作单安排好当日的客房清扫顺序,按要求做好记录并在下班前将工作单交领班或主管。

表 5－8　客房服务员工作单

早班 □

中班 □

晚班 □

楼层　　　　姓名　　　　日期　　年　　月　　日

序号	房态	居住	清扫时间		补充消耗品										备注	特殊任务
			入	出	肥皂	手纸	洗发液	沐浴液	润肤露	牙具	购物袋	咖啡	拖鞋	…		特殊要求
01	S															当日计划卫生
02	L															
03	L															
05	VD															
06	VC															
07	S															
08	S														VIP	
09	L															经理指令
10	L															
11	OOO															
12	S															
15	S															
16	L															
17	S															

【用法】

(1)客房服务员上班时,从客房中心相关负责人那里领取此表。

(2)表上列有需整理的客房房号及状况,配有电脑的饭店可将打印出来的客房状况、住客情况表一起交给服务员,不必在表上另外注明。

(3)工作时,服务员应将此表置于工作车上的指定位置处(注意隐蔽性)。每做完一间房,都应在表上填写有关内容。

(4)领班巡查时,会随时了解表上情况,查房和处理问题。

(5)服务员下班时应将此表与工作钥匙一起交客房中心。

(6)领班根据工作单上的记录,统计当天楼层客用物品的消耗情况。

(7)领班、主管检查整理工作表后,会将之存档供统计汇总及查阅。

(三)如何清洁客房

1. 掌握清洁方法

清洁客房的工作看似简单,实际上,里面有很多学问。掌握了清洁客房的最佳方法,将使这项工作事半功倍。

(1)由里向外法:指清扫房间和吸尘时,按照由里向外的顺序依次进行。

(2)从上到下法:指擦拭镜面、墙面、家具时,按照从上到下的顺序依次进行。

(3)先铺后抹法:指清洁房间时,应先做床再擦尘,避免铺床时产生的粉尘落在家具或物品上,造成返工。

(4)环形清洁法:客房的家具及物品是沿房间四壁环形布置的。清洁时,应按顺时针或逆时针方向依次进行,以免遗漏。

(5)干湿分开法:指擦拭不同的物品时应使用不同的抹布,干湿分开或交替使用。

2. 如何整理衣物

衣柜内的外衣要挂放整齐。床上的内衣要叠放整齐,码放在床盖或枕头上。

3. 如何整理书籍报刊

房间内的书籍、报刊要整理好、摆放整齐。擦完尘后,将客人的文件、纸张类物品放回原处,不移位,不翻看任何文件和书籍。

4. 如何整理贵重物品

清洁房间时,遇有贵重物品或易碎物品,可根据实际情况决定是否移动。如需移动,应轻拿慢放,清洁后尽可能放回原处。发现大量现金或贵重首饰时要立即向上级报告。

5. 如何整理皮箱

不要打开客人箱子,更不能翻动客人行李箱等任何物品。如皮箱影响清扫,移动后放回原处。

6. 如何整理鞋袜类物品

将鞋码放整齐放在桌子下方或衣柜内,将拖鞋码放整齐放在床头柜下面,将袜子放在鞋里或鞋柜里。

7. 如何处理客人的遗留物品

清洁房间时,如果发现有客人的遗留物品,应立即向上级报告并按程序交到失物招领处。

8. 整理时应敞开房门

客房服务员清扫房间时,应将房门打开并保持敞开状态,然后将工作车紧靠房门堵住房门,这样做的目的是:

(1)方便服务员拿取物品。

(2)防止不速之客轻易进入客房。

(3)提醒回房间的客人,此时服务员正在打扫房间(此时有人进房,服务员有义务核对客人身份,然后询问客人是否需要继续清扫房间)。

有的饭店要求客房服务员区分不同情况决定是否敞开房门清扫房间:如果客人不在房间,应关闭房门清扫客房;当客人在房间或中途回房间时,则打开房门清扫客房,以免客人尴尬和服务员可能遭遇危险。

9. 报修

客房服务员在进行日常清洁时应随时检查房间设备,发现问题应马上做记录并详细地向上级或客房服务中心报告,由服务员或指定人员填写维修单(表5-9)交到工程部。

表5-9 客房维修通知单

No.

报修日期:	报修部门:
报修时间:	报修人:
维修地点:	
维修项目:	
受理人:	
维修反馈:	
维修时间: 月 日 时 分始至 月 日 时 分止	
维修材料:	
备 注	
维修人:	验收人:

【用法】

(1)服务员发现客房设备需要维修时,应及时做记录并报告领班,由领班或指定人员(客房中心联络员)负责填报此单。

(2)此单分两部分,上半部分作通知用,下半部分作信息反馈用。

(3)此单一式三份,一份留存,另两份送工程部。

(4)工程维修人员凭此单进行维修,维修完毕后由楼层服务员或领班验收合格签字认可,再将此单带回工程部注销。

(5)紧急维修可先用电话通知,后补通知单。

(6)工程部凭此单向相关部门核算费用。

10. 报房

报房是客房服务员每日清洁工作的重要内容之一。服务员每做完一间客房,都应按客房清洁标准自查,确认卫生合格、备品齐全完好后,电话通知客房服务中心房间可以出售,或在房间直接用电话更改房态并在工作单上记录房态转换的具体时间。

(四)如何处理客房垃圾

什么是客房垃圾?哪些物品应被视作垃圾可以由客房服务员自行处理?看似简单的问题如果处理不当,将埋下很深的事故隐患。下面通过一则案例来说明弄清这一问题是多么重要!

管理创新案例

一次,在国家旅游局举办的全国高星级饭店总经理培训班上,一位总经理突然打断了我的讲课。这位经理刚接到客房部经理打来的电话,说是一个客人投诉饭店,不知如何处理,想请教我。

事情的缘由是这样的:

这位客人在房间接到一位朋友的电话,得到了他急于知道的一位非常非常重要的大客户的电话,因为匆忙加之激动,客人立即用铅笔将来之不易的电话写在了一张购物小票的背面,准备存入手机中。客人刚放下电话就有人拜访,随后,客人同拜访者离开了客房,而将那张写有电话号码的小票遗忘在了客房的写字台上。在客人关门的一瞬间,购物小票被吹落在了地毯上。

在随后的客房清洁中,客房服务员误将购物小票当成垃圾倒掉了。晚上,客人回到房间找不到购物小票,与朋友再次索要电话号码,被朋友拒绝。客人非常着急和气愤,于是投诉饭店,要求饭店赔偿他的损失。

总经理问:“这件事是否有饭店的责任?”

在回答这个问题前,我向所有的总经理们提出了一个问题:“在给客房服务员进行培训时,客房管理者是否清楚地告知员工什么是客房垃圾?”

总经理们的回答可谓五花八门。有的说:“客人不要的东西或物品就是垃圾。”有的说:“客人扔在地上或垃圾桶里的物品就是垃圾。”有的说:“客人通知服务员扔掉的物品就是垃圾。”还有的说:“客房服务员根据经验判定放在房间内的、无用的东西就是垃圾。”因对垃圾的认识不同,大家讨论得非常激烈。

根据我在饭店工作的经验,我将客房垃圾限定为“客人扔在垃圾桶里的物品”。不言而喻,客人的纸条被当成垃圾丢掉了,饭店肯定要负一定的责任。

那位老总很不服气,于是当着大家的面拿出一包未开封的香烟,当众将烟拿出,把空烟盒放在桌上,并指着空烟盒问:“王老师您说,这是不是垃圾?”

我回答:“只要客人没扔在垃圾桶里,就不是垃圾。”

总经理问:“虽然放在了桌子上,但大家都看到了那是空烟盒,为什么它就不是垃圾呢?”

我回答:“如果客人有收集烟盒的爱好,而这恰恰是他要收集的那个出厂日期的藏品呢?”

接下来,我举了一个亲自遇到的案例:

20 世纪 80 年代中旬,我在一家著名的国际酒店管理集团下属的四星级饭店任职。一天,我们接到一位外宾的报案,称他放在房间桌子上的一个空酒瓶丢失了。接到这个报案,我们觉得十分诧异,空酒瓶丢了就丢了,有什么大惊小怪的,还报案!当我们与外宾交涉时才知道,原来那是一个水晶酒瓶,价值 200 多美元。但是,客房部员工把它当垃圾丢掉了。于是,我们发动客房部员工到垃圾站、垃圾总站寻找,找了半宿也没有找到,最后,饭店按照客人说的价值进行了赔偿。之后,饭店将这件事当作培训案例,讲给所有新到岗的员工,告知他们,客人的物品是不可以随便丢掉的,即使是一个空瓶子。

那位总经理沉默了片刻又问:“如果桌上放的是客人吃剩下的一碗方便面,您说那是不是垃圾?”

我回答:“在饭店服务过程中,我们应当既强调规范化服务,又提倡个性化服务。这就要求我们的服务人员在对客服务过程中不断地总结经验,逐渐具备准确判断客人服务需求和处理各种不同事件的能力。在服务员不能准确判断房间的物品是否是垃圾时,我们可以给客人留言,征得客人的同意后再将那些物品清理掉。”

那位总经理被我的回答征服了,此时全场响起了持久的掌声。通过这个案例,大家一致认为,给予关键服务程序一个清晰、准确的服务标准,是保证服务质量、提供优质服务的关键。

(五)如何进行房间小整理

饭店为提高服务质量,为多次回房的客人提供房间小整理服务,使客房时刻保持清洁有序的状态,使客人时时感受到被关注。

房间小整理的工作内容包括下列各项:

(1)清倒房间内的垃圾和烟灰缸。

(2)清洗或更换杯具。

(3)将客人睡过的床铺整理好,但不需要更换床单。

(4)将家具复位。

(5)清理地面杂物。

(6)补充迷你吧酒水。

(7)整理或更换浴室用过的纺织品。

(8)清洁客人用过的浴缸、淋浴间、恭桶、洗面盆等。

需要指出的是,提供房间小整理服务应以少打扰客人为基本原则,并尽量安排在客人外出时进行。

(六)如何做夜床

做夜床一般由中班服务员完成,内容涉及清洁整理房间、开夜床、清洁整理浴室等。

1. 清洁整理房间

(1)更换用过的茶杯和水杯,更换暖水瓶中的开水或更换电热水器中的水。

(2)将免费报纸放在写字台规定位置处。

(3)清理垃圾及烟灰缸,补充备品,将家具恢复原位。

(4)送回送洗衣物。

2. 开夜床(TURN DOWN SERVICE)

开夜床的时间一般在下午6点左右开始,到晚8点左右结束,具体执行时应根据客人的特点、需求以及客房的出租状况综合确定。

(1)拉开床罩,叠好后放到规定位置。

(2)将床单、毛毯或棉被翻开,向后折成一个三角形(如图所示),呈30度角为宜。

(3)将晚安卡、早餐单、鲜花或巧克力、甜品等放置在规定的地方。

(4)将拖鞋放在床边规定的位置处,VIP客人加放脚垫。

开床时,应注意床单如有污迹或破损,要及时更换。将枕头摆放整齐,保持床铺平整,有良好的视觉效果。

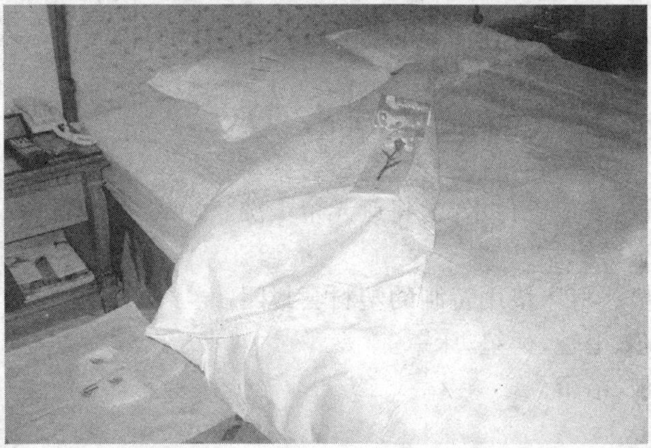

3. 清洁整理浴室

(1)将客人用过的浴缸、淋浴间、洗面盆、恭桶等清洁干净。

(2)更换用过的纺织品和洗涤用品。

(3)补充不足的卫生纸和面巾纸。

(4)清倒垃圾,擦干地面。

整理完浴室后,打开客房床头灯,拉上窗帘,复查所做工作,并记录在工作单上。

(七)如何清洁无烟客房

从健康的需求出发,越来越多的客人要求入住无烟客房,迫使饭店不断地将一般客房改为无烟客房。对客房部来说,清洁和管理无烟客房是一项十分艰巨和复杂的工作,需要付出大量的人力、物力和时间。只要有一位客人在房间吸烟,所有的努力都将化为乌有,这就需要得到饭店营销部、前厅部和客人的充分支持和理解。

无烟客房的清洁内容和清洁方法如下:

(1)清洗窗户和纱窗。

(2)取下窗帘、纱帘进行水洗,将遮光帘干洗。

(3)更新所有纺织品。

(4)更新床垫或将床垫用特制的塑料套封闭。

(5)洗涤枕芯、毛毯、褥垫、床罩。

(6)更新棉被、浴帘。

(7)更换供暖、空调及通风系统的过滤器。

(8)重新粉刷墙壁。

(9)清洁浴室排气管。

(10)使用清洁机清洗木制家具。

(11)彻底清洁有垫套和装饰物的家具。

(12)搬出所有的家具,彻底清洗地毯。

(13)更新所有的客用品。

(八)如何做好清洁服务之外的工作

1. 总结客人生活规律,掌握最佳清洁客房时间

服务员要想在琐碎、繁杂、平凡的工作岗位上做出成绩并进行服务创新,除应按标准程序提供常规服务外,还应善于观察客人生活习惯,总结客人生活规律,在客人最需要的时候为客人提供最想要的服务。

2. 了解清洁客房禁忌,遵守职业操守

(1)除报告房态外,不使用或接听已入住客人房间内的电话。

(2)不使用客房内的设备,私开客房休息。

(3)不让无关人员进入客房。

(4)不将客用纺织品作抹布使用。

(5)不翻动、查看客人的文件及书报杂志。

(6)不随便挪动客人的行李、化妆品等物品。

(7)不接受客人赠送的食品和饮料。

(8)不随意处置任何疑似垃圾但又不能确认是垃圾的物品,如掉落在地上的写有字的纸条或其他物品。

3. 关注客房状况,关注客人人身财产安全及饭店安全

客房服务员清扫客房时如发现下列情况,应及时向主管领导汇报:

(1)发现客人携带违禁物品如枪支、易燃、易爆物品等。

(2)发现客人有遗留物品。

(3)发现房间内有虫害或老鼠等。

(4)发现客人生病。

(5)发现房间内有宠物。

(6)发现房态为空房的房间有使用或居住过的迹象。

(7)发现"请勿打扰"房态的客房超过规定时间未取消"请勿打扰"。

(8)发现客人开房后一直未曾用房。

(9)发现住客登记人数和性别与实际入住情况不符。

(10)发现客房内的饭店物品丢失或损坏。

(11)发现房间内有其他异常情况。

三、客房清洁程序及标准

(一)客房清洁程序

表 5-10　客房清洁程序及标准

程　序	标　　准
1. 准备工作	1. 检查工作车上客用品及工具是否齐备。
2. 敲门	1. 首先检查房门是否挂着“请勿打扰”牌或是否上“双锁”。 2. 用食指或中指指关节轻轻敲三下门(每次间隔约 10 秒钟),声音不要太大,以客人听到为准,同时报身份“HOUSEKEEPING”或“客房服务员”。 3. 在门外等候 10 秒钟左右,倾听房内动静,如房间内无反应,按程序第二次敲门。
3. 进入房间	开门: 1. 在确认房内无人后再敲三下门。 2. 用钥匙将门轻轻打开约 30 度,再次报明身份并询问“可以进来吗?”或“May I come in?” 3. 如果客人在房内,要等客人开门后或经客人同意方可进入客房,向客人问候并询问客人“是否可以打扫房间”。如果确定房内没有客人,可以进入客房。 4. 在任务单上记录进入客房的时间。 5. 将工作车紧靠着房门,尽量不留空隙,敞开房门。
4. 拉开窗帘 打开窗户	1. 检查窗帘杆、滑道、吊链是否损坏或移动不畅。 2. 打开窗户通风。
5. 检查电器设备和灯泡	1. 用遥控器打开电视机,将电视频道调到规定位置。 2. 检查冰箱,如果发现结霜太厚,应随时除霜。 3. 打开房间内所有的电灯,检查灯泡是否损坏。如有损坏,应关掉开关,更换灯泡或通知工程部人员前来更换灯泡。 4. 检查背景音乐和中央空调,将调温器控制在规定范围内。
6. 撤掉送餐用具,倒垃圾,清洁垃圾桶	1. 撤掉客房内所有的送餐用具,将其放到指定地点,通知餐饮部送餐员前来收取。 2. 戴上橡胶手套,将房内的垃圾桶及烟灰缸拿出。倒垃圾前,应检查一下垃圾桶内是否有文件或有价值的物品,烟灰缸内是否有未熄灭的烟头或注射器等危险物品。 3. 如发现垃圾中有注射用品,应放入专用垃圾袋中进行特殊处理。 4. 清洁垃圾桶,确保垃圾桶清洁、无污迹。

续表

程　序	标　　准
7. 撤掉脏的纺织品	1. 取走客人放在床上的衣物，整齐码放在椅子上或沙发上。 2. 观察纺织品上是否有体液或血迹，如有，应戴上橡皮手套后再拿取，避免用手直接接触纺织品上的任何体液。 3. 将床单和脏纺织品逐层撤掉。 4. 撤脏的纺织品的同时，检查其是否丢失、损坏或被污染。 5. 如果是离店房，应注意纺织品中是否裹有客人的遗留物品。
8. 对有血迹的纺织品进行处理	1. 戴上橡皮手套，把受污染的纺织品放入专用塑料袋中（有明显标记或颜色差异）。 2. 将其送到洗衣房进行特殊的消毒清洗。
9. 做床	1. 选择合适规格的床单，按程序做床。 2. 床单平整、清洁、无污迹、无破损。 3. 床单四角为45度且绷紧。 4. 枕头平整、清洁、无污迹、无破损，并且平放在床头中央。 5. 床盖平整、无污迹，床盖两侧距离相等。
10. 擦尘	
给所有门擦尘	1. 取下挂在房门上的"请勿打扰"的牌子或"请清洁此房"的牌子。 2. 用抹布擦拭每扇门的内外、门框与门槛。 3. 擦净后将拿掉的牌子挂回原处。
墙面、天花板饰线、板条除尘	用羽毛帚清扫手难以够到的墙壁和天花板角落的尘土与蜘蛛网。
窗帘除尘	清洁窗帘、纱帘，保证无污迹、无破损、无皱褶，挂钩无脱落。
擦拭镜子	1. 若镜子有木框，用喷了除尘液的抹布擦拭木框。 2. 用干净抹布擦镜子。从上到下，采用从一边至另一边的横向擦拭方法把镜子擦净擦亮。
除尘 擦净画框	1. 用喷了除尘液的抹布擦拭画框。 2. 用玻璃去污剂和干净抹布擦净镜框玻璃。
梳妆台擦尘	1. 用喷了除尘液的抹布擦拭梳妆台的侧面、前部、边及台面。 2. 用干净抹布再把梳妆台的侧面、前部、边及梳妆台面擦亮。
擦拭床头柜与床	1. 使用喷了除尘液的抹布，从床头柜桌面开始清洁，从侧面向下至柜子腿和底座。 2. 擦拭床架的裸露部分，包括床头板与床脚竖板。
电话机清洁、消毒	1. 拿起听筒，听听拨号声是否正常。 2. 用去污剂和干净抹布彻底清洁电话机。 3. 用喷了消毒剂的抹布擦拭送话口与受话口。
擦拭桌、椅和台灯	1. 从上至下擦净每张桌子的桌面、底座、桌腿及椅子。 2. 擦拭台灯罩、灯泡与底座。整理灯罩并使线缝转向背面。

续表

程　序	标　　准
擦拭电视机与机架	1. 擦拭电视机的顶部、侧面及机架。 2. 关闭电视机，用喷洒了玻璃去污剂的干净软抹布擦拭电视机屏。
11. 更换玻璃器皿	1. 将客人用过的杯子送到消毒间进行消毒并更换已消毒的杯子。 2. 确保杯子清洁、无污迹、无水迹。
12. 补充客用品	按规定数量及摆放要求补充下列客用品： 1. 干洗单、湿洗单、熨烫单各2份，洗衣袋2个 2. 购物袋1个，多用袋1个 3. 酒单1张 4. 普通信纸6张，航空信纸3张，电传纸2张 普通信封4张，航空信封2张 5. 饭店服务指南1本 6. 明信片2张，行李标签2张，圆珠笔1支 7. 便笺本1本 8. 客人意见书1张 9. 电话册、客房送餐服务菜单各1本 10. 旅游杂志、电视节目预告单各1本 11. 茶杯2个，酒杯1个，水杯2个，茶叶4袋，速溶咖啡2袋
13. 吸 尘	
检查吸尘器的安全性能	1. 使用吸尘器前，检查吸尘器的电线和插座是否完好。将打结的电线解开，以免造成短路。 2. 检查储尘袋是否已倒净。 3. 站在水中作业，或手、衣服潮湿时，不使用电器设备。
用吸尘器清扫整个房间	1. 按从里向外的顺序开始吸尘。 2. 去除房间角落与地毯边缝的尘土时，先用硬制小扫帚将这些死角的尘土扫出来，再用吸尘器清洁。
拔下吸尘器插头，正确卷绕电线，并将吸尘器放回原处	1. 一只手抓住插头（而非电线），另一只手按住插座，将吸尘器插头从插座上拔下。 2. 按照饭店的要求正确卷绕吸尘器的电线。
14. 按标准检查房间	1. 物品按标准码放，整齐有序。 2. 检查有无遗漏项目。
15. 在客房任务单上记下有关情况	1. 记录房间清扫情况及房间的特殊情况。 2. 填写出房时间。
16. 报房	报告房态的程序因饭店而异。

(二)做床程序

表 5－11　客房做床程序及标准

程　序	标　　准
1. 将床拉出	屈身蹲下,双手握紧床架尾部,将床慢慢地拉出至便于操作的位置。 检查床垫是否清洁、无破损。定期翻转床垫。
2. 放平床垫	将褥垫正面朝上,以床中心位置为铺放中心点,使褥垫四边长短均匀,绷紧铺在床垫上的垫褥。
3. 铺上清洁褥垫(白拍)	将床单正面朝上,抛盖在床的正中位置,使床单的中线将床一分为二,使床单松弛地盖住床角,将床单斜折包角,掖入塞紧至床垫下面。用同样方法包好各侧的床角。
4. 铺第一张床单(垫单,用来包床垫用)	将床单正面朝下,中线与第一张床单对称,床单上端与床头对齐。
5. 铺第二张床单(盖单)	
6. 铺毛毯,将床单和毛毯塞进床垫下	1. 将毛毯中线对齐,上端距床头 30 厘米左右。 2. 将长出毛毯 30 厘米的盖单沿毛毯边缘回折,包住毛毯上端作为被头。 3. 将毛毯连同盖单一同塞进床垫下,做到四个包角整齐无皱褶。按饭店要求包出直角或斜角。
7. 套枕头	1. 拍松枕芯,套上枕套,使枕芯将枕套四角冲平。 2. 单人床将枕头套口反向床头柜,放置在床的正中,双人床将枕头套口的方向对称放置,两张单人床将两床枕头套口反向床头柜。
8. 盖床罩	铺上床罩,中线对齐,将床罩上端回折距床头 40 厘米左右。
9. 将床推回原位	检查床铺是否整齐。
10. 中式做床	中式做床的方法与西式做床基本相同。中式做床一般不铺床罩,不包四边,而是将套上被罩的棉被铺在床上,棉被的中线与第一张床单对称。有的饭店在被罩上面铺有床腰垫。
做完床,应保证三线对齐:即床单中线、毛毯或棉被中线、枕头中线三线对齐。	

做床分为中式做床和西式做床两种,下面通过操作图示分别演示这两种不同的做床方法的全过程:

中式做床法

步骤一：拉床

步骤二：整理床垫

步骤三：抖单

步骤四：包角

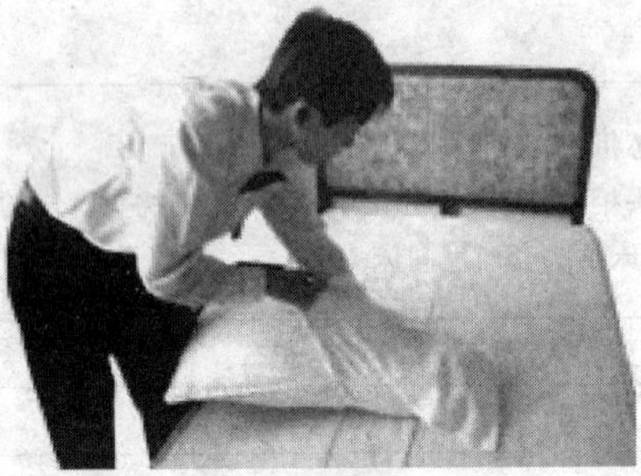

步骤五：套枕芯

步骤六：整理枕头

步骤七：套被罩

步骤八：打枕线

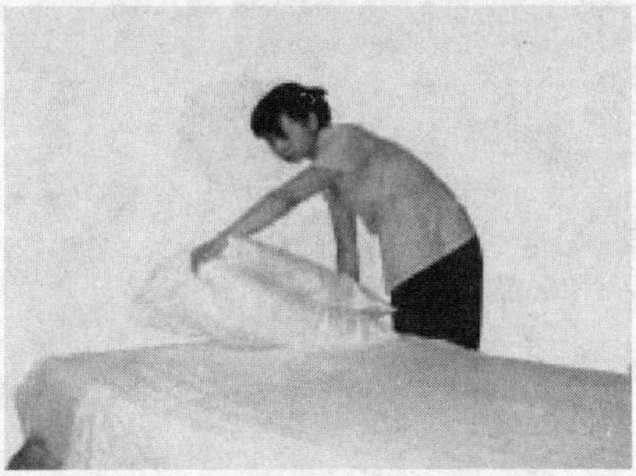

步骤九:放枕头

步骤十:整理床单

西式做床法

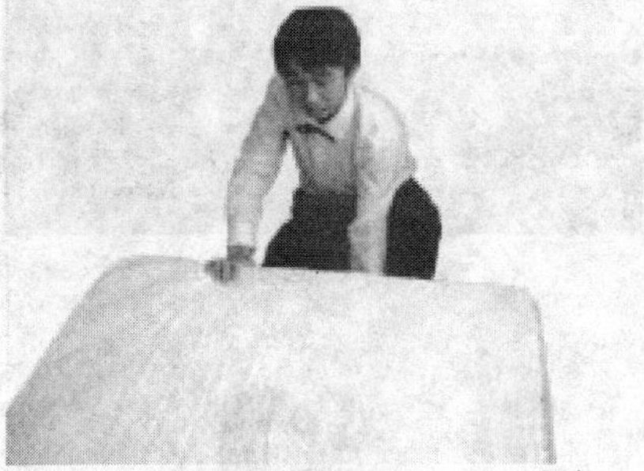

步骤一:拉床

步骤二:整理床垫

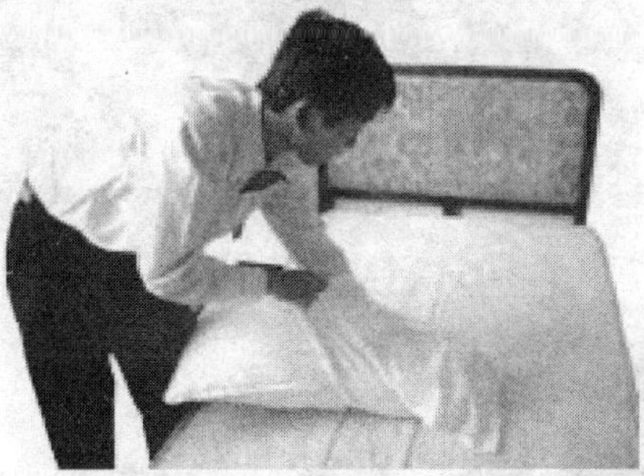

步骤三:套枕芯

步骤四:铺垫单

步骤五:包角

步骤六:铺护单

步骤七:铺毛毯

步骤八:回折盖单

步骤九:包边包角

步骤十:铺床罩

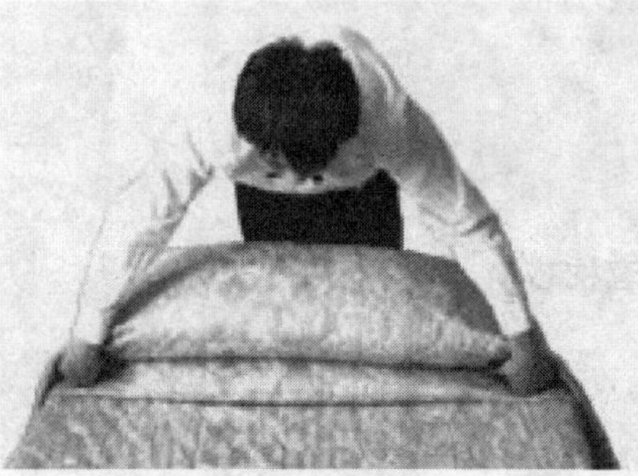

步骤十一:打枕线

目前,饭店多采用中式做床方法。用中式做床法做完的床如下图所示。

(三)客房清洁流程

按程序进入房间
↓
将工作车停放在门口
↓
在工作单上填写进入房间的时间
↓
打开房间所有电灯,检查是否有故障
↓
拉开窗帘,打开窗户、关闭电灯
↓
检查、补充迷你吧
↓
清倒垃圾及烟灰
↓
(收拾住客房房间内的散乱物品,叠放整齐)
↓
撤床(撤走床上的脏纺织品)
↓
做床(准备干净的纺织品,按程序做床)
↓
按程序擦尘
↓
清洁、更换杯具
↓
清洁玻璃及镜子
↓
吸尘
↓
家具复位
↓
补充客用品
↓
做最后检查
↓
关灯
↓
关闭房门
↓
在工作单上记录出房的时间
↓
报告损坏和维修物品情况

四、卫生间清洁程序及标准

1. 卫生间清洁程序

表 5－12　卫生间清洁程序及标准

程　序	标　　准
1. 撤出所有脏的纺织品	戴上橡胶手套，确定没有客人物品卷入纺织品内。
2. 洗烟灰缸及垃圾桶	清洗烟灰缸及垃圾桶内外。
3. 清洗玻璃器皿	将客人用过的杯子送到消毒间进行消毒，并更换已消过毒的杯子。
4. 清洗洗面盆、梳妆台及镜子	1. 必要时，可以移动客人的化妆品。移动时，在梳妆台上铺上一块垫布或毛巾，取另外一块毛巾垫在手中，轻轻移动。 2. 在面盆、面盆塞子、面盆溢水口、主排水管等固定装置四周喷洒清洁剂。 3. 用刷子清洗面盆的溢水口及脏物经常积聚的排水口管道。 4. 用海绵及干抹布擦拭洗面盆和梳妆台面，使其干净明亮，表面无水迹和污迹。 5. 将玻璃清洁剂喷在干净抹布上，按从上至下的顺序擦净镜子。
5. 清洁浴缸、淋浴区	1. 把客人留在浴缸里的个人物品同梳妆台上的化妆品放在一起。 2. 把客人留在浴缸或淋浴区的衣服拿开，等完成清洁作业后，再放回原处。 3. 用纸巾去除浴缸和淋浴器上的毛发。 4. 使用清洁消毒剂清洗浴缸、淋浴区或淋浴间。 5. 用干布将表面擦净。 6. 擦洗浴帘。

续表

程　序	标　　准
6. 清洁恭桶	1. 用专用的恭桶清洁剂(酸性)对恭桶进行清洗消毒。 2. 用专用工具按照从上至下、从里到外的顺序刷洗恭桶,消毒并擦干净。 3. 刷洗恭桶外部并擦干。
7. 清洁电镀品	1. 用干布将水龙头、淋浴配件、浴缸扶手、毛巾架、浴巾架、浴帘杆等用干抹布擦亮。 2. 必要时可用抛光剂进行擦拭。
8. 清洁排风口	将排风口拆下,用温水冲洗干净并擦干。
9. 清洁门和地面	用湿布蘸少量清洁剂按从上至下、从里向外的顺序清洁。
10. 补充客用品	1. 按规定标准整齐摆放客用品。 2. 按规定位置整齐摆放浴巾、面巾、方巾、脚巾。 3. 面巾纸、卷纸折叠成三角状。
11. 目视检查	进行最后的检查。

2. 卫生间清洁流程

撤走卫生间内脏的纺织品
↓
清理垃圾、烟灰及用过的水杯
↓
清洗恭桶
↓
清洗浴缸、浴帘、洗面盆(台)、墙壁、天花板
↓
清洁淋浴间
↓
清洁浴室镜
↓
清洁电镀品(水龙头、喷头、毛巾架、卫生纸架等)
↓
清洁排风口
↓
清洁地面
↓
补充客用品
↓
更换纺织品
↓
做最后检查
↓
关闭电源

第三节 客房的计划卫生

计划卫生,是对不需要每日清洁,但必须定期清洁保养的设备拟订一个周期性的清洁计划,采取定期循环的方式进行清洁保养,以延长设备的使用寿命。

客房设备的维修保养工作,时常安排在非营业时间或经营淡季进行,有固定的时间段和保养周期要求。客房部一般按"客房清洁维护计划表",将需要清洁保养的项目列入表内,并按既定时间按时、保质完成。

下面是客房计划卫生涉及的所有项目。

一、清洁房门

表5-13 客房房门清洁程序及标准

程　序	标　　准
1. 清洁门	1. 用干抹布将大门上的灰尘掸净。 2. 将清洁剂喷洒在房门上。 3. 用干净抹布将药液擦净。
2. 清洁边角	将门框、门镜、门链等门的边角处的灰尘清洁干净。
3. 铜器抛光	使用铜器抛光剂给房门上的铜器抛光清洁。
4. 房门检查及报告	1. 检查房门开启是否轻松自如,房门油漆是否均匀和破损,门锁、门链、门镜是否完好。 2. 如发现房门有异常,应及时填写派工单。 3. 将需要修理的房门的房号记在工作单上。

二、清洁家具

表5-14 客房家具清洁程序及标准

程　序	标　　准
1. 准备	备好所需的干净抹布及稀释后的清洁剂。

续表

程　序	标　　准
2. 清洁	1. 将适量清洁剂喷在需要清洁的家具上。 2. 按从左至右的方向对家具擦拭除尘。 3. 家具表面整洁、无尘、无任何污迹。

三、清洁冰箱

表 5－15　客房冰箱清洁程序及标准

程　序	标　　准
1. 准备	1. 将冰箱内的所有物品取出。 2. 进行除霜。 3. 将清洁剂按比例稀释。
2. 清洁	1. 将适量的清洁剂喷在冰箱内壁。 2. 按从上至下、从里至外的顺序用干净抹布清洗、擦拭。 3. 确保冰箱内无异味、无污迹。 4. 保证冰箱外部无尘土、无污迹。 5. 将冰箱放回原位。

四、清洁镀金制品

表 5－16　客房镀金制品清洁程序及标准

程　序	标　　准
1. 准备	准备清洁剂和 3 块干净抹布。
2. 清 洁	1. 将清洁剂均匀喷在干净的抹布上。 2. 轻轻擦拭金器表面。 3. 用干净的抹布进行抛光，使其光亮、无尘、无污迹。

五、地毯吸尘

表 5-17 地毯吸尘程序及标准

程 序	标 准
1. 准 备	1. 吸尘器状态良好,符合使用要求。 2. 吸尘管能自由拆卸,互换使用。
2. 操作	1. 检查吸尘器不漏电后接通电源。 2. 不用脚踢吸尘器或插头,不拖拽电线。 3. 不用力猛拉吸尘器,以防电线被拉断。
3. 边角的处理	1. 用吸管头吸地毯的边角。 2. 吸不干净的地方要用湿抹布擦净或用刷子刷净。 3. 对床下、柜子后的地毯吸尘时,应当搬开家具。 4. 注意不要碰坏墙根的踢角板。
4. 保养	1. 要坚持每天对地毯吸尘。 2. 地毯上如有污迹,要迅速处理。 3. 污迹处理不了时,应及时通知地毯工修理或清洗。

六、清洗地毯污迹

表 5-18 地毯污迹清洁程序及标准

程 序	标 准
1. 准备	1. 检查地毯污迹,区分污迹的种类。 2. 准备好清洗工具及清洁剂。
2. 清洗	1. 根据污迹颜色深浅选择清洁剂的种类及浓度。 2. 将适量稀释过的清洁剂均匀地喷洒在地毯污迹表面。 3. 过 3 分钟左右后再擦洗。 4. 地毯上如有大面积污迹,可用洗地毯机进行清洗。

七、清洁制冰机

表 5－19　制冰机清洁程序及标准

程　序	标　　准
1. 检查	1. 检查制冰机运转是否正常。 2. 切断电源。
2. 清洁	1. 使用指定的清洁剂和干净抹布擦拭制冰机内的各个部位。 2. 用清水冲净，将制冰机盖关严。 3. 清洁制冰机外部，将不锈钢光亮剂喷洒在专用抹布上，用干净抹布从上至下清洁。 4. 清洁后，制冰机内部无异味、无污迹，外部光亮，无污迹。

八、清洁地面瓷砖

表 5－20　地面瓷砖清洁程序及标准

程　序	标　　准
1. 准备	将地面瓷砖上的杂物清扫干净。
2. 清洗	1. 使用规定的碱性地面清洁剂，按比例稀释清洁剂。 2. 用板刷刷洗地面。
3. 擦拭	1. 用干净抹布将地面擦干净。 2. 擦洗后，应确保瓷砖地面没有水迹。

注意：清洁地面瓷砖时千万不能使用酸性清洁剂，以免瓷砖表层受损。

九、清洁出风口

表 5－21　出风口清洁程序及标准

程　序	标　　准
1. 掸尘	用干抹布把出风口的灰尘掸净。
2. 去污垢剂	使用万能清洁剂将灰尘、污垢清除掉。

十、清洁墙壁

表 5－22　墙壁清洁程序及标准

程　序	标　　准
1. 准备	准备工作车、工作器械及工具。
2. 除尘	用吸尘器清除墙壁上的灰尘。
3. 去污	将清洁剂喷洒在墙壁污迹处，用抹布轻轻擦拭。
4. 工作报告	1. 发现墙壁有破损或污迹无法清除时，应填写维修单。 2. 将需要工程部修理的问题标注在工作单上。

十一、更换灯泡

表 5－23　更换灯泡程序及标准

程　序	标　　准
1. 检查并更换	做房和查房时应检查室内灯具。如有灯泡损坏，需及时更换。
2. 修理	1. 卫生间灯、进门顶灯等无法更换时，应及时填写维修单。 2. 将无法更换灯泡的房号标注在白班工作单上。 3. 将派工单送交工程部，由工程部更换。
3. 擦拭	1. 更换完灯泡后，关闭电源。 2. 用抹布擦拭新换上的灯泡，确保上面无手印和尘土。

十二、楼道的维修与保养

表 5－24　楼道维修与保养程序及标准

程　序	标　　准
1. 停放工作车和清洁器械	1. 工作车及清洁器械的摆放位置应符合要求。 2. 距墙壁一定距离，避免蹭坏墙壁。
2. 清洁维修楼道墙壁	1. 每天要将墙壁上的污迹清除掉。 2. 如发现墙纸开胶、破损，应立即填写维修单及时修补。

续表

程　序	标　　准
3. 清洁维修楼道地毯	1. 用指定的地毯清洁剂清除地毯上的局部污迹。 2. 地毯接缝如果开裂、隆起,应立即通知地毯工进行维修。
4. 清洁维修灯具及裙板	1. 每日都要对灯具、裙板进行擦拭。 2. 留意裙板是否松动或掉漆,灯具是否完好。需要维修时,应及时填写维修单。

十三、房间除虫

表 5－25　房间除虫清洁程序及标准

程　序	标　　准
1. 检查	在清扫房间时,如发现房内有蚊虫,应及时采取灭虫措施。
2. 灭虫	1. 用杀虫剂,将喷口对准蚊虫,在距离蚊虫 20 厘米处进行局部喷杀。 2. 待蚊虫死后将其清理干净,并将所喷药剂用干净抹布擦拭干净。 3. 灭虫时,不能将杀虫剂喷射在植物和纺织品上。
3. 杀虫剂的储存	将杀虫剂存放在指定地点,不得与其他用品混放。平时,应按危险品管理方法严格管理杀虫剂。
4. 备注	如蚊虫过多或有其他虫害,应立即向领班汇报,由客房部统一采取灭虫措施。

第六章 饭店公共区域的清洁服务与管理

饭店公共区域(Public Area)是公众共享的活动区域,有室内、室外两大类,室内公共区域又可细分为前台公共区域和后台公共区域。饭店公共区域具有面积大、客流集中、使用频繁、环境多变、管理难度大等特点。

前台公共区域是专为客人活动而设计的场所,常被称为“白区”,如大堂、走廊、楼梯、舞厅、健身中心、客用洗手间、客用电梯等。

后台公共区域是专为员工设计的工作和生活区域,常被称“黑区”,如更衣室、员工餐厅、倒班宿舍等。

室外公共区域包括花园、庭院、停车场、广场等。

第一节　公共区域的清洁管理

公共区域的装饰材料差异性较大,清洁剂、器具、设备的配置种类繁多,因此,对公共区域清洁保养的专业性要求较高。公共区域的使用对象不同,对清洁保养的要求也有所不同。

一、确定公共区域的清洁范围

(一)大堂

大堂是饭店的视觉中心,是客人进入饭店的必经之路,是饭店活动的中心。其装潢豪华气派,饰物高档,配件种类繁多,一天 24 小时无间断服务的特点加大了大堂清洁工作的任务量和清洁工作的难度。

大堂清洁项目分为日清洁项目和计划清洁项目。

1. 大堂日清洁项目

- 清扫地面及入口处脚垫。
- 擦拭玻璃门、玻璃幕、隔断。
- 摆放、擦拭各种家具以及装饰物。
- 擦拭标牌、消防器材等。
- 擦拭墙壁及墙壁上的装饰物、标牌开关盒。
- 清倒垃圾及擦拭垃圾桶。
- 及时清倒烟蒂及擦拭烟灰缸。
- 擦拭扶手、架子、栏杆等金属物。

◆ 擦拭柱面、壁面等。

◆ 地毯吸尘。

◆ 公用电话擦尘。

◆ 大理石地面拖尘。

◆ 清扫楼梯及擦拭金属扶手。

2. 大堂计划清洁项目

◆ 给木制家具及地板打蜡。

◆ 清洁电灯及吊灯。

◆ 给窗帘或窗户覆盖物清洁、吸尘。

◆ 给天花板、出风口、回风口除尘。

◆ 对大理石地面进行保养。

◆ 擦拭外部玻璃等。

(二)电梯、自动扶梯

饭店的电梯按用途分,可分为客用电梯、员工电梯、载货电梯、传菜电梯等;按种类分,可分为电梯、观光电梯和自动扶梯等。

电梯、自动扶梯的清洁项目有:

◆ 对电梯厅地面进行清扫保洁。

◆ 擦拭电梯厅墙壁、饰物及厅内饰物。

◆ 清倒垃圾、擦拭垃圾箱。

◆ 对电梯开关和运行显示器进行擦拭、消毒。

◆ 清扫、擦拭电梯间。

◆ 清扫电梯门下部沟槽。

◆ 擦拭自动扶梯的扶手、金属部分。

电梯的使用量大,大清洁工作频繁。电梯内的装修特点不同,清洁方法也有所差异。饭店管理者应根据自己的实际情况,不断更新清洁手段和清洁方法,大胆进行服务与管理上的创新。

(三)客用洗手间

饭店的星级不同,客用洗手间的装饰装修及清洁服务内容也有所差异。一般来讲,客用洗手间的清洁项目主要有以下几项:

◆ 清洁便池及恭桶内外。

◆ 及时清倒纸篓。篓内手纸不得多于容量的 1/3。

◆ 不断拖擦地面,做到地面无水迹。

◆ 定时拖擦台面、面盆、大小便池等卫生设备。

◆ 定时擦拭门窗、隔断板、墙壁窗台。
◆ 定时消毒,喷洒除臭剂、清香剂。
◆ 及时补充洗手液、香球及手纸。
◆ 及时擦拭出风口及洗手间的门。

随着人们生活水平的不断提高,越来越多的饭店在重视洗手间使用功能的同时,开始着力营造洗手间氛围,布置了华丽高贵的家具和植物,设置了休息区、化妆区,并配有更衣桌椅和婴儿尿布更换室,有的豪华饭店还在卫生间安装了电视及音响设备等,使卫生间的功能不断发生着变化。如何根据卫生间的发展变化情况,不断更新清洁内容,进行服务与管理上的创新,是摆在饭店管理者面前的一个新问题。

(四)餐厅

吸尘是餐厅清洁工作的重中之重,为了避免打扰客人,餐厅的清洁工作通常安排在非营业时间或晚间进行。此外,每周、每月还要定期进行大清洁。

餐厅的清洁工作有:

◆ 清洁领位台。
◆ 清洁订餐台及电话。
◆ 处理地面污迹。
◆ 清洁灯具。
◆ 清洁家具装饰用品。
◆ 清洁窗台及玻璃。

(五)宴会厅、会议室

饭店应根据宴会、会议日程安排开展会前和会后的清洁工作。主要的清洁内容有:

◆ 地毯吸尘。
◆ 大理石地面拖尘。
◆ 地板擦尘。
◆ 擦拭墙壁。
◆ 清除家具装饰用品表面的食物残渣和污迹。
◆ 灯具除尘。

(六)游泳池

游泳池是饭店普遍设置的健身场所,分室内、室外两种。客房部主要承担的这部分设施的清洁工作有：

- 清洁地面和墙面。
- 清洁家具装饰用品。
- 清洁保养地毯。
- 清洁窗户和玻璃。

（七）健身中心

健身设备的保养由工程部负责。客房部主要承担卫生清洁工作。主要工作内容有：

- 清洁镜子和玻璃。
- 清洁地面和墙面。
- 地毯吸尘。
- 灯具除尘。
- 清洁家具装饰用品。

二、确定公共区域的夜间清洁范围

为了不妨碍饭店的正常经营，为客人营造一个安静、舒适的消费环境，饭店公共区域的一些清洁工作经常是在夜间进行的。

夜间清洁分为日常清洁和计划清洁两部分。饭店应根据经营状况、设施的使用频率、清洁状况等因素，合理确定夜间清洁项目。

夜间清洁项目主要有：

- 给大堂地面抛光、打蜡。
- 对餐厅、宴会厅、会议室等场所的地毯进行吸尘、清洗。
- 给电梯、自动扶梯清洁和吸尘。
- 清洁客用洗手间。
- 清洁天花板及墙面。
- 清洁灯及照明装置。
- 清洁空调出风口、回风口。
- 擦拭金属物品并抛光。
- 清洁员工区域、办公室等。
- 对公共区域杀虫。

三、公共区域的清洁标准

公共区域范围广,结构复杂,装饰材料及用品千差万别,这就给公共区域清洁标准的制定工作提出了挑战。如何制定出既符合标准化管理的、普遍适用的清洁标准,又能兼顾差异化、个性化的特色服务,是对饭店管理者能力的考验。

制定公共区域清洁标准和保养计划,是保证公共区域清洁质量的根本。公众区域的清洁标准应包括设备设施标准及清洁标准两大项内容。

(一)公共区域的设备设施标准

检查公共区域设备设施的运行状况,保证设备设施完好有效,是公共区域管理工作的一项重要内容。这项工作要求客房部员工对饭店内部、外部公共区域的全部设备设施进行检查,对发现的问题,要及时填写维修单和维修建议并送交工程部。对公共区域的维修项目,客房部要不断地与工程部沟通,既要保证维修及时,又要保证不影响客人正常活动。

公共区域的维修工作常常在中班或夜班进行,相关的设备设施检查表应包括下列四项内容:

- ◆ 公共区域设备设施名称
- ◆ 公共区域设备设施检查标准
- ◆ 需要维修的项目
- ◆ 维修建议

(二)公共区域的清洁标准

公共区域的清洁标准既是服务员的工作依据,又是主管人员的检查依据。这项检查工作不仅要求当班主管具备相应的专业知识和工作技能,还会占用当班主管的绝大部分工作时间。主管必须保证在负责班次的所有工作能按要求全部完成。

公共区域的清洁检查标准应包括下列三项内容:

- ◆ 公共区域清洁项目明细
- ◆ 清洁质量标准
- ◆ 清洁质量检查结果

表6-1是公共区域卫生清洁检查表。

表6-1 公共区域卫生清洁检查表

区域	所负责项目	清洁内容及标准	评估
大堂	大堂酒吧		
		天花板:无污迹,无浮尘。	
		吊灯:表面无浮尘,支架无浮尘。	
		壁灯:牢固,表面及灯罩无浮尘。	
		装饰条:无破损,表面无浮尘。	
		墙面:表面无划痕,无浮尘、布毛。	
		电视:工作正常,外观无浮尘。	
		音箱:工作正常,外观无浮尘,无杂物。	
		台面:无划痕,无浮尘。	
		钢架:无划痕,表面光亮,定期抛光。	
		壁画:画框无浮尘,摆放统一,不歪不斜。	
		餐椅:支架无浮尘,布艺无脏迹,夹缝无杂物。	
		餐桌:支架无浮尘,无污迹,底座下无杂物。	
		地毯:表面无杂物、无污迹,边角无破损,吸尘彻底。	
		植物:叶片无浮尘,无枯叶、黄叶。	
		花盆:外观无破损,里面无烟头、无杂物。	
		消防设施:运行正常,外观无浮尘。	
		空气:空气清新,无异味。	
		温度:温度适宜。	
		空调:表面无浮尘,无污迹。	
大堂	转门及侧门		
		玻璃:表面光亮,无手印、污迹,无浮尘。	
		门框:门框光亮无划痕,无浮尘。	
		毛刷:无杂物,无尘土,无脱落。	
		门头:光亮无划痕,无尘土。	
		顶灯:灯碗内无污迹,无浮尘。	
		展台:内侧无浮尘,饰品干净无尘。	
		地锁:地锁槽内无杂物、无垃圾。	
		地面:无污迹,无水迹,大理石光亮。	
大堂	电话厅		
		壁画:无破损,无乱写乱画。	
		木制品:外观无破损,表面无浮尘。	

续表

区域	所负责项目	清洁内容及标准	评估
		灯饰:工作正常,灯罩无浮尘。	
		台面:光亮无浮尘,边角无杂物。	
		烟灰缸:外观无破损,无污迹。里面无杂物,清倒及时。	
		电话线:干净,按规定随时盘好,摆放整齐。	
大堂	休息区域		
		沙发:无破损,无污迹,夹缝无杂物。	
		茶几:玻璃光亮,茶几支架干净、无杂物。	
		烟灰缸:外观无破损,无污迹。里面无杂物,清倒及时。	
大堂	咖啡厅		
		天花板:无破损,无污迹,无浮尘。	
		空调口:表面无浮尘,无污迹。	
		吊灯:牢固,表面无尘,支架无尘。	
		灯罩:无污迹,无胶迹,无浮尘。	
		壁灯:牢固,灯罩无浮尘。	
		壁纸:无破损,表面无黄迹,无污迹。	
		电视:外观无尘。	
		布艺:无开裂,无乱写乱画。	
		壁画:画框无尘,牢固,摆放统一。	
		玻璃:表面光亮,无污迹、手印,无布毛。	
		铁艺:牢固,表面无尘,无泥垢。	
		木制品:表面无尘。	
		餐桌:支架无尘,底座下无杂物。	
		餐椅:支架无污迹,夹缝处无杂物。	
		椅子:表面无破损,无污迹。	
		踢脚线:无划痕,无污迹,无浮尘。	
		地面:光亮,无杂物,无水迹。	
大堂	商品部		
		玻璃:表面光亮,无手印,无污迹。	
		灯饰:工作正常,灯罩无尘。	
		地面:光亮无杂物,无污迹。	
		垃圾桶:外观无污迹,垃圾随有随清。	
		消防设施:运行正常,外观无浮尘。	

续表

区域	所负责项目	清洁内容及标准	评估
大堂	电梯		
		顶灯:表面无浮尘。	
		射灯:角度一致,支架表面无浮尘。	
		饰品:整齐,边框无浮尘。	
		广告牌:表面无污迹。	
		镜面:表面光亮,无污迹、手印。	
		地面:边角无杂物,无污迹。	
		扶手:牢固,无破损。	
		电梯槽:无杂物,无污迹,无垃圾。	
		门框:门框无浮尘,无手印,无污迹。门下边角无污迹,无垃圾,光亮照人。	
大堂	所有玻璃		
		玻璃:表面光亮无浮尘,无手印、污迹。	
		边角:无胶迹。	
大堂	值班经理工作台		
		鲜花:无枯叶,无凋谢。	
		电话:表面无浮尘,工作正常,定期消毒。	
		电脑:表面无浮尘。	
		台面:无杂物,无浮尘。	
		地毯:无杂物,平整。	
		椅子:摆放统一,椅子腿无浮尘,皮面无破损、无墨迹。	
		桌子:表面无尘、无破损,夹缝处无杂物。	
大堂	烟灰桶		
		桶体金属:表面光亮,无污迹。	
		石子:干净洁白,无痰迹,无污迹。	
		桶头烟灰盅:外观无破损,无污迹,石子里面无杂物,清倒及时。	
		底座:无垃圾,无水迹。	
大堂	水牌及指示牌		
		水牌:无破损,表面光亮无污迹。	
		支架:表面光亮,无浮尘,无手印,无污迹。	
大堂	喷水池		

续表

区域	所负责项目	清洁内容及标准	评估
		池水:清澈见底,无杂物。	
		池底:无杂物,无污物。	
		喷水池:无水垢,无污迹。	
		管道:无水垢,无污迹。	
大堂	植物		
		叶片:无浮尘,无枯黄。	
		花盆:陶粒充足,无杂物。	
		套盆:表面无尘,无污迹,无烟头。	
大堂	消防设施设备		
		玻璃:表面无浮尘,无污迹。	
		铝框:边框无浮尘,无污迹。	
		设备:工作正常,表面无尘。	
		灭火器:下方无浮尘,无杂物。	
大堂	地面		
		地面:光亮,无污迹,无水迹,无死角。	
		打蜡:均匀,光亮,地接缝处无垃圾。	
大堂	多功能厅		
		天花板:无污迹,无浮尘。	
		吊灯:表面无浮尘,支架无浮尘。	
		壁灯:牢固,表面及灯罩无浮尘。	
		装饰条:无破损,表面无浮尘。	
		墙面:表面无划痕,无浮尘,无布毛。	
		电视:外观无浮尘。	
		音箱:外观无浮尘,无杂物。	
		台面:无划痕,无浮尘。	
		钢架:无划痕,表面光亮,定期抛光。	
		壁画:画框无浮尘,摆放统一,不歪不斜。	
		餐椅:支架无浮尘,布艺无脏迹,夹缝无杂物。	
		餐桌:支架无浮尘,无污迹,底座下无杂物。	
		地毯:表面无杂物、无污迹,边角吸尘彻底,无破损。	
		植物:叶片无浮尘,无枯叶、黄叶。	
		花盆:外观无破损,里面无烟头、无杂物。	

续表

区域	所负责项目	清洁内容及标准	评估
		消防设施:运行正常,外观无浮尘。	
		空气:空气清新,无异味。	
		空调:表面无浮尘,无胶迹。	
大堂	大堂两侧楼梯		
		清洁无尘、无杂物。	
大堂	PA 库房		
		物品:码放整齐,物品分类明晰。	
		机器:摆放整齐,外观无污迹。	
		地面:无杂物,无垃圾。	
		库房:无与工作无关的物品,无私人物品。	
		垃圾桶:垃圾随有随清理,垃圾桶外观无污迹,桶盖保持关闭状态。	
前厅部	前台		
		台面:无浮尘,写字垫干净、无污物。	
		宣传栏:杂志摆放整齐,无杂物,无浮尘。	
		桌面:无浮尘,无杂物,物品摆放整齐。	
		文件格:无浮尘,无破损。	
		地面:干净无杂物,无污迹。	
		地毯:无破损,无污迹,边角无杂物。	
		椅子:椅子腿无浮尘,无污迹。	
		垃圾桶:垃圾随有随清理,垃圾桶外观整洁无污迹,桶盖保持关闭状态。	
		灯饰:工作正常,灯罩无浮尘。	
		门:表面无破损,门下无污迹。	
		消防设施:外观完好,无浮尘。	
前厅部	礼宾部		
		台面:表面无浮尘,无污迹。	
		文件格:无浮尘,无破损。	
		地面:干净无杂物,无污迹。	
		垃圾桶:垃圾随有随清理,垃圾桶外观整洁无污迹,桶盖保持关闭状态。	
		搁物架:物品码放整齐。	

续表

区域	所负责项目	清洁内容及标准	评估
前厅部	商务中心		
		玻璃:光亮无浮尘,无污迹。	
		扶手:光亮无手印,无污迹。	
		电话厅:边框无浮尘。	
		壁纸:干净无浮尘,无污迹,无破损。	
		天花板:无破损,无污迹。	
		灯饰:工作正常,灯罩、灯架无浮尘。	
		地毯:表面无杂物、无污迹、无破损。边角吸尘彻底。	
前厅部	一楼卫生间(2个)		
		门:表面无尘,无划痕,门框无浮尘。	
		闭门器:无浮尘,门锁工作正常。	
		镜面:无浮尘,无水点,无布毛。边角无胶迹。	
		镜框:光亮,无污迹,无水迹。	
		面台:表面光亮无杂物,边角无浮尘。	
		面盆:光亮无污迹,无胶迹,水堵工作正常。	
		电镀器件:光亮无水迹,无污迹。	
		框门:无破损,框内无杂物,无污迹,无尘土。	
		消耗品:卫生纸、面巾纸充足。卫生纸折成三角状。纸盒表面无污迹、无浮尘。	
		设备:擦鞋器、烘手机工作正常,表面无浮尘。地垫干净,无污迹。	
		环境:空气清新,无异味,无烟味,温度适宜。	
		天花板:无污物,无黄迹。	
		灯罩:外观无浮尘,灯罩光亮,灯泡无布毛。	
		音箱:外罩无浮尘,无胶迹,牢固。	
		喷香器:工作正常,外观无浮尘。空气清新液充足。	
		隔断:表面光洁无浮尘,无污迹,无乱写乱画。支架无垃圾、无污物。	
		烟灰缸:外观无破损,无污迹。里面无杂物,清倒及时。	
		恭桶:恭桶使用正常,外观光亮。恭桶盖无破损、无污迹,合叶处无浮尘、无生锈。底座无垃圾、无污迹,无漏水现象。恭桶内无水垢,无黄迹,无污迹。	

续表

区域	所负责项目	清洁内容及标准	评估
		小便池:外观光亮,无污迹。小便池内无水垢,无尿碱。地漏无尿碱。卫生球充足。小便池内无烟头、杂物。	
		墙面:光亮无浮尘,无布毛,无污迹。	
		地面:光亮,边角无污迹,无垃圾,无水迹。	
		植物:叶片无尘,陶粒充足,花盆无污迹。	
康乐部	健身房		
		天花板:无污迹,无浮尘。	
		灯饰:灯罩光亮,无浮尘。	
		音箱:牢固,外观无浮尘,无污迹。	
		装饰条:无破损,无浮尘,无露出的钉子,无污迹。	
		壁纸:无破损,无浮尘,无污迹。	
		电视:工作正常,外观无浮尘,后盖无尘土、无污迹。	
		壁画:画框无尘土,摆放整齐统一。	
		踢脚线:无破损,无污迹,边角无尘。	
		地毯:表面无杂物,无污迹,无黄迹。边角吸尘彻底,无破损。	
康乐部	台球厅		
		天花板:无污迹,无浮尘。	
		灯饰:灯罩光亮,无浮尘。	
		音箱:牢固,外观无浮尘,无污迹。	
		装饰条:无破损,无浮尘,无露出的钉子,无污迹。	
		壁纸:无破损,无浮尘,无污迹。	
		电视:工作正常,外观无浮尘,后盖无尘土、无污迹。	
		壁画:画框无尘,摆放整齐划一。	
		踢脚线:无破损,边角无尘,无污迹。	
		地毯:表面无杂物,无污迹,无黄迹。边角吸尘彻底,无破损。	
康乐部	棋牌室		
		天花板:无污迹,无浮尘。	
		灯饰:灯罩光亮,无浮尘。	
		音箱:牢固,外观无浮尘,无污迹。	
		装饰条:无破损,无浮尘,无露出的钉子,无污迹。	

续表

区域	所负责项目	清洁内容及标准	评估
		壁纸:无破损,无浮尘,无污迹。	
		电视:工作正常,外观无浮尘,后盖无尘土、无污迹。	
		壁画:画框无尘,摆放整齐统一。	
		踢脚线:无尘,无污迹。	
		地面:光亮,边角无杂物、无污迹。	
		植物:叶面无尘,陶粒充足,花盆无污迹。	
康乐部	美发厅		
		天花板:无污迹,无浮尘。	
		灯饰:灯罩光亮,无浮尘。	
		音箱:牢固,外观无浮尘,无污迹。	
		装饰条:无破损,无浮尘,无露出的钉子,无污迹。	
		壁纸:无破损,无浮尘,无污迹。	
		电视:工作正常,外观无浮尘,后盖无尘土、无污迹。	
		壁画:画框无尘,摆放整齐统一。	
		踢脚线:无破损,边角无尘、无污迹。	
		地面:光亮,无污迹,边角无杂物。	
		植物:叶片无尘,陶粒充足,花盆无污迹。	
康乐部	游泳池		
		灯架:无破损,无浮尘。	
		空调口:表面无浮尘,无胶迹,无污迹。	
		墙面:光滑,无浮尘,无污迹,无破损。	
		边角:无污迹,无杂物。	
		地面:无杂物,无污迹,地砖接缝处无污迹。	
		玻璃:光亮,无浮尘,无手印,无污迹。	
康乐部	电梯		
		顶灯:表面无浮尘。	
		射灯:角度一致,支架表面无尘。	
		饰品:整齐,边框无浮尘。	
		广告牌:表面无污迹。	
		镜面:无污迹、手印,光亮。	
		地面:边角无杂物,无污迹。	
		扶手:牢固,无破损。	

续表

区域	所负责项目	清洁内容及标准	评估
		电梯槽:无杂物,无污迹,无垃圾。	
		门框:无浮尘,无手印,无污迹。门下边角无污迹、无垃圾,光亮照人。	
康乐部	消防设施		
		玻璃:表面无浮尘,无污迹。	
		铝框:边框无浮尘,无污迹。	
		设备:工作正常,表面无尘。	
		灭火器:下方无浮尘,无杂物。	
康乐部	植物		
		叶片:无浮尘,无枯叶、黄叶。	
		花盆:外观无破损,里面无烟头、无杂物。	
		套盆:表面无尘,无污迹,无烟头。	
康乐部	烟灰桶		
		桶体金属:表面光亮,无污迹。	
		石子:干净洁白,无痰迹,无污迹。	
		桶头烟灰盅:外观无破损,无污迹。石子里面无杂物,清倒及时。	
		底座:无垃圾,无水迹。	
康乐部	桑拿房		
		桑拿室:无杂物,无毛发,地面干净,无污迹。	
		地垫:干净,无污迹,无毛发。	
		门:无破损,表面无尘、无划痕,门框无浮尘。	
		闭门器:闭门器和装饰条无尘,门锁工作正常。	
		镜面:无浮尘,边角无胶迹,无水点,无布毛。	
		镜框:光亮,无污迹,无水迹。	
		面台:表面光亮,无杂物,边角无浮尘。	
		面盆:光亮,无污迹,无胶迹,水堵工作正常。	
		电镀器件:光亮,无水迹,无污迹。	
		框门:无破损,无污迹,无尘土。框内无杂物。	
		消耗品:卫生纸、面巾纸充足。卫生纸折成三角状。纸盒表面无污迹、无浮尘。	

续表

区域	所负责项目	清洁内容及标准	评估
		设备:擦鞋器、烘手机工作正常,表面无浮尘。地垫干净,无污物,无污迹。	
		环境:空气清新,无异味,无烟味。温度适宜。	
		天花板:无污物,无黄迹,无裂纹。	
		灯罩:外观无浮尘,灯罩光亮,灯泡无布毛。	
		音箱:外罩无浮尘,无胶迹,牢固。	
		喷香器:工作正常,外观无浮尘。空气清新液充足。	
		隔断:表面光洁,无浮尘,无污迹,无污迹,无乱写乱画。支架无垃圾,无污物,光亮。	
		烟灰缸:外观无破损,无污迹。里面无杂物,清倒及时。	
		恭桶:恭桶使用正常,外观光亮。恭桶盖无破损、无污迹,合叶处无浮尘、无生锈。底座无垃圾、无污迹,无漏水现象。恭桶内无水垢,无黄迹,无污迹。	
		小便池:外观光亮,无污迹。小便池内无水垢,无尿碱。地漏无尿碱。卫生球充足。小便池内无烟头、杂物。	
		墙面:光亮无浮尘,无布毛,无污迹。	
		地面:光亮,无垃圾,无水迹。边角无污迹。	
		植物:叶片无尘,陶粒充足,花盆无污迹。	
		天花板:无破损,无污迹,无浮尘。	
		空调口:表面无浮尘,无胶迹。	
		吊灯:牢固表面无尘,支架无尘。	
		灯罩:无污迹,无胶迹,无浮尘。	
		壁灯:牢固,灯罩无浮尘。	
		壁纸:无破损,表面无黄迹,无污迹。	
		电视:工作正常,外观无浮尘,后盖无尘土、无污迹。	
		布艺:无开裂,无乱写乱画。	
		壁画:画框无尘,牢固,摆放统一。	
		玻璃:表面光亮,无污迹、手印,无布毛。	
		铁艺:牢固,表面无尘,无泥垢 。	
		木制品:无破损,无掉漆,表面无尘。	
		扶手:牢固,无破损,表面无尘。	
		餐桌:支架无尘,底座下无杂物。	

续表

区域	所负责项目	清洁内容及标准	评估
		餐椅:支架无污迹,夹缝处无杂物。	
		椅子:表面无破损、无污迹。	
		地角板:无划痕,无污迹,无浮尘。	
		地面:光亮,无杂物,无水迹。	
康乐部	玻璃屋		
		天花板:无污迹,无浮尘。	
		吊灯:表面无浮尘,支架无浮尘。	
		壁灯:牢固,表面及灯罩无浮尘。	
		装饰条:无破损,表面无浮尘。	
		墙面:表面无划痕,无浮尘、布毛。	
		电视:工作正常,外观无浮尘,后盖无尘土。	
		音响:工作正常,外观无浮尘、无杂物。	
		台面:无划痕,无浮尘。	
		钢架:无划痕,表面光亮,定期抛光。	
		壁画:画框无浮尘,摆放统一,不歪斜。	
		餐椅:支架无浮尘,布艺无脏迹,夹缝无杂物。	
		餐桌:支架无浮尘,无污迹,底座下无杂物。	
		地毯:表面无杂物,无污迹,无黄迹。边角吸尘彻底,无破损。	
		植物:叶片无浮尘,无枯叶,无黄叶。	
		花盆:外观无破损,里面无烟头、无杂物。	
		消防设施:运行正常,外观无浮尘。	
		空气:空气清新,无异味。	
		温度:温度适宜。	
		空调:表面无浮尘,无胶迹。	
		玻璃:表面光亮,无手印,无污迹,无浮尘。	
		门框:门框无划痕,光亮,无浮尘。	
		毛刷:无杂物,无尘土,无脱落。	
		门头:光亮,无划痕,无尘土。	
		顶灯:工作正常,光亮。灯碗内无污迹,无浮尘。	
		展台:内侧无浮尘,饰品干净无尘。	
		地锁:地锁槽内无杂物、无垃圾。	

续表

区域	所负责项目	清洁内容及标准	评估
		地面:无污迹,无水迹,大理石光亮。	
		壁画:无破损,无乱写乱画。	
		木制品:外观无破损,表面无浮尘。	
		灯饰:工作正常,灯罩无浮尘。	
		台面:光亮无浮尘,边角无杂物。	
		烟灰缸:外观无破损,无污迹。里面无杂物,清倒及时。	
		电话线:随时按规定盘好,摆放整齐。	
外围	草坪		
		草坪:无杂物,无烟头、纸屑、渣土。	
		护栏:表面干净,无污物及无杂物。	
		植物:无枯死,定期修剪。	
外围	旗杆台面		
		台面:光亮,无浮尘,无污迹。	
		旗杆:底座光亮,无浮尘,无污迹。	
外围	灯饰		
		地灯:灯板无污迹,无破损,工作正常。	
		射灯:工作正常,无尘土。灯杆无污迹,上面无标签,无乱写乱画。	
外围	台阶		
		台阶:光亮,无污迹,无破损。边角无杂物。	
		停车牌:无污迹,支架无浮尘。	
外围	车库		
		灯饰:工作正常,无尘土。	
		车锁:表面无污迹。	
		停车杆:表面无污迹。	
		地沟:无杂物,无污物。	
		指示牌:表面光亮,无浮尘。	
		管道:无尘土。	
		消防设施:运行正常,外观无浮尘。	
		玻璃:表面无浮尘,无污迹。	
		铝框:边框无浮尘,无污迹。	
		设备:工作正常,表面无尘。	

续表

区域	所负责项目	清洁内容及标准	评估
		灭火器:下方无浮尘,无杂物。	
		地面:无杂物,无渣土,无油迹。	
外围	车场		
		车场:地面干净,无杂物、烟头,无死角,无残留渣土、垃圾。	
		垃圾房门口:无油迹,无水迹,保持门前区域干燥,无水迹。	
		草坪:无杂物,无烟头、废纸、渣土。	
		地沟:无杂物,无污物。	
外围	正门两侧		
		玻璃:表面光亮,无手印,无污迹,无浮尘。	
		门框:光亮无划痕,无浮尘。	
		毛刷:无杂物,无尘土,无脱落。	
		门头:光亮无划痕,无尘土。	
		顶灯:照明正常,灯碗内无污迹、无浮尘。	
		展台:内侧无浮尘,饰品干净无尘。	
		地锁:地锁槽内无杂物、无垃圾。	
		地面:无污迹,无水迹,大理石光亮。	
外围	南侧侧门		
		玻璃:表面光亮,无手印污迹,无浮尘。	
		门框:门框无划痕,光亮,无浮尘。	
		毛刷:无杂物,无尘土,无脱落。	
		门头:光亮无划痕,无尘土。	
		顶灯:无工程,灯碗内无污迹,无浮尘。	
		展台:内侧无浮尘,饰品干净无尘。	
		地锁:地锁槽内无杂物、无垃圾。	
		地面:无污迹,无水迹,大理石光亮。	
外围	地下车库		
		灯饰:工作正常,无尘土。	
		车锁:表面无污迹。	
		停车:停车杆表面无污迹,指示牌光亮无浮尘。	
		地沟:无杂物,无污物。	

续表

区域	所负责项目	清洁内容及标准	评估
		管道：无尘土。	
外围	消防设备		
		玻璃：表面无浮尘、无污迹。	
		铝框：边框无浮尘、无污迹。	
		设备：工作正常，表面无尘。	
		灭火器：下方无浮尘、无杂物。	
		墙面：无乱写乱画。	

第二节　公共区域地面的维护与保养

一、如何维护保养硬质地面

（一）常用的硬质材料地面

硬质材料地面分为无弹性地面（耐久性地面）和弹性地面（非耐久性地面）两种。

1. 认识无弹性地面

无弹性地面材料的硬度使其具有较强的抗撞击能力，这类材料如饭店常用的大理石和其他种类的石头、水磨石、陶瓷瓷砖、玻璃材料等。无弹性地面主要用于客流量大或潮湿的公共区域。

大理石是最著名的天然石头，是饭店首选的建筑和装饰材料之一。它具有耐用和易清洁保养的特点，并容易显示豪华、高雅、气派的装饰效果。但大理石对酸性物质和潮气的侵蚀非常敏感，潮气长期侵蚀会使大理石产生裂缝，使石头粉末化、表面产生碎片。

陶瓷瓷砖或玻璃材料是用特制方法烧制而成的，具有坚硬、防潮的特点，容易维护保养。其缺点是容易产生裂缝，瓷砖及玻璃之间需要用水泥或其他黏合物密封，所以容易发霉产生难以消除的污点。

2. 认识弹性地面

弹性地面是由具有一定弹性的材料制成的，抗撞击能力较弱，撞击力将会在弹性地面上留下凹痕,但这种凹痕很容易修复且不留痕迹。此类材料如饭店常用的橡胶地砖、合成瓷砖、硬木地板、软木地板等。弹性地面材料易受油质、空气、水、热和光的侵蚀,有些种类的材料价格昂贵且不易保养。

(二)如何维护保养硬质地面

硬质地面制作工艺不同、材料不同,其维护保养方法和所使用的清洁剂和清洁设备也有所不同。各饭店应根据实际情况,灵活确定硬质地面的维护保养方法。

硬质地面的维护保养一般分为不需要打蜡和需要打蜡两种。不需要打蜡的硬质地面,其维护保养较为容易,只需要每日不间断地拖尘和定期深度擦洗即可;需要打蜡的硬质地面,常用的维护保养方法是擦净、打蜡、抛光。

随着新型建筑装饰材料在饭店不断应用,以及合成有机清洁剂的使用和不断改进,使硬质地面的维护保养越来越简单、越来越方便。

二、如何维护保养地毯

客房部的日常清洁每天都要涉及地毯的清洁、保养、修补和更换。相关服务人员和管理者只有对地毯的特点、质地、制造工艺、式样、用途、铺设的场地等因素有全面了解,正确选好、用好地毯,才能使它经久耐用。

(一)如何选择地毯

1. 了解地毯的结构

地毯的编织工艺分为簇织、绒织、编织、针织和线织几种,成品主要有宽幅、窄幅、方形和按客户指定尺码编织的小块地毯。在购买地毯前,饭店应根据实际需求,以方便清洁保养为原则,选购合适的地毯类型。这其中,首先要做的工作是了解地毯的结构。所谓地毯的结构,主要指地毯绒头或纱线的编织外形,以及纱线与胶底的固定方法和胶底的类型等内容。

2. 了解地毯的密度和重量

地毯外观的视觉效果是由地毯绒毛的密度决定的。地毯的纱线绒头越密实,就越能承受压力,在经过行李箱和工作车长期的重压及长时间反复吸尘后也不会磨损。

地毯的密度是由地毯的标准规格、绒毛的高度、每一寸的针数、纱线的重量等因素决定的。道数是编织地毯的密度指标。地毯的质地不同、编织的方法不同,其密度的规格要求也不同。一般来说,地毯越重,它所能承受的客流量就越大。各饭店应根据装修档次合理选购不同密度和重量的地毯。

3. 了解地毯绒毛的高度

地毯的绒毛分为长绒、长毛绒、起绒、缠绒等。从表面上看，地毯绒毛的高度只有微小的差异，但放到整个地毯上看时，地毯绒毛的高度不同，将会产生实质性差异。各饭店应根据市场定位所要求的地毯舒适度，合理选购绒毛高度不同的地毯。

4. 认识地毯的纤维

地毯是由天然纤维羊毛、棉花或其他合成纤维制成的。在饭店，最常用的是羊毛、羊毛混纺、尼龙或丙纶等。饭店应根据实际需求，以方便清洁保养和经久耐用为原则，选购合适的地毯类型。比如在饭店客房，由于客人经常穿拖鞋行走或赤脚行走，要求地毯纤维细腻，脚感好。

5. 了解地毯的弹性

在不同的使用区域，对地毯弹性的要求不同。在饭店公共区域或客流量较大的餐厅等地，要求地毯有很好的弹性，避免因经常行走留下痕迹和永久性的褶皱。

6. 了解地毯的胶底和垫料

地毯的胶底和垫料虽然是辅助料，但它们同地毯本身一样重要。胶底能增强地毯的稳定性及强度，同时还能起到防潮的作用。垫料可以缓冲摩擦力，增加舒适感并具有绝缘、防严寒酷热和吸收噪声的作用。在选购了合适的地毯后，应选择配套的胶底和垫料。

7. 考虑地毯的审美效果

地毯的颜色、图案、款式及铺设的比例等，都会影响到将来地毯铺设完毕后的整体效果。这也是选购地毯的一个重要因素。

(二)如何清洁保养地毯

1. 保养地毯应从防尘入手

为避免客人将尘土带入饭店污染地毯，最简单可行的办法是在饭店大门入口处放置一块质量上等的吸尘地垫，方便客人蹭去鞋底的泥土，起到吸纳鞋底污垢、沙砾和水分的作用。饭店还应建立健全清洁制度，保证每日对地垫进行清洗。当然，地垫的种类不是单一的，饭店应根据气候和环境污染的具体状况选用最合适的地垫。

2. 勤吸尘

每天对地毯进行彻底吸尘，可以将脏物及损坏地毯纤维的杂质吸净，并可减轻地毯绒毛的压力，使其尽快恢复原状。发现地毯上有污迹时，应及时清除以免变成永久性污迹。

3. 掌握正确的湿洗方法

用地毯清洗机将清洗剂按比例稀释后输入地毯，由机器带动刷盘在纤维上旋转刷洗，不断将污水吸除。湿洗的洗涤效果较好，但干燥时间较长，如果洗涤技术不当,会使地毯皱缩、发霉、变硬,缩短地毯的使用寿命。

4. 掌握正确的干洗方法

使用地毯干洗机将干洗剂射入地毯纤维间,由机器带动刷盘在产生的泡沫中旋转刷洗。干燥后,用强力吸尘机将干洗剂的残余吸净。用干洗法清洗新地毯效果较好。

此外,用蒸汽清洗地毯也是一种比较理想的方法,但蒸汽洗地毯机价格昂贵,对专业技术的要求较高,一般饭店较难购置和使用,因而较多用于专业的清洁公司。

三、怎样配置和管理公共区域的清洁设备

饭店公共区域面积较大,不同的区域和设施,采用的清洁保养方法不同,使用的清洁剂和清洁设备也不同。客房管理者应依据饭店公共区域的特点选择合适的清洁设备。

饭店常用的清洁设备有:

◆ 吸尘器
◆ 多功能擦地机
◆ 洗地毯机
◆ 打蜡机
◆ 高速抛光机
◆ 吸水机
◆ 除湿机
◆ 高压清洗机

清洁设备价格昂贵,专业性强,选择时应考虑下列因素:

(1)安全性能。

(2)使用简单,操作方便,易于培训。

(3)功能多,省时省力。

(4)设计精良,坚固耐用,易于搬运和存放。

(5)环保,售后服务好。

(6)节省使用成本(耗电量、使用寿命、保修年限等)。

对于昂贵的清洁设备,客房部应建立严格的使用和保养制度:

(1)对使用设备的服务人员要行专业培训和实际操作训练,让员工掌握正确的操作和使用方法。

(2)给每件设备编号,实行定人、定组、定工作项目的登记管理制度。

(3)定期对设备进行擦拭和保养。

第三节 公共区域清洁外包管理

由于饭店公共区域的清洁保养工作专业性很强，为方便管理，有些饭店开始尝试聘请专业的清洁服务公司或签订外包清洁服务合同，将公共区域部分或全部的清洁项目外包。这样一来，饭店管理者不仅要充分了解公共区域的清洁保养工作，同时也要做好公共区域的外包管理工作。

一、清洁服务外包的优劣势分析

1. 优势

(1)节省清洁设备等固定资产的投入。

(2)减少清洁设备的维护保养费用。

(3)减少劳动力成本。

(4)减少培训成本。

(5)提高清洁保养质量，延长设施及用品的使用时间。

2. 劣势

(1)很难对专业清洁公司派出人员进行控制和管理。

(2)很难对专业清洁公司提供的服务质量进行实时监控。

(3)购置客房清洁设备受到限制。

(4)易发生单方违约风险，影响工作及服务质量。

客房部经理及总经理应根据饭店具体情况，对外包服务的优劣势进行仔细比较分析，最终决定是否将清洁服务外包。

二、清洁服务外包应注意的问题

1. 资质及信誉度调查

通过投标、登广告、网上查询、业内同行介绍或供应商介绍等途径，寻找合适的候选对象，对其资质、营业执照、公司办公地点、服务业绩、信誉度等方面进行认真细致的调查审核。

2. 进行现场作业展示

饭店应选择公共区域内特殊的、专业性强的清洁保养项目如大理石保养、大理石修补或翻新、浅色地毯清洗等项目，要求候选公司进行现场作业，以衡量公司的实际能力和技术水平。

3. 资格审查

客房部经理应根据饭店公共区域的清洁项目及质量要求，审查清洁服务承包公司的劳动力水平能否达到饭店管理的要求。主要考察内容诸如劳动力来源、素质、技术水平、受教育程度、工作经验等。同时还应认真审查承包公司实际拥有的清洁设备的种类、质量、目前的使用状况等内容，为最终决策提供有价值的参考依据。

4. 报价评估

饭店至少要选择三家同等水平的清洁服务公司，根据报价，进行综合对比分析，最终确定合适的合作者。

5. 签订合同

签订合同前，双方必须对合同实质性条款进行充分讨论并达成一致意见，必要时，应聘请法律顾问参与谈判。合同应明确双方负有的责任、义务及履行合同的每一项具体要求。有关具体要求应以附件的形式一一列出，如：

- 清洁保养项目
- 清洁质量要求
- 人员配备标准
- 制装要求
- 清洁设备配备清单
- 使用清洁剂的品牌要求和环保要求
- 公共区域交接明细表

……

6. 清洁保养质量监督

在履行合同过程中，饭店应设专人负责对承包公司的清洁保养质量及服务进行有效监督，保证各项工作达到饭店要求的服务标准。对发现的问题，应以书面形式向承包方及时反馈并保证问题得到及时、满意的解决。

饭店清洁服务外包合同样本

甲方：××饭店

乙方：××公司

根据《中华人民共和国经济合同法》的有关规定，为明确甲乙双方在清洁施工过程中的权利、义务和经济责任，经双方协商，同意签订本合同。

第一条　承包清洁概况

工程地点：饭店楼内、公共区域、外围及车库。

承包方式：全包(包工、包料)。

承包范围：对上述保洁区域及其设施进行清洁养护。

承包质量：见附件。

施工造价：共计人民币____万元。

第二条　清洁保养期限

自×年×月×日起，至×年×月×日止。

第三条　材料供应

所需材料及人工由乙方提供。

第四条　清洁保养价款结算

本合同全部清洁保养造价结算按预算包干的方法执行。

第五条　双方责任

甲方责任：

1. 无偿提供水源、电源及各种工作方便。

2. 负责协调、解决因甲方施工或改造造成的保洁区域破坏问题。

3. 甲方为本工程指定代表为____。

乙方责任：

1. 乙方驻地负责人____承担清洁保养现场的管理工作。如乙方负责人不能按甲方要求确保清洁保养质量及乙方进场清洁人员的素质和数量，甲方有权要求乙方更换驻地负责人，乙方不得延误。如3天内乙方还未实施补救行动，甲方有权终止合同并限期退场，由此发生的一切经济损失由乙方承担。

2. 乙方按双方商定的清洁保养标准工作。

3. 乙方应按合同约定实施计划及目标管理，严格执行合同约定的标准，做到月初有计划、月末有总结，服从甲方代表的监督、管理。

第六条　付款方法

1. 甲方每年付给乙方清洁费用共计人民币____万元。

2. 按12个月分摊费用，即每月25日前，甲方付给乙方当月清洁保养费____万元整。

第七条 违约责任

1. 合同执行过程中发生纠纷时，双方应首先协商解决。协商不成，应向当地经济合同仲裁委员会申请仲裁。本合同期内如单方无理终止合同，终止一方应赔偿对方____个月的清洁养护费。

2. 如乙方未按合同要求进行清洁养护，甲方有权终止乙方的清洁养护工作，可拒付当月清洁养护费。如因乙方清洁养护不当，造成设施设备损坏，乙方应负赔偿责任。

第八条 合同的终止

1. 本合同在执行过程中，如遇不可抗力因素（如地震、洪水、改建等），双方应友好协商自然终止本合同。

2. 若甲乙双方有意终止合同，必须提前一个月书面通知对方，否则，必须向对方做出经济赔偿。赔偿金为余下时间所需费用的3%。

3. 如乙方不履行本合同条款，甲方有权解除合同。

第九条 免责

清洁养护期间无论天气情况如何，清洁养护标准不变。如发生超出清洁养护范围的事情，由甲乙双方协商解决。确认因第三方原因造成甲方相关损失的，乙方不负责任。

第十条 施工纪律

乙方工作人员进入清洁养护现场需遵守甲方的各项管理规定，按甲方要求统一着装。清洁过程中，不大声喧哗，不影响饭店正常经营。如乙方人员违反饭店规定或不听从饭店统一安排，甲方有权责令乙方更换工作人员。

1. 乙方员工不得有下列任何一种行为，否则，甲方有权停止乙方的清洁养护工作，由此造成的一切经济损失由乙方承担。

(1) 工作期间未统一着装。

(2) 穿有响声的皮鞋。

(3) 未按甲方规定办理并佩戴工牌。

(4) 在工作时间吸烟。

(5) 在工作时间乱扔废弃物。

(6) 在工作时间做与工作无关的事。

(7) 偷窃甲方财物。

(8) 违反安全操作规定。

2. 乙方员工不得损坏甲方或业主设施，违者照价赔偿。

第十一条 附则

1. 本合同及附件一式二份，甲乙双方各执一份，自签字之日起生效。

2. 本合同未尽事宜可签订补充协议,与本协议具有同等法律效力。

第十二条　合同附件

详见附件及10个分表。

甲方法人代表:　　　　　　　　　　乙方法人代表:

联系电话:　　　　　　　　　　　　联系电话:

授权代表:　　　　　　　　　　　　授权代表:

(盖章)　　　　　　　　　　　　　(盖章)

年　　月　　日　　　　　　　　　　年　　月　　日

附件

××公司日常保洁年费用测算表

(　　年1月1日—　年12月31日)

编制单位:××公司

单位:人民币元

编号	项目	年费用金额	备注
01	员工工资及福利费用		详见分表1
02	员工工服费用		详见分表2
03	清洁设备费用		详见分表3
04	设备保养及配件费用		详见分表4
05	清洁药剂费用		详见分表5
06	清洁工具费用		详见分表6
07	低值易耗品费用		详见分表7
08	保险费		见备注1
09	小计		
10	管理费		见备注2
11	小计		
12	营业税及城建税		见备注3
12	合计		

备注1:保险费、办证费及体检费按____元/年/人计算,包括人身意外伤害险。

备注2:管理费按____%计提。

备注3:营业税按____%计提,城建税在营业税基础上以____%计提。

分表1　员工工资及福利费用表

（编制单位：××公司）

单位：人民币元

编号	职称	人数	月数	每月工资	小计
01	经理 主管		12		
02	领班		12		
03	员工		12		
共计____人，费用____元					
依照国家劳动法规定计提____%员工福利费____元 ____%工会经费____元 ____%其他费用（包括办公费、交通费等）____元 小计____元					
合计____元					

分表2　员工工服费用明细表

（编制单位：××公司）

单位：人民币元

职务	人数	配套	数量	单价	金额	备注
主管		西服上衣　1件 西裤　1件 衬衫　1件 领带　1条	3套/人			
领班		上衣　1件 裤子　1件 衬衫　1件 板鞋　2双	4套/人			
保洁员工		上衣　1件 裤子　1件 板鞋　2双	4套/人			
合计________元						
按两年配发工服一次计，每年分摊费用为________元						

分表3　清洁设备费用明细表

（编制单位：××公司）

单位：人民币元

编号	型号	产品名称	单位	数量	单价	金额
01		标准多功能擦地机	台			
02		高速抛光机	台			
03		吸水机	台			
04		梳化式吸水机	台			
05		吸尘器	台			
06		冷水高压清洗机	台			
07		墙面抛光机	台			
08		吹干机	台			
09		电子干泡洗地毯机	台			
合计____元，按__年分摊，实际每年费用为____元						

分表4　设备保养及配件费用明细表

（编制单位：××公司）

单位：人民币元

设备保养标准：

洗地机____台　____元/台/月　梳化式吸水机____台　____元/台/月

吸水机____台　____元/台/月　墙面抛光机____台　____元/台/月

吸尘器____台　____元/台/月　吹干机____台　____元/台/月

抛光机____台　____元/台/月　干泡地毯机____台　____元/台/月

高压水枪____台　____元/台/月

小计____元/月，即每年费用为____元

编号	全年预计消耗配件	单位	数量	单价	金额	备注
01	吸尘器扒头	个				
02	吸尘袋	个				
03	吸尘器软管	根				
04	吸尘器电机、轴承	个				
05	吸尘器脚轮	个				
06	吸尘器开关	个				
07	吸水机吸水皮条	根				
08	吸水机脚轮	个				
09	吸水机电源线	根				

续表

编号	全年预计消耗配件	单位	数量	单价	金额	备注
10	擦地机定位开关	个				
11	擦地机电机风叶	个				
12	抛光机定位开关	个				
13	抛光机离心开关	个				
14	抛光机脚轮	个				
15	抛光机热保护开关	个				
16	抛光机整流桥	个				
17	抛光机电刷	个				
18	高压水枪喷嘴	个				
19	高压水枪密封圈	个				
20	地毯机开关	个				
21	地毯机过滤网	个				
22	擦地机针盘	个				
23	擦地机洗地盘	个				
年费用________元,月费用为________元						
合计________元						

注:以上配件都是机器正常使用且工作频繁、作业面积大的易损、易报废配件。

分表5　清洁药剂费用明细表

(编制单位:××清洁公司)

单位:人民币元

编号	名称	单位	数量	单价	金额
01	××牌起蜡水	箱			
02	××牌底蜡	箱			
03	××牌面蜡	箱			
04	××牌保洁除尘液	箱			
05	××牌保洁全能清洁剂	箱			
06	××牌保洁不锈钢光亮剂	箱			
07	××牌擦铜水	箱			
08	××牌保洁家具蜡	箱			
09	××牌保洁清洁磨光蜡	箱			
10	××牌保洁消泡剂	箱			
11	××牌保洁玻璃清洁剂	箱			

续表

编号	名称	单位	数量	单价	金额
12	国产卫生香球	箱			
13	国产去污粉	箱			
14	××牌空气清新剂	箱			
15	××牌面盆清洁剂	箱			
16	××牌地毯清洗液	箱			
17	××牌除锈剂	箱			
18	××牌除油剂	箱			
19	××牌清洁消毒液	箱			
20	××牌除口香糖清洁剂	箱			
21	××牌大理石抛光粉	千克			
22	××牌石材防护剂	升			
23	××牌石材研磨粉	千克			
24	××牌石材清洁剂	升			
年费用______元					

分表6　清洁工具费用明细表

（编制单位：××公司）

单位：人民币元

编号	名称	单位	数量	单价	金额
01	地板铲刀	把			
02	玻璃刮	套			
03	涂水器	个			
04	3米伸缩杆	根			
05	4米伸缩杆	根			
06	面盆刷	个			
07	恭桶刷	个			
08	落蜡地拖连杆	套			
09	榨水车	辆			
10	“小心地滑”告示牌	个			
11	“暂停服务”告示牌	个			
12	“工作进行中”告示牌	个			
13	水桶	个			

续表

编号	名称	单位	数量	单价	金额
14	双体水桶	个			
15	喷壶	个			
16	线轴	个			
17	梯子	个			
18	簸箕及扫帚	套			
19	垃圾车(室外)	个			
20	清洁工具车	个			
21	楼内垃圾车	个			
22	拖布连杆	套			
23	水鞋	个			
24	对讲机	个			
合计:________元整					
按2年分摊计,每年分摊费用为________元					

分表7　低值易耗品费用明细表

(编制单位:××公司)

单位:人民币元

编号	名称	单位	数量	单价	金额
01	小垃圾袋	个			
02	大垃圾袋	个			
03	玻璃刀片	片			
04	地板刀片	片			
05	百洁布	块			
06	大抹布	块			
07	废床单	条			
08	17寸百洁垫	盒			
09	20寸抛光垫	盒			
10	尘推头	个			
11	橡胶手套	双			
12	胶条	根			
13	涂水毛头	个			
14	落蜡地拖备用头	个			
合计________元					

分表8　清洁养护内容及质量标准

区域部位	作业项目及内容	清扫周期	质量标准
走廊楼梯	1. 清扫走廊和步梯地面的垃圾、尘土。	不断巡回	1. 地面无垃圾、无烟头、无污迹、无水迹、无灰尘。 2. 门窗、隔断等干净明亮。 3. 墙壁及各种饰物摆设干净、明亮无污迹、无灰尘，及时清倒烟灰缸、垃圾桶。 4. 屋顶墙角无蛛网，无灰吊。花盆内无烟头。会议室桌椅、沙发摆放整齐，茶杯把一律朝右，盖、杯、盅三花对齐，暖水瓶光亮无水迹。
	2. 擦拭走廊墙壁和墙壁饰物、标牌。	1次/日	
	3. 擦拭走廊内花架等摆设及消火栓等设备。	1次/日	
	4. 擦拭楼梯扶手及栏杆、挡板。	2次/日	
	5. 清扫擦拭滚梯，扶手，滚梯面及挡板，下部沟槽。	2次/日	
门厅及大堂	1. 清扫地面及入口处脚垫。	不断巡回	
	2. 擦拭玻璃门和玻璃幕、隔断。	2次/日	
	3. 擦拭各种家具摆设以及装饰物，标牌子消防器材等。	1次/日	
	4. 掸尘、擦拭墙壁及墙壁上装饰物，标牌开关盒。	1次/日	
	5. 清倒、擦拭垃圾桶。	2次/日	
	6. 擦拭金属柱子、扶手、架子等金属物。	1次/日	
	7. 更换烟灰缸。	不断巡回	
电梯	1. 清扫保洁电梯厅地面。	不断巡回	
	2. 擦拭电梯厅墙壁，饰物及厅内摆设。	2次/日	
	3. 清倒、擦拭垃圾桶。	4次/日	
	4. 擦拭、消毒电梯开关、运行显示器。	2次/日	
	5. 清扫、擦拭电梯箱。	2次/日	
	6. 清扫电梯门下部沟槽。	1次/日	
卫生间	1. 及时冲洗便池，不得留有脏物。	不断巡回	
	2. 及时清倒手纸篓，篓内手纸不得多于1/3。	不断巡回	
	3. 不断拖擦地面，做到时时无水迹。	不断巡回	
	4. 定时拖擦台面、面盆、大小便池等设备。	2次/日	
	5. 定时擦拭门窗、隔断板、墙壁窗台。	2次/日	
	6. 定时消毒，喷洒除臭剂、清香剂。	2次/日	
	7. 及时补充洗手液、香球、手纸。	不断巡回	
车库垃圾房	1. 清扫地面及巡回保洁。	不断巡回	
	2. 清倒、擦拭垃圾桶。	4次/日	
	3. 负责把所有垃圾运至指定地点。	2次/日	

续表

区域部位	作业项目及内容	清扫周期	质量标准
外围	1. 店区、办公楼及生活楼区域内环境卫生。 2. 清扫道路、台阶。 3. 清理绿化丛中杂物。 4. 清洁橱窗、路灯。 5. 给综合办公楼处台阶及喷水池大理石清洁、打蜡。 6. 清洁店区贴砖围墙。 7. 把垃圾运至指定地点。	不断巡回	

分表9　人员排班表

编号	班次	楼层	岗位	人数	上班时间
1	早班及中班	一楼	大厅		早班 7:00 ~ 15:30 中班 15:30 ~ 23:00 夜班 23:00 ~ 7:00
2		一楼 二楼	女卫生间		
3		一楼 二楼	男卫生间		
4		B1	康乐公共区域及卫生间		
5			员工通道及公共区域		
6			外围及车库		
7			保安部及就近区域		
8	夜班		除上述公共设施外，还负责计划性的卫生，例如擦拭顶棚，清洁餐厅地毯，给墙面及大理石地面清洁、抛光等。		
9	机动班		负责清理客房及楼层的地毯		
10	领班				
11	主管				
12	总人数				

分表 10 计划性工作要求及质量标准

序号	工作项目	工作周期	工具及药剂	质量要求
1	地毯	每2个月清洗1次，特殊情况随时清洗	多功能洗地机 吸水机 吹干机 板刷 地毯清洗剂 除油剂 口香糖清洗剂	无尘、无污迹。 如有污迹，先用清洁布抹擦，再用干布擦净。
2	大理石地面及墙面	每2～3个月起蜡、打蜡1次	多功能洗地机 吸水机 抛光机 打蜡车 底蜡 面蜡 抛光蜡	无尘、无污迹 起蜡时，不要用性能强烈药剂，避免毁坏大理石表面光泽，起蜡后应达到边角、死角无残留蜡迹。 打蜡后，要按时抛光，抛光后的地面水平如镜，亮度一致。
3	外围地面	每月高压冲洗1次 特殊情况随时清洗	高压水枪 除油剂 全能清洁剂	无尘、无污迹
4	雨搭玻璃墙及顶棚	每2周1次	玻璃刮 涂水器 铲刀 玻璃清洁剂 全能清洁剂	表面光亮、无水迹、无污面、无胶印
5	楼层高处内部玻璃	每2周1次	玻璃刮 涂水器 铲刀 玻璃清洁剂 全能清洁剂 麂皮 抹布	表面光亮、无水迹、无污面、无胶印

注：公司承诺不低于以上清洁质量标准，不少于以下清洁次数。

【补充说明】

(1)饭店客房部负责提供一、二楼公共卫生间使用的下列客用品：

- 擦手纸
- 面巾纸

- 鞋油
- 洗手液
- 喷香液
- 白石子
- 女宾袋

(2)本规定从____年____月____日开始执行。

(3)为了保证保洁员制服整洁,制服由洗衣房洗涤,每月按____元收取。保洁公司洗涤费,年底可在清洁费用中扣除。

第七章 洗衣服务与管理

洗衣部是饭店的保障部门，一般隶属于客房部。有的饭店将洗衣部设为独立的部门进行单独管理。洗衣部不仅可以为饭店创造一定的经济效益，还可以方便住店客人，提高饭店的服务档次。

洗衣部配有各种先进的洗衣设备，使用最新的化学洗涤原料，拥有一批技术精湛的专业洗衣人员，并有严格的洗衣管理程序和操作程序。

洗衣部除负责饭店员工制服和全部纺织品的清洗、熨烫、缝补、分发及保管工作外，还为住店客人提供干洗、湿洗、熨烫、织补衣物等服务。有的饭店为有效利用洗衣设备，方便店外客人洗衣，还设立了对外洗衣门市部。

第一节　如何设置洗衣部

一、洗衣部的组织机构

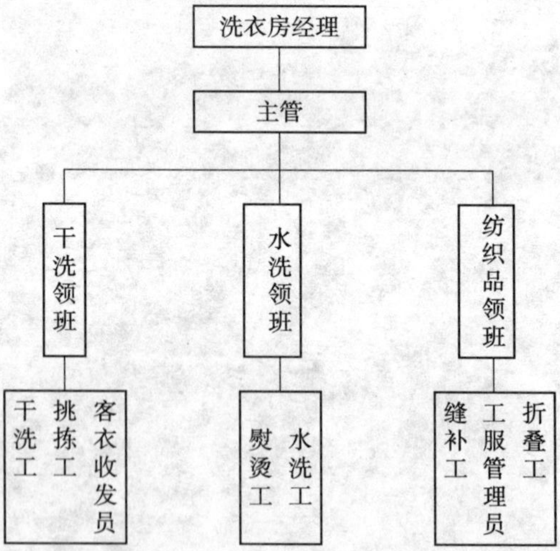

图7-1　洗衣部组织机构图

二、洗衣部各岗位职责

表7－1 洗衣部各岗位职责

项　目	岗位描述
岗　位	**洗衣部经理**
隶属关系	直接上级:客房部经理 直接下级:洗衣部主管
任职条件	1. 基本素质:工作认真,顾全大局,关注客人,善于沟通,勇于创新,讲求效率,有较强的事业心和责任感。 2. 自然条件:身心健康,仪表端庄。 3. 文化程度:具有高中以上学历。 4. 语言能力:有较好的口头和文字表达能力,能用一门外语处理本专业事宜。 5. 工作经验:有3年以上洗衣部管理经验。掌握洗涤、熨烫、缝补的技术和方法,熟悉各种洗涤设备的性能、操作方法和维护保养知识,掌握各种洗涤剂的配置及使用方法,熟悉各类纺织品的性能及各类布巾的应用、储存和保管知识。 6. 特殊要求:熟悉饭店管理的基本知识、消防安全管理知识和卫生防疫知识,了解一般的统计和财会知识,有较好的沟通协调能力和实施培训的能力。
岗位职责	在客房部经理的领导下,全面负责洗衣部的经营管理工作。激励员工高质量、高标准、高效率地完成洗涤业务,保证洗衣设备正常使用并得到及时维护保养。
工作内容	1. 负责制订部门的工作计划、管理制度、工作程序和工作标准。 2. 负责制定部门的消防安全管理规定,保证员工的人身安全和饭店公共财产安全。 3. 负责制订培训计划,组织实施员工培训,提高员工的整体素质和业务技能。 4. 与工程部沟通协调,保证设备完好、有效。 5. 有效地进行成本分析,严格控制成本,做好本部门的预算。 6. 主持部门例会,定期召开员工会议,不断改进和提高部门工作。 7. 负责选购洗衣原料,保证库存量合理。 8. 加强与餐饮部、客房部的沟通,及时掌握信息,随时调整部门的工作安排,保证纺织品供应。 9. 处理客人投诉。 10. 在保证完成饭店洗涤任务的同时,开拓市场,为饭店创造更好的经济效益。
岗　位	**洗衣部主管**
隶属关系	直接上级:洗衣部经理 直接下级:领班

续表

项　目	岗位描述
任职条件	1. 基本素质:工作认真,顾全大局,关注客人,善于沟通,勇于创新,讲求效率。 2. 自然条件:身心健康,仪表端庄。 3. 文化程度:具有高中以上学历。 4. 语言能力:有一定的口头和文字表达能力,具有初级英语水平。 5. 工作经验:有3年以上洗衣房工作经验。掌握客衣、工服、纺织品洗衣程序、标准和要求,熟悉各类纺织品的性能及各类纺织品的应用、储存和保管知识,了解纺织品的洗涤、熨烫和缝制知识。了解各种洗涤设备、洗涤剂的功能。具备娴熟的待客技巧。 6. 特殊要求:熟悉饭店管理的基本知识、消防安全知识和饭店卫生防疫知识。了解统计和财会基础知识,有较好的沟通协调能力和实施培训的能力。
岗位职责	协助洗衣部经理做好部门的管理和服务工作。在经理外出时,代理经理职责。
工作内容	1. 在洗衣部经理的领导下,负责洗衣部的日常洗涤管理工作,保证洗涤质量。 2. 负责部门设备的日常维护和保养工作。 3. 负责处理客人投诉。 4. 负责员工的工作安排及业务培训工作。 5. 负责部门的安全消防工作。 6. 负责部门各项业务报表的统计和管理工作,配合经理完成各项经济指标。
岗　位	**洗衣部文员**
隶属关系	直接上级:经理
任职条件	1. 基本素质:工作认真,顾全大局,关注客人,善于沟通,讲求效率。 2. 自然条件:身心健康,仪表端庄。 3. 文化程度:具有高中以上学历。 4. 语言能力:有较强的口头和文字表达能力,能用一门外语与客人交谈。 5. 工作经验:有2年以上客房服务岗位工作经验。掌握客房、前台服务程序、标准和要求,能独立处理当班的各项事务,有娴熟的待客技巧和应变能力,能熟练应用饭店电脑管理软件。 6. 特殊要求:熟悉饭店规章制度,了解消防安全知识和紧急情况处理程序,有较强的沟通协调能力。
岗位职责	接受经理或主管的领导,负责办公室的日常业务。
工作内容	1. 负责每日的生产统计工作,汇总经营日报表。 2. 负责制作每月经营报告和各类固定报表。 3. 协助主管进行洗涤原料和用品的消耗统计工作。 4. 负责整理和保管办公室文件。 5. 负责接听电话,与相关业务部门沟通协调工作。 6. 空闲时间参加洗涤服务工作。 7. 完成经理交办的其他工作。

续表

项　目	岗位描述
岗　位	**制服室领班**
隶属关系	直接上级:主管 直接下级:制服收发员
任职条件	1. 基本素质:工作认真,顾全大局,关注客人,善于沟通,讲求效率。 2. 自然条件:身心健康,仪表端庄。 3. 文化程度:具有高中以上学历。 4. 语言能力:有一定的语言文字表达能力。 5. 工作经验:了解各种布料的性能及洗涤、熨烫机缝制知识,掌握工服的制作标准和程序,能有效控制工服的发放和使用。 6. 特殊要求:了解消防安全知识和卫生防疫知识,有较好的沟通协调能力。
岗位职责	在主管的领导下负责饭店制服的发放与管理工作,能有效控制制服的使用,防止制服丢失或损坏。
工作内容	1. 拟订饭店制服管理规章制度及工作计划,并报经理批准实施。 2. 根据工作需要,合理调配内部人员。 3. 监督和保管制服进出的详细记录,做到账目清楚。定期做好清点盘库工作。 4. 按时上报各项报表,做到准确无误。 5. 负责申报增制新制服计划和制服报损计划。 6. 组织按时完成夏冬换季制服的发放与储存工作,以及年度新制服的发放工作。 7. 组织安排好制服的储存及保管工作,避免不必要的损失和浪费。 8. 与洗涤车间协调,保证工服的洗涤质量。 9. 定期向经理汇报制服管理工作。 10. 培训员工。 11. 评估员工绩效,向主管提出奖惩建议。 12. 督导下属员工遵守饭店各项规章制度。 13. 监督员工依照制服管理工作程序和标准发放、换洗制服。 14. 检查制服的洗涤及修补质量,若有不合格的,应及时与洗烫组沟通。 15. 检查制服室卫生,保证制服室干净、整洁。 16. 与烫衣组、洗衣组、客衣组沟通协作。 17. 签署辞职员工退还制服表和制服暂借单。 18. 完成主管交办的各项工作。
岗　位	**客衣领班**
隶属关系	直接上级:主管 直接下级:客衣收发员

续表

项　目	岗位描述
任职条件	1. 基本素质:工作认真,关注客人,善于沟通,勇于创新,讲求效率。 2. 自然条件:身心健康,仪表端庄。 3. 文化程度:具有高中以上学历。 4. 语言能力:有一定的口头和文字表达能力,能用一门外语同客人进行交谈。 5. 工作经验:有 2 年以上洗衣房工作经验,熟悉洗衣工作程序、标准和要求,掌握各种不同面料的洗涤方法和质量标准,掌握各种化学剂的性能和使用方法,熟悉各种洗涤价格,懂得安全操作知识。
岗位职责	在主管的领导下,负责客衣组的管理和服务工作。
工作内容	1. 督导客衣收发员按工作程序和标准接听客人送洗电话。 2. 检查客衣的洗涤质量,严格客衣的收送制度。 3. 监督客衣快洗服务的完成情况,保证及时收送客衣。 4. 处理客人的一般投诉。 5. 负责培训下属员工。 6. 负责统计当日客衣洗涤收入。 7. 负责所属区域的清洁卫生工作。 8. 完成主管交办的其他工作。
岗　位	**客衣收发员**
隶属关系	直接上级:客衣领班
任职条件	1. 基本素质:工作认真,顾全大局,关注客人,善于沟通,讲求效率。 2. 自然条件:身心健康,仪表端庄。 3. 文化程度:具有高中以上学历。 4. 语言能力:能用一门外语与客人进行简单的交谈,有一定的语言表达能力。 5. 工作经验:有 2 年以上洗衣房工作经验,熟悉湿洗、干洗、熨烫业务和工作程序,掌握客衣收发程序、标准和要求。掌握安全、消防和礼仪知识。
岗位职责	按程序和标准,及时、准确地做好客衣的收取、送还和洗涤工作。
工作内容	1. 按时到客房各楼层收取送洗客衣。 2. 按程序检查、清点送洗客衣,做好记录和签收工作。 3. 对洗涤好的客衣进行登记,及时分送到客房各楼层并签收。 4. 将客人的洗衣费用及时、准确地输入客账中,按规定保存好客人的洗衣单据。 5. 完成领班交办的其他工作。
岗　位	**衣物分拣工**
隶属关系	直接上级:客衣领班

续表

项　目	岗位描述
任职条件	1. 基本素质：工作认真，关注客人，善于沟通，讲求效率。 2. 自然条件：身心健康。 3. 文化程度：具有高中以上学历。 4. 语言能力：有一定的语言表达能力。 5. 工作经验：了解各种布料的性能及洗涤熨烫标准，能正确判断和识别织物并进行正确分类。
岗位职责	在领班的领导下，按要求完成客衣的检查、分类、打号和包装工作。
工作内容	1. 根据衣物的种类、颜色、污染程度进行分类和打号工作。 2. 负责清除衣物中的杂物。 3. 记录破损客衣，并及时向领班汇报。 4. 客衣洗好包装前，应检查洗衣质量。质量不合格的应将客衣送回相关工作组复洗或复烫。 5. 认真核对衣物的数量，保证准确无误。 6. 完成领班交办的其他工作。
岗　位	干洗领班
隶属关系	直接上级：主管 直接下级：干洗工
任职条件	1. 基本素质：工作认真，关注客人，善于沟通，讲求效率。 2. 自然条件：身心健康。 3. 文化程度：具有高中以上学历。 4. 语言能力：有一定的口头和文字表达能力。 5. 工作经验：有2年以上洗衣工作经验，熟悉洗衣工作程序、标准和要求，掌握各种不同面料的洗涤方法和质量标准，掌握各种化学剂的性能和使用方法，了解洗衣设备的基本性能，掌握安全操作知识。 6. 特殊要求：熟悉饭店消防安全管理知识和卫生防疫知识。
岗位职责	带领本组员工高质量、高标准地完成衣物的干洗和整形工作。
工作内容	1. 负责客衣和员工制服的干洗工作，保证干洗质量。 2. 严格控制洗涤原料用量。 3. 负责干洗设备的维护和保养工作。 4. 负责督导员工按规定安全使用设备。 5. 负责本组员工的业务培训工作。 6. 做好与其他班组的沟通协调工作。 7. 完成主管交办的其他工作。

续表

项　目	岗位描述
岗　位	干洗工
隶属关系	直接上级:干洗领班
任职条件	1. 基本素质:工作认真,关注客人,讲求效率。 2. 自然条件:身心健康。 3. 文化程度:具有高中以上学历。 4. 语言能力:具有一定的口头表达能力。 5. 工作经验:有较扎实的洗衣房工作经验,掌握衣物干洗、湿洗和熨烫操作程序、标准和要求,能熟练操作各种洗衣设备。 6. 特殊要求:熟悉饭店各项规章制度和消防安全知识。
岗位职责	在领班的领导下,高标准、高质量地完成干洗工作。
工作内容	1. 严格按工作程序及标准洗涤各类衣物。 2. 在洗涤过程中发现衣物破损、缺扣子等问题时,应及时报请领班处理。 3. 负责干洗机的保养、擦拭工作。 4. 清洁工作区域,保持干净整洁。 5. 完成领班交办的其他工作。
岗　位	熨烫领班
隶属关系	直接上级:主管 直接下级:熨烫工
任职条件	1. 基本素质:工作认真,关注客人,善于沟通,讲求效率。 2. 自然条件:身心健康。 3. 文化程度:具有高中以上学历。 4. 语言能力:有一定的口头和文字表达能力。 5. 工作经验:有2年以上洗衣工作经验,熟悉各种织物的熨烫程序、标准和要求,掌握各种不同面料的性能、特点及受热反应知识,了解熨烫设备的基本性能、特点及安全操作方法,掌握安全用电知识和消防知识。 6. 特殊要求:熟悉饭店消防安全知识和卫生防疫知识。
岗位职责	带领本组员工高质量、高标准地完成衣物的熨烫工作。
工作内容	1. 负责客衣和员工制服的熨烫管理与服务工作。 2. 督导检查熨烫工的工作质量。 3. 负责所属员工的业务培训工作。 4. 负责熨烫设备的维护和保养工作。 5. 负责督导员工按规定安全使用设备。 6. 做好与其他班组的沟通协调工作。 7. 完成主管交办的其他工作。

续表

项　目	岗位描述
岗　位	熨烫工
隶属关系	直接上级:熨烫领班
任职条件	1. 基本素质:工作认真,关注客人,讲求效率。 2. 自然条件:身心健康。 3. 文化程度:具有高中以上学历。 4. 语言能力:具有一定的口头表达能力。 5. 工作经验:熟悉不同面料的性能、特点及受热反应,熟练掌握熨烫程序及熨烫设备的使用方法,掌握安全用电和消防知识。 6. 特殊要求:熟悉饭店各项规章制度和消防安全知识。
岗位职责	在领班的领导下,高标准、高质量地完成熨烫工作。
工作内容	1. 负责熨烫设备使用前的检查工作,保证用电安全。 2. 正确使用熨烫设备,按标准完成熨烫工作。 3. 熨烫衣物前如发现衣物破损、掉扣或饰物不全,应立即向领班汇报。 4. 负责熨烫设备的保养、擦拭工作。 5. 清洁工作区域,保持干净整洁。 6. 完成领班交办的其他工作。
岗　位	水洗领班
隶属关系	直接上级:主管 直接下级:水洗工、压平工
任职条件	1. 基本素质:工作认真,关注客人,善于沟通,讲求效率。 2. 自然条件:身心健康。 3. 文化程度:具有高中以上学历。 4. 语言能力:有一定的口头和文字表达能力。 5. 工作经验:有2年以上洗衣工作经验,熟悉洗衣工作程序、标准和要求,掌握各种不同面料的洗涤方法和质量标准,掌握各种化学剂的性能和使用方法,熟悉各种洗涤符号,了解洗衣设备的基本性能,掌握安全操作知识。 6. 特殊要求:熟悉饭店消防安全知识和卫生防疫知识。
岗位职责	带领本组员工高质量、高标准地完成水洗工作。
工作内容	1. 负责客衣、员工制服和纺织品的洗涤管理工作,保证洗涤质量。 2. 严格控制洗涤原料的用量和消耗。 3. 负责水洗设备的维护和保养工作。 4. 负责督导员工按规定安全使用设备。 5. 负责本组员工的业务培训。 6. 做好与其他班组的沟通协调工作。 7. 完成主管交给的其他工作。

续表

项　目	岗位描述
岗　位	水洗工
隶属关系	直接上级:水洗领班
任职条件	1. 基本素质:工作认真,关注客人,讲求效率。 2. 自然条件:身心健康。 3. 文化程度:具有高中以上学历。 4. 语言能力:有一定的口头和文字表达能力。 5. 工作经验:熟悉洗衣工作程序,标准和要求,掌握各种不同面料的洗涤方法,掌握各种化学剂的性能和使用方法,熟悉各种洗涤符号,了解洗衣设备的基本性能,掌握安全操作知识。
岗位职责	在领班的带领下,高质量、高标准地完成水洗工作。
工作内容	1. 严格按照工作程序及标准洗涤各类纺织品,并做好记录。 2. 洗涤过程中发现衣物破损、缺扣子等问题时,应报请领班处理。 3. 负责水洗机的保养、擦拭工作。 4. 清洁工作区域,保持干净整洁。 5. 完成领班交办的其他工作。
岗　位	折叠工
隶属关系	直接上级:水洗领班
任职条件	1. 基本素质:工作认真,关注客人,讲求效率。 2. 自然条件:身心健康。 3. 文化程度:具有高中以上学历。 4. 语言能力:有一定的口头表达能力。 5. 工作经验:掌握纺织品的使用、保养方法,掌握各业务部门的纺织品使用量和纺织品的质量标准。
岗位职责	在领班的带领下,完成纺织品的折叠工作。
工作内容	1. 按正确操作程序和标准折叠各类纺织品。 2. 及时将折叠好的纺织品送交纺织品室,保证满足各业务部门的使用需求。 3. 认真、准确地填写业务报表。 4. 打扫工作区域,保持干净整洁。 5. 完成领班交办的其他工作。
岗　位	压平工
隶属关系	直接上级:水洗领班

续表

项　目	岗位描述
任职条件	1. 基本素质:工作认真,关注客人,讲求效率。 2. 自然条件:身心健康。 3. 文化程度:具有高中以上学历。 4. 语言能力:有一定的口头表达能力。 5. 工作经验:掌握纺织品的使用、保养方法,掌握压平机的安全操作方法,掌握安全用电知识和消防知识。
岗位职责	在领班的带领下,完成各类纺织品的压平工作。
工作内容	1. 按操作程序和标准压平各类纺织品,并及时送交纺织品室。 2. 负责对压平机进行使用前的检查工作,保证用电安全。 3. 负责熨烫设备的保养、擦拭工作。 4. 清洁工作区域,保持干净整洁。 5. 完成领班交办的其他工作。

第二节　如何洗衣

一、认识主要洗涤设备

在了解客房洗衣部的洗涤程序及质量标准前,让我们先认识一下饭店的主要洗涤设备。

我们是根据饭店的类型、规模、占地面积、资金、经营管理方式等因素来决定对洗衣设备的投入力度的。洗衣设备分为湿洗设备、干洗设备、熨烫压平设备及其他配套设备等。洗衣设备的配置与今后的洗涤量有密切关系。

主要的洗涤设备有:

1. 水洗机

水洗机是洗衣房设备的主体,它包括洗涤和高速脱水两大部分。水洗机按不同装重量分类。不同类型的水洗机有不同的装重量和最高装重量的限制。机器为全自动电脑控制。

2. 烘干机

烘干机的功能是去除衣物内剩余的水分。其配备原则是一台水洗机配备两台烘干机。因为衣物烘干的时间比洗涤的时间长，而且一台水洗机洗涤的物品要分几批烘干。因此，配备合适数量的烘干机，将有效保证纺织品的洗涤速度。

3. 三点式压板机(shirt pressing set)

三点式压板机用于熨烫衬衫的领、袖、背、胸、肩等部位。

4. 旋转压板机(utility press)

旋转压板机主要用于熨烫一些质地较粗的面料，如牛仔裤、厨师制服、咔叽布衣裤等。

5. 平烫机或滚筒熨烫折叠机(flat-iron)

平烫机常用于熨烫含有微量水分的床单、被罩、台布、口布、枕套等纺织品，通过滚筒的旋转烫平褶皱。自动化程度较高的滚筒式熨烫折叠机，在运行过程中会在对送入机器的纺织品铺平、展开的同时完成烘干和熨烫工作，并很快完成折叠的任务，大大减轻了员工的劳动强度，节约了人力和劳动时间。

其他洗衣设备还有人像整形机、干洗机、衬衫折叠台、肩部熨压机、衣袖熨压机、隧道式整形机、洗涤槽(用于水洗前去污或手洗物品)、纺织品分类台、工作车、去污台、手烫台、打号机等。

二、如何洗涤客衣

(一)客衣洗涤程序

1. 客人送洗衣物

(1)客人打电话到客房服务中心或服务台，让服务员到房间收取客衣。

(2)客人亲自将要洗的衣服交给服务员。

(3)客人将衣物装入洗衣袋留在客房内，并按要求填写好洗衣单。

(4)客人将脏衣物投入客房内设置的洗衣篮内。

2. 服务员收取客衣并集中到楼层服务间

(1)记录收取客衣的房号、洗涤的件数、有无快洗要求等事宜。

(2)检查客衣口袋内是否有财物、饰物等，一旦发现，应立即交还给客人并做好录。如发现衣物有破损、掉扣、染色等现象，应立即向客人说明并做好记录。

(3)客人如有快洗要求，应立即通知洗衣部收取客衣并保证在承诺的时间内将客衣洗好送还客人。

3. 洗衣部客衣收发员到楼层收取客衣

(1)客衣收发员在规定时间内到楼层收取客衣。

(2)检查洗衣单填列内容与洗衣件数、洗涤要求等是否一致。

(3)如发现有送洗衣物有破损或与洗衣单填写项目不符，应立即与客房服务员共同确认,并向客人声明。

(4)再次检查送洗衣服口袋内是否有财物。

(5)向楼层服务员了解客人是否有特殊交代并在洗衣单上注明。

4. 编号、打号

(1)按程序对客衣编号并依次打号。

(2)棉麻衣物或耐热纤维织品在领口内、裤腰边或易于看到的地方打号。

(3)太薄的衣物或不耐热织品,不能直接打号,而应改用系布条的方法,将号打在布条上,以免损伤衣物。

(4)内衣、袜子等用别针将号纸钉在一起。

5. 挑拣分类

(1)对衣物进行挑拣分类是一项非常重要的工作,需要有专业洗涤技能和经验丰富的人员担任。在此环节将判断衣物是否缩水、退色、变形,决定采用水洗、干洗、手洗或熨烫等洗涤方式。

(2)根据客人送洗衣物的质地及要求,将打过号的衣物分为水洗、干洗、熨烫或手洗等类别,然后送交各组洗涤。

(3)将易退色、脱染、深色,有油垢、污迹、血迹的衣物挑拣出来进行特别处理。

(4)将退色、缩水、染色或难以清除顽迹的衣物送还客人,经确认后再行处理。

6. 对经洗涤的衣物进行检查

(1)检查快洗、快熨的衣物,按时送到客人房间。

(2)凡是发现衣物不平整或未洗净的,应迅速重熨或重洗。

(3)对易发生问题的部位如扣子、拉链、兜口、装饰物等进行重点检查。

(4)将洗好的衣物按楼层高低和房号,顺序码放或挂在送衣车上,确认无误后送交客衣收发员。

7. 送返客衣

(1)客衣收发员核对送回客衣总数,确认准确无误后送交楼层服务员。

(2)与楼层服务员核对返还客衣的数量是否与洗衣记录一致。

(3)请楼层服务员在送返客衣本上签收。

(4)必要时直接将客衣送至客人房间。

(二)客衣洗涤标准

1. 填单、打号标准

(1)字迹端正,书写清楚。

(2)计算洗衣费用准确无误。

(3)填写房号、打号准确。

(4)件数清点无误,与客房服务员共同确认、签字。

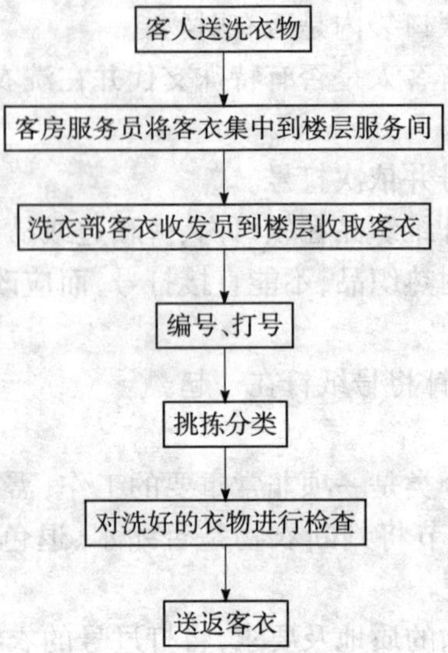

图 7-2　客衣洗涤流程图

(5)准确理解客人提出的特殊要求。

2. 分类、除污标准

(1)按衣服颜色深浅分类，不混合洗涤。

(2)根据衣物的质地区分干洗或水洗，不能张冠李戴。

(3)容易被干洗油溶解的纽扣或饰物在干洗前应剪下妥善保存。

(4)正确判断衣物污迹的类别，选择合适的化学剂去除污迹。

(5)用衣领净刷洗衬衫的领口、袖口处。

(6)对西装的领口、袖口、兜盖等易脏处进行特殊的刷洗。

3. 洗涤标准

(1)洗衣机运转时不能擅自离岗。

(2)干洗衣物时，应按衣服的颜色选用机内干洗油洗涤。白色或浅色的衣物一定要使用清油。

(3)水洗衣物时，不能将清洗剂直接投放在衣物上。

(4)衣服带拉链时，应将拉链全部拉开洗涤，以免损伤衣服。

(5)依据衣物污染程度选择合适的洗涤时间，但时间不宜过长。

(6)对一些难以确定洗涤方式的衣物，应及时请示，不能擅自处理。

(7)领带、丝绸织品的衣物应使用洗衣网袋洗涤。

4. 熨烫标准

(1)工作前将烫衣台擦净。

(2)开启机器后,一定等温度达到规定标准时再工作。

(3)经熨烫的衣服应挺括、平整、无皱褶。

(4)裤子的内折线、前中线一定要对直,不准有双线。

(5)两裤筒的前中线与后中线的高度相等。

(6)手工熨烫时,一定要用垫布熨烫,避免出现熨斗烙痕。

(7)应将衣物的前后口袋翻出再熨烫,避免出现烙痕。

(8)使用熨斗时,应随时注意温度,并保持熨斗底部光滑。

5. 烘干标准

(1)干洗衣物的烘干温度一般不得超过70℃。

(2)水洗衣物的烘干温度一般不超过80℃。

(3)烘干衣物后,应转换冷风开关进行冷却。

6. 打包、发放标准

(1)对洗烫衣物的下列项目进行详细检查:是否洗涤干净,是否留有异味,是否熨烫挺括,衣物是否有损坏,是否需要缝补,衣扣是否齐全等。

(2)经检查,洗涤质量合格的衣物,一律用西装套、衣袋、衬衫袋包装打包。

(3)将客衣送到客房楼层,核对洗衣单无误后,由客房服务员签收。

三、如何洗涤纺织品

(一)纺织品洗涤程序

为了方便洗涤和提高工作效率,饭店一般将洗衣房建在客房楼下的地下室内。客房的纺织品通过专用电梯或脏纺织品输送管道(soil linen chute)及设在各楼层的投掷窗口(也称为"布巾喉"),将脏纺织品从各楼层的投掷窗口投入管道,直接流到洗衣部的输送管房间,由专人负责分类和清点并送交水洗组清洗。

1. 如何对纺织品进行分类

(1)客房纺织品分为毛巾类、床单枕套类、附属用品类(床垫、窗帘、浴帘等)等。

(2)餐厅的纺织品分为毛巾、口布、台布、桌裙等。

(3)各部门的纺织品按污染程度分为轻度污染、中度污染、重度污染及病菌血液污染类等。

2. 如何洗涤纺织品

(1)检查水、电、压缩空气是否正常。

(2)将已经分好类的、重量均等的同类纺织品投入水洗机内。

(3)根据纺织品的类别,投放相应的洗涤剂,按程序洗涤。

3. 如何熨烫纺织品

(1)将洗干净的纺织品用机械熨压。

(2)床单、台布类纺织品用烫平机烫平、烫干。

4. 如何烘干毛巾类纺织品

(1)将毛巾类纺织品分为浴巾、毛巾、方巾、脚巾和浴袍几大类。

(2)分别投入烘干机,按程序进行烘干。

5. 如何折叠

(1)将烫平的纺织品的四角平拉,去中线,根据织物尺寸,按要求叠成三四折。

(2)中线平直方正,不卷边,不缺角。

(3)毛巾不变形,枕套不圆角。

(4)按规定的数量打包。

6. 如何处理病菌血液污染的纺织品

(1)将有病菌污染的纺织品附上污染标志,立即进行特殊处理。

(2)有血迹或体液的纺织品必须单独清洗并高温消毒。

(3)对污染严重的纺织品必须丢弃处理或燃烧掩埋。

(4)员工如不能判断被污染的纺织品是继续洗涤还是报废时,应立即请示主管或经理。

(二)纺织品洗涤标准

(1)清点各部门送洗的纺织品数量,双方共同签字认可。

(2)将纺织品分为毛巾类、布类、其他类三大类分别洗涤。

(3)台布、口布要上浆。

(4)毛巾类加柔顺剂。

(5)使用平烫机前应清洁干净。

(6)根据布料的性质选择最佳的熨烫方法。

(7)熨烫、折叠纺织品时,应检查纺织品是否已被洗净,如发现污迹,应重新处理。

(8)烫好的纺织品应白净、平整,烘干的毛巾类纺织品应白净、松软。折叠各类纺织品时一定要正面朝外。

(9)各类纺织品一定要烫干、烘干,以免霉坏。

(10)浴袍一律一件一捆,其他纺织品一律十件一捆。

四、如何洗涤员工制服

员工制服是员工在工作时穿着的服装,是饭店的财产之一。为管好员工制服,大中型饭店专设了工服房或制服室(linen room),主要负责制服的收发、更新、修

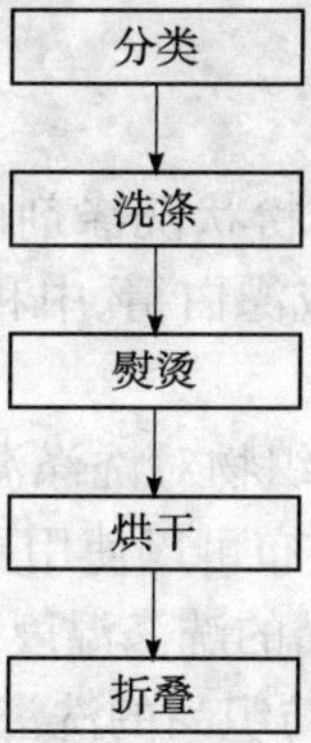

图 7－3　纺织品洗涤流程图

补、修改、换季、保管工作及提出制作工服的建议等。

员工制服的洗涤程序同客衣的洗涤程序基本相同。一般而言，每位员工有两套制服，由于厨师容易出汗、衣服易脏，所以备有三至四套制服。制服的换洗次数由员工自己掌握，可以随时更换，以一套脏制服换洗一套干净制服。工服房的员工负责对送洗的制服挑拣分类然后送交洗衣房，并检查洗净的制服是否破损、掉扣，及时修补后分类挂放。

五、如何水洗衣物

水洗，顾名思义是用水来清洗衣物。水洗衣物对水质有 定要求，要使用经过软化达标的水，才能保证洗涤质量符合标准。

1. 按步骤工作

(1) 冲洗(flush)：用冷水对附着在衣物上的污迹进行稀释和冲洗。

(2) 洗涤(break or suds)：根据洗涤物的织品种类及污染程度，选用适量的和正确的洗涤剂。

(3) 漂白(bleach)：对白色织品进行适度漂白，保持色泽光艳并能直到杀菌、消毒的作用。

(4) 清洗(rinse)：使用高水位进行一定次数的清洗，除去洗涤物中的清洗剂。

(5) 中和(sour)：使用中和剂去除织物中残留的碱性物质，延长织物的寿命。

(6) 上浆(starch)：餐巾、台布及部分制服需进行上浆处理以保持其挺括的形状及使用效果。

(7)柔顺(soft):对于毛巾类织品需要用柔顺剂处理,以保证其柔软舒适,给客人以舒适感。

2. 正确使用水洗洗涤剂

水洗洗涤剂分为液状洗涤剂和粉状洗涤剂两类。饭店基本使用粉状洗涤剂。水洗洗涤剂主要有洗衣粉、漂白粉或漂白精、中和剂、柔顺剂、浆粉等。

3. 正确控制水洗温度

不同的纤维织品和不同颜色的织物对洗涤温度有不同要求。白色纺织品的洗涤温度一般为80~100℃,加厚的棉布可以使用更高温度用来增加溶解污迹的效力和达到杀菌消毒的效果,染色纺织品的洗涤温度为60~80℃,浅色化学纤维纺织品的洗涤温度为50℃,深色化学纤维纺织品的洗涤温度为40℃。

4. 正确选择水质

水质是选择、决定洗涤用料的重要依据。良好而稳定的水质能确保洗涤用料达到最佳使用效果。如水中含铁量过高,洗涤的衣物易被水中的铁锈成分污染。水质的好坏是水洗干净与否的先决条件和质量保证。洗衣部一般指定专人定期测试水质。现在的水洗机有的配置有水质监测系统和水质报警系统。当用水酸碱性过强或水质降到标准线以下时,报警器会发出鸣叫声,这样就能随时保证洗涤质量,降低纺织品报废的比率。

六、如何烘干衣物

将经水洗并脱水后的衣物放入不同重量的烘干机中进行烘干。保证操作安全是该阶段工作的重点。

(1)使用烘干机前,检查电源开关是否正常工作。

(2)不得将沾有油料的布放入烘干机中烘干。

(3)烘干机附近不可堆放易燃液体。

(4)保持风管过滤网清洁,避免存入较多棉线而引发火灾。

(5)不能将存有塑胶物品、海绵、橡皮、胶垫、油漆等的物品进行烘干,以免高温损坏这些物品或造成火灾。

七、如何干洗衣物

干洗一般适用于清洗高档衣物,避免该类衣物缩水、退色和变形。在洗衣部的整体工作中,该类洗衣占有较大比重。它不仅对洗衣设备要求高,而且对洗涤技术有很高要求。

干洗是在洗衣机中用干洗油清洗衣物。清洗程序包括定时清洗、排油、脱干、烘干、抽油气、整烫、整理等。洗涤的先后顺序为淡色衣物第一、中色衣物其次、深色衣物最后。

具体操作时,一定要保证干洗油洁净。洗涤前,应检查干洗油的洁净度,发现油有任何不洁,应及时过滤,以保证干洗质量。

八、如何整烫衣物

整烫是整理与熨烫的总称,是洗衣工作中不可或缺的重要环节。其主要作用是去除布面褶皱,平顺衣物,让衣物合缝合线,利于布面定型。

整烫分为成型烫、蒸汽烫、手烫三大类:成型烫(form finisher)常用于熨烫西装、唐装、旗袍等衣物。蒸汽烫(steam press)常用于熨烫质地细腻、轻薄、不耐高温的高级衣物。手烫(hand iron)常用于辅助成型烫和蒸汽烫无法烫平的部分。

1. 干洗衣物的整烫过程

干洗好的衣服经人型整型机整型后,再经蒸汽压板机压平平面部分,最后用电熨斗手烫整修局部机器所不能熨到的部位。

2. 水洗衣物的整烫过程

衣物经水洗并烘干后,由三点式压板机压平,再用电熨斗手烫、整修局部部位。

有关衣料的特性及熨烫所需温度见表 7-2。

表 7-2　衣料特性及熨烫所需温度表

纤维种类		织物特征	熨烫温度	熨烫注意事项
天然纤维	棉	1. 吸湿性强 2. 保温性高 3. 弹性差 4. 易燃 5. 易染色 6. 易缩水 7. 结实耐用	160~180℃	避免出现亮光和烙痕
	丝	1. 手感柔滑 2. 垂感好 3. 抗酸性差 4. 光泽度好 5. 恢复性差	120~140℃	熨烫时,需在衣物上盖一层布

续表

纤维种类		织物特征	熨烫温度	熨烫注意事项
天然纤维	羊毛	1. 有弹性 2. 吸湿性好 3. 保温性高 4. 易染耐燃 5. 不易起褶 6. 轻微缩水	140～160℃	注意蒸汽温度，避免水分太多而缩水。熨烫时，避免熨斗直接接触布面
	麻	1. 手感凉爽、有光泽 2. 易起褶、易缩水 3. 易吸湿且易干 4. 耐用	80℃	同纺织品
人造纤维	再生纤维	1. 手感好 2. 可防蛀 3. 易脏 4. 光泽性好 5. 有一定的吸湿性	120～160℃	避免出现烙痕
	半合成纤维	1. 有弹性 2. 不易起褶 3. 保湿性好 4. 防虫蛀 5. 手感柔软 6. 与羊毛特征相似	120～160℃	避免出现烙痕
	合成纤维	1. 不起褶 2. 易干 3. 防虫蛀 4. 不吸汗 5. 手感柔软	120～160℃	避免出现烙痕
	聚酸胺脂	1. 耐磨 2. 对化学剂抵抗力强 3. 日久暴晒会使强度减弱及退色	110～130℃	避免出现烙痕

第三节 洗衣外包管理

在洗衣部的设置及管理方式上,饭店有多种选择:可以自设洗衣部承担全部洗涤工作,只承担干洗部分工作而将水洗部分外包,或撤销洗衣部而把全部洗涤任务外包。不论选择哪种管理方式,都需要管理者针对本饭店的实际情况进行认真调查和科学对比分析。

一、自设洗衣部应具备哪些条件

饭店自设洗衣部必须具备下列条件:

(1)饭店常年保持高客房出租率,没有销售淡季、旺季的区别。

(2)洗涤设备完好,布局合理,机械故障少。

(3)洗涤用能源消耗合理,无跑、冒、滴、漏现象。

(4)投资少、内部耗费低。

(5)纺织品配置控制合理,无短缺。

(6)洗衣部人员编制及配置合理,洗涤技术好。

饭店如具备上述全部条件,则可自设洗衣房,这样会比外包洗涤减少费用8%左右。

二、饭店自设洗衣房有哪些优势

饭店自设洗衣房可使饭店获得以下优势:

1. 减少纺织品的周转套数

饭店自设洗衣房后,纺织品的周转套数为一般为3套,如果送出洗涤,纺织品的周转套数为5套。

2. 延长纺织品的使用时间和洗涤次数

饭店自设洗衣房后,可对洗涤质量实行全过程控制,特别是对水质、水温和洗涤剂进行科学合理的控制,从而直接影响纺织品的洗涤质量和寿命。

正常情况下,饭店自设洗衣房后,纺织品的洗涤寿命比外包洗涤的纺织品寿命长。饭店自设洗衣房的,洗涤床单的次数一般为400次左右,枕套为350次左右,毛巾为250次左右;而外包洗涤后,洗涤床单的洗涤次数为250次左右,枕套为250次左右,毛巾为150次左右。

影响纺织品耐洗次数的因素很多,洗涤本身并不是影响纺织品耐久性的唯一因素,所以,上述数字在不同的外包洗涤公司会有较大差别。

3. 降低纺织品的报废率

饭店自设洗衣房的,洗涤纺织品的报废率比外包洗涤公司洗涤纺织品的报废率低10%左右。

4. 保证服务质量,提高服务效率

饭店自设洗衣房的,可以随时掌握洗涤质量,随时满足客人的洗涤需要,并保证在第一时间内完成洗涤任务。情况特殊时,还可以随时加班或增加人员。

三、如何外包洗涤业务

(一)洗涤业务外包的有利因素

(1)可有效利用饭店空间:将建洗衣房的用地用作对外经营,可获取更大收益。

(2)可减少固定资本投入。

(3)有利于节约能源。

(二)如何外包

决定将饭店洗涤任务全部或部分外包后,饭店应选择一家合适的专业洗涤公司,拟订详细的洗涤合同及服务质量标准,建立洗涤质量监督制度。

1. 选择专业的洗涤公司

选择合适的专业洗涤公司是一项既重要又艰巨的工作。首先,要对候选的专业洗涤公司的资质进行严格审核,对专业洗涤公司的厂址、洗涤设备、洗涤剂、洗涤过程、洗涤质量、洗涤专业人员的技术等进行实地考察。必要时,向接受洗涤服务的客户了解情况并对洗涤价格进行调查。

2. 拟订详细的洗涤合同

洗涤合同是专业性较强的服务合同。客房部经理应依据饭店的实际运作情况,对选定的洗涤公司的每一个洗涤环节进行细致约定,对可能发生的洗涤问题和解决方案在合同条款中进行严格约定。

合同条款应包括下列主要内容:

- 洗涤程序
- 客衣洗涤程序

- 洗涤物品的收取与送还时间
- 洗涤物品的收取方法,计件或称重方法
- 洗涤物品的送还方法
- 纺织品的折叠方法及打包数量
- 制服送返方式(挂架、打包或折叠)
- 洗涤物品的交接程序
- 纺织品的去渍和修补程序
- 洗涤剂的品牌要求
- 卫生安全要求
- 法定假日的特殊服务要求
- 紧急情况的洗涤服务要求
- 洗涤赔偿方法及赔偿价格
- 非正常洗涤事故的赔偿方法
- 纺织品的报损比率
- 付款方式

3. 约定服务质量

洗涤外包的关键是能否保证服务质量,如衣物送返时间是否及时,纺织品损耗是否合理,洗涤质量是否稳定,投诉处理是否及时有效等。

4. 定期沟通

(1)定期召开沟通会。

(2)定期视察签约的洗涤公司。

(3)检查洗涤公司是否使用了合同约定的洗涤剂,洗涤质量是否达到饭店的标准。

(4)检查每日纺织品的报损记录,分析报损原因,及时解决非正常报损问题。

(5)制定每月盘点制度。

(6)定期进行洗衣服务分析,内容包括水质检验、洗涤程序检查、质量评估、双方要求和建议分析等。

5. 适时调整合同条款,避免长期选择同一家洗涤公司

所有服务协议都应以书面形式列出。在履行合同过程中,对发现的问题要及时进行沟通,尽快达成一致意见。饭店应每年对洗涤合同进行再次审核,根据实际情况进行适当调整,必要时应重新签订合同,并尽量避免长期选择同一家洗涤公司。

第八章 客房纺织品及员工制服管理

第一节　纺织品管理

一、如何选购纺织品

纺织品分为客房织物用品、卫生间织物用品、餐厅织物用品及其他织物用品等。它包括毛巾、床单、床垫、床盖、枕套、窗帘、浴帘、地毯、装潢布料、员工制服及餐厅的各种桌布、口布、垫布和桌裙等。

选购纺织品时，首先要考虑纺织品的弹力、缩水率、着色的稳固度、耐氯漂性、缝合牢固度、工艺持久性等特性是否满足使用需求，其次要考虑纺织品是否经久耐用。

1. 根据纺织品的不同特性进行选购

纺织品的原料分为天然纤维和人造纤维两大类：天然纤维来自于植物、动物、矿物等，如棉、麻、羊毛、蚕丝、石棉等。人造纤维分为再生纤维（人造丝）、半合成纤维（醋酸纤维、聚丙烯纤维）以及合成纤维（尼龙、聚酸纤维）等。人造纤维有抗热性，但吸湿性差，熔点较低。熨烫时应掌握合适的温度、湿度和压力，以免对布料造成损伤。饭店应根据实际需要选择使用不同特性的纺织品。

2. 根据面料的不同织法进行选购

在纺织过程中，沿面料的长度方向纺织的线称为经线，与经线直角穿插纺织的线称为纬线，编织结束后，布料的边缘成为织边。质量好的面料，经线和纬线的数量基本相同，这样的面料能经得起机械熨烫的反复伸拉。

每平方英寸面料中纺纱的数量称为该种面料的支数，即经纱和纬纱的数量。如饭店常用的床单为 180 支纱，即每平方英寸的经线为 94 条，纬线为 86 条。

纱线可以织成三种基本的织造面料，即平纹、斜纹和缎纹。平纹编织中的纬线是在经线的上下以纵横交错的十字形织法织入。斜纹面料的织法有明显的斜度。缎纹面料是经线纬线交织在一起，面料非常平滑。饭店的纺织品多数是用平纹面料织成的，有的也选用比较豪华、昂贵的缎纹面料。

3. 区分面料重量进行选购

计算纺织品重量的方法有两种：一种是以纺织品单位面积的重量计算，另外一种是通过每磅纱线的重量计算。饭店应根据客房部不同使用部位的使用需求，选择重量合适、便于清洁、舒适美观的纺织品。

4. 区分面料颜色的深浅进行合理选购

客房部使用的纺织品以浅色居多，而较少使用色彩鲜艳的纺织品。后一类纺织品容易退色，经常使用漂白剂除污将会进一步加快退色的速度，使客房部很难保持所有纺织品退色基本同步，这样就会因为纺织品色调深浅不一而无法统一使用，造成报废或不断重新购置纺织品，从而加大了费用投入。

5. 根据整体环境合理搭配和选购

选购纺织品时，应将其局部效果与饭店的整体装饰融为一体：

(1) 与季节配合：布料颜色的搭配应能体现季节特色。

(2) 与色彩配合：突出主色，色彩协调，高雅大方。

(3) 与装潢配合：如将餐厅的装潢主题与纺织品和员工制服协调搭配。

6. 根据面料是否耐磨进行合理选购

为了保证纺织品经久耐用，在选购纺织品前应进行磨损测试。通过磨损测试或对前期纺织品的使用记录进行分析，可以掌握正常情况下纺织品的磨损程度、更新周期及受损因素等主要信息。

此外，还要掌握面料是否防静电和抗腐蚀，洗涤后是否退色、缩水、变形、脱纱，根据不同面料的洗涤次数和使用寿命，在预算范围内合理选购纺织品。

二、如何确定纺织品的配备种类和配备量

1. 确定纺织品的配备量

(1) 饭店的类型

(2) 客人的类型

(3) 出租率

(4) 饭店的地理位置

(5) 客房数量

(6) 床位数量

(7) 清洁客房程序(纺织品更换及补充程序)

(8) 纺织品洗涤、更换、保管程序

(9) 纺织品使用状况记录

(10) 饭店自洗、外包洗涤或租赁等

经过对上述情况的综合分析，确定客房所需纺织品的套数。何为纺织品的套数？每一间客房所配备的一次使用纺织品的总量称为一套。在第七章中曾提到过饭店自设洗衣房，客房纺织品可按三套配置，一套供客人使用，一套正在洗涤或已洗干净存放在楼层的服务间(将纺织品在货架上存放一天再使用，使纺织品充分干

燥、保持平整,会延长纺织品的使用寿命。),一套为撤下待洗涤的纺织品。饭店如将纺织品洗涤外包或租赁纺织品使用,至少需要五套的配置量。一套供客人使用,一套是服务员撤下的脏纺织品,一套在外包洗涤公司洗涤,一套在送洗的路途中,一套在洗好返还的路上或在饭店客房纺织品货架上存放。

2. 确定纺织品的配备种类

有关饭店纺织品配备种类的详细内容可参考国家旅游局颁布的《旅游饭店星级的划分及评定》和《星级饭店客房客用品质量与配备要求》。下面只介绍几大类纺织品的配备种类,各饭店可根据实际情况合理配备。

(1)客房需配备的纺织品种类:床单、枕套、枕头、被罩、床垫、毛毯、棉被、床裙、腰垫、窗帘、纱帘、浴帘、抹布、拖布。

(2)浴室需配备的纺织品种类:浴巾、中巾、方巾、地巾、浴衣。

(3)餐厅需配备的纺织品种类:台布、口布、餐具垫、桌裙、酒吧清洁布。

(4)宴会需配备的纺织品种类:台布、口布、餐具垫、桌裙、装饰布等。

(5)厨房需配备的纺织品种类:围裙、领巾、厨师帽、抹布。

(6)健身中心需配备的纺织品种类:浴巾、中巾、方巾、浴衣、床单、枕套等。

三、如何对纺织品进行有效管理

大中型饭店为了加强对纺织品的控制与管理,成立了纺织品组或布巾室,专司饭店各部门纺织品的收发、送洗、折叠、修改、报废、补充、储存等管理工作,缝补室也设在纺织品组。

要做好这项细致而又烦琐的工作,需要纺织品组的员工对各种纺织品的配备种类、使用方法以及洗涤、保管和缝补知识了然于胸。

(一)如何做好纺织品的供应工作

能否及时、合理、有序地供应纺织品,是保证饭店对客服务质量的根本。纺织品的供应工作主要分为收取脏纺织品和发放干净纺织品两个环节。

1. 区分饭店经营模式,确定脏纺织品的收取形式

脏纺织品的收取形式主要有以下三种:

(1)在客房部,设有脏纺织品输送管道(soil linen chute),或在各楼层设有投掷窗口(也称为“布巾喉”),由客房服务员将脏纺织品从各楼层的投掷窗口投入输送管道,直接流入洗衣部的输送管房间,纺织品组或布巾室派专人对待洗纺织品进行分类和清点并送交水洗组清洗。

(2)由纺织品收送员通过专用电梯到各楼层收取脏纺织品。

(3)清扫房间工作结束后,由客房服务员将撤下的脏纺织品送到洗衣房或纺织品室,换取同等数量和种类的干净纺织品。

2. 区分饭店经营模式,确定干净纺织品的发放形式

干净纺织品的发放形式主要有以下三种:

(1)将纺织品直接发放到各楼层服务间。

该种发放形式适用于饭店各楼层设有足够面积的服务间,有独立存放纺织品的区域和货架。这种发放形式不仅可以方便楼层服务员工作,降低其劳动强度,而且可以使纺织品不断被使用、再补充,减少了纺织品的污染,有效保证了纺织品的清洁标准。

各楼层配备多少数量的纺织品才能满足服务需求呢?饭店一般会根据预测出租率,来确定楼层领取纺织品的标准量。一般来说,各楼层应至少备有一套纺织品,或随时根据出租率的变化发放不同需求数量的纺织品。

(2)洗衣房将洗干净的纺织品送到纺织品室储存,由各楼层服务员在下班前推工作车到纺织品室,备齐第二天所需的纺织品和用品。

该种发放形式的优点是:能有效统一纺织品的发放时间;减少纺织品的流通环节,易于控制纺织品;按每位服务员的工作量补充纺织品,细化了纺织品的管理形式,提高了纺织品的盘点效率和准确性。但该种形式增加了服务员的劳动量,特别在客房出租旺季会发生多次领取纺织品的现象。

(3)楼层服务员下班前推工作车直接到洗衣房领取第二天所需的纺织品。该种形式常用于不设纺织品室的饭店。

(二)如何做好纺织品的保管工作

1. 如何储存纺织品

(1)应将纺织品放置在通风、透气的地方,避免潮湿,防止发霉或使微生物繁衍。

(2)应将纺织品折叠整齐,分类上架。

(3)新纺织品投入使用前必须先经过洗涤,在货架上搁置一段时间使其散热透气后再使用。

(4)储存纺织品时,不能和客房的化学物品或食品存放在一起。储存间要保持清洁,相关工作人员应不断巡视,进行安全检查。

(5)应将纺织品的库存量保持在正常水平上,做到既能满足客房部业务周转的需要又能满足客房服务质量的要求。

2. 如何对纺织品进行再利用

做好纺织品的再利用工作,可以为饭店节约一大笔开支。如将破损的大床单改为单人床单、儿童床单、围裙和其他物品。将报废的床单用作擦尘抹布。将台布

改为口布、垫布、厨师帽或领巾等。有的饭店为了降低纺织品的使用成本、节约储存空间，将报废的纺织品以合理的价格出售或捐献给其他机构。

(三)如何做好纺织品的控制工作

1. 纺织品的质量控制

对纺织品实行质量控制应抓住三个关键点，即采购质量、洗涤质量和纺织品质量。

(1)采购质量控制

对将要购置的纺织品进行严格检验，除对色度、纱线、重量等进行确认和检查外，还应对纺织品的样品进行洗涤试验，掌握其退色、缩水、熨烫、抗伸拉等质量标准。有的样品需要经过多次洗涤才能掌握其质量标准。将确认合格的样品封存存档，待批量购置后检查其质量的一致性。

(2)洗涤质量控制

纺织品的质量控制与纺织品的洗涤管理有着直接关系。如果洗衣部对洗涤的温度、水质、洗涤设备、洗涤剂及配置量管理不严，就会造成纺织品重复洗涤、视觉效果不佳、破损率增加等现象，从而缩短纺织品的使用寿命，增加成本费用。

(3)纺织品质量控制

纺织品组在纺织品的收取和发放过程中，应当对纺织品的质量进行严格检查，发现纺织品污渍、破损、开线、熨烫不平整等质量问题时应及时纠正，直至报废。不允许不合格的纺织品在对客服务中出现。因非正常原因造成纺织品破损或因污迹而报废的，应及时向上级反映并查清原因。

2. 纺织品的成本控制

(1)纺织品成本的计算方法

计算纺织品的使用成本是纺织品成本控制的一项重要工作。将某一种纺织品既定的正常洗涤次数、每次洗涤的费用或成本以及购买纺织品的价格，通过下述方法进行计算，即可得出某种纺织品的使用成本。

例：一条特大号双人床床单的购买价格是128元，预计洗涤次数为350次，每条床单的洗涤成本为0.64元(饭店洗衣房洗涤)，求该种纺织品每次的使用成本。

$$128 + (350 \times 0.64) \div 350 \approx 1(\text{元})$$

(2)每日纺织品使用量的统计方法

楼层服务员根据每日清洁房间的数量，统计出本楼层脏纺织品的种类和数量。楼层主管汇总出当天待洗纺织品的总数量作为第二天待补充纺织品量的参考。

楼层主管对每日各楼层接收的干净纺织品的数量、撤换脏纺织品的数量、当日纺织品的破损量以及丢失数量等进行统计，并保证统计准确无误。

纺织品组根据每日脏纺织品的数量，核对洗衣房送返的干净纺织品的数量，及时发现纺织品使用中的问题。

(3)盘点

对纺织品进行盘点一般为一月一次。由财务部成本核算员、客房部楼层服务员、兼职财产管理员、纺织品管理员、洗衣房主管、客房部楼层主管等共同参加,对纺织品的实际数量包括使用中的、储存的、洗涤的、报废的、丢失的、修补的、借出的等进行全面的人工清点,并将清点的数字以表格的形式记录存档。对在盘点中发现的问题如丢失、报废、周转等进行专项分析,及时解决。

(4)补充

客房部经理应对盘点结果进行统计分析,正确判断纺织品的使用现状,会同洗衣部经理、纺织品管理员了解纺织品洗涤管理中的问题,必要时与纺织品供应商进行沟通,在此基础上制订纺织品的补充计划。

整体订购纺织品是在饭店开业前或纺织品需要全部更换时进行。一般情况下,客房部每年补充一次纺织品,补充的时间根据纺织品的需求状况及所需采购时间而定。

第二节 制服管理

制服是“企业的面容”,是传达企业形象的有效工具之一。舒适、实用、美观、做工考究是制作制服的标准。干净、整齐、挺直是员工穿着制服的标准。

饭店的制服管理一般由客房部负责。在大型饭店,设有独立的制服房,负责制服的管理工作。有的饭店将制服房和纺织品房设为一个部门进行管理。

一、制服的制作

制作制服应重点考虑如下因素:

1. 符合职业形象

(1)制服应能反映职业种类和职业特点。

(2)制服应特点突出,识别性强。

(3)制服应与环境协调。

(4)制服应与企业形象协调。

(5)制服应富有时代气息。

(6)制服应能跨越穿着者的年龄层。

2. 满足功能需求

(1)穿着舒适。

(2)符合安全、卫生、健康方面的要求。

(3)穿着简便,适合日常操作。

(4)易清洗保存。

(5)面料普及,具有可替代性。

(6)经济实惠。

(7)没有退色、缩水等方面的问题。

饭店应寻找合适的行业服装设计公司,将制服的设计理念和功能需求准确地表达出来,形成整体设计方案。先设计出样衣让员工试穿,在实际工作现场感受制服是否真正适合日常操作,并根据员工的评价做出是否选购制服的决定。

二、制服的管理

1. 如何发放、保存制服

(1)为避免制服丢失或混穿,制服房一般为每位员工编制一个制服号码,用不掉色的笔直接标记在制服上或缝制在制服某一固定位置上。员工更换制服时,只需报出自己的号码即可。

(2)制服房应严格按部门、式样、号码顺序等将干净的制服整齐地挂在架上。制服间应留有一定的间隙以免出现皱褶。

(3)制服需要折叠的,应统一码放,标明使用部门。

(4)待修补的制服应单独摆放,并详细填写修补单。

(5)新员工到岗时,要持人力资源部发给的"制服申领单",到制服房领取制服。人力资源部在新员工上岗培训时应详细讲解饭店制服的管理规定。有时,受饭店人员流动快、制服订购周期长等因素的限制,新员工上岗时不可能立即穿上新制服,这就需要制服房进行适当调整,合理搭配,保证及时满足员工上岗的需要。

(6)员工离职时,制服房应按规定收回离职员工制服。

(7)制服房应随时保证员工能领取到干净、整齐、完好的工作服。

2. 如何有效控制制服的使用

制服房应建立严格的制服使用记录和档案管理制度。

(1)按各部门及员工编号详细分类记录制服使用情况。

(2)建立卡式档案,记录每位员工领取制服的名称、件数、型号、部门,并让员工本人签字。

(3)按照部门或人力资源部分配的员工编号顺序,对卡式档案进行分类管理。
(4)制服的附加物,如领带、领巾、领结、丝巾等也应被列入档案管理的范畴。
(5)建立固定的制服盘点制度。

第九章 客房安全管理

客房的安全涉及客人的人身安全、财产安全、饮食安全、娱乐安全、消防安全、信息资料安全、隐私安全和心理安全等,同时还涉及客房部员工的职业安全。做好客房的安全管理工作是饭店各项管理工作的重中之重。

第一节　客房安全管理中容易发生的问题

客房安全管理中容易发生的问题主要有两大类,一类为人为侵害,另一类为自然侵害,具体表现在如下几个方面。

一、客人的人身安全

在客房,影响客人人身安全的主要因素有:客人突发疾病、食品卫生事件、治安事件(暴力行凶、强奸、投毒、杀人、抢劫等)、精神病人危及自身或他人安全、发生火灾、设备设施事故(因地面湿滑、地毯破损或铺垫不平、浴缸无防滑措施、电源插头损坏、电线裸露、灯具安装不牢固等造成人身伤害)、恐怖事件、自然灾害等。发生这些事件都会危及客人的人身安全。

二、客人的财产安全

客人外出时,通常会携带现金、高档提包和衣物、手提电脑、数码相机、摄像机、名牌化妆品、手表、首饰等物品,这些都将成为偷盗者的目标。客房钥匙管理混乱等也有可能成为威胁客人人身及财产安全的隐患。

三、客人的饮食安全

客房中的食品虽然种类不多,但同样存在引发安全事故的隐患:如客房中的酒水、食品和新鲜水果过了保质期或保鲜方法不对,行政楼层提供的免费自助餐存在食品卫生问题,客人外出食用食品不当而产生过敏或中毒反应等。

四、客人的娱乐安全

客房中提供的健身器具,商务楼层提供的免费健身娱乐设施等都有可能成为引发客人受伤的因素。

五、消防安全

客人在床上吸烟,小孩在房间内玩火柴或打火机,客人自带的电器设备短路或使用不当等,都会成为消防安全的隐患。

六、客人的信息及资料安全

客人的信息安全涉及的面较广,它包括客人在房间内放置的各种资料、产品、客户的住址、联系方式(电话号码、电子信箱)、访客记录及客人电脑中的资料等信息资料的安全。

七、客人的隐私安全

隐私是客人不愿公开或不愿告知他人的事,包括个人的嗜好、生理缺陷等。饭店应培训员工注意保护客人在房间内的隐私。

八、客人的心理安全

心理安全是指客人因对客房的环境、设施、卫生、服务、管理等方面感到不适应而产生的不安全感。

九、职业安全

由于管理不到位或安全措施不配套，客房会发生危害员工职业健康与安全的事件，如摔伤、扭伤、烧伤、烫伤、刺伤、触电、中毒甚至是死亡等。

第二节　建立健全客房安全管理制度

客房部经理应充分认识到客房安全管理工作的复杂性、紧迫性、长期性、预防性和服务性，建立健全客房安全管理制度、安全工作标准和安全工作责任制，将客房部安全工作的各项工作目标与员工的岗位职责紧密联系，这将有助于预防和消除任何安全隐患，保证客人及员工的人身及财产安全，为客人和员工营造一个良好的消费和工作环境。

一、建立健全客房部安全管理制度

1. 建立健全查房制度

（1）每天早上查房时，客房服务员应按照工作单的内容，核对每间房的住客人数、性别、国籍等内容，如发现与实际情况不符，应立即向主管报告。

（2）查房时，如发现有以下情况，应做好记录并立即报告主管：

◆ 客人在房间放置了大量现金、首饰等贵重物品，或枪支、弹药及凶器等物品，或违禁药品或毒品等物品。

◆ 客人行为举止异常。

◆ 房间有打斗迹象。

◆ 房内有强烈异味。

◆ 客人生病。

◆ 客人私自使用饭店禁用的电器设备。

◆ 房间内有各类宠物。

◆ 客房设备、物品损坏或丢失。

◆ 房间内有未熄灭的烟火（应立即处理）。

(3)记录查房时间并签名。

2. 建立健全楼层巡视检查制度

建立各班次楼层巡视检查制度,如发现以下问题,应做好记录并报告主管:

(1)不明身份的闲杂人员。

(2)客房内有异常响声。

(3)客房门未锁好或损坏。

(4)楼层门窗未关闭或损坏。

(5)楼层消防器材丢失或损坏。

3. 建立健全来访客人登记制度

为保障住店客人的人身及财产安全,严格执行公安部门制定的管理规定,客房部对来访客人实行登记制度,并规定探访时间限制。

4. 建立健全交接班制度

建立当班人员交接班日志,按规定程序认真填写交接班事项,并签上交班人姓名,做好交接班工作。

5. 建立健全携物出门登记检查制度

携带饭店物品或特殊物品从员工出入口离开饭店时,须持有客房部经理签字的“携物出门单”,并主动接受安全警卫的检查。

6. 建立健全设备安全检查制度

饭店应当对客房设备进行定期或不定期的安全检查,如发现安全隐患,应及时维修或向工程部报修。

7. 建立健全消毒间安全操作制度

(1)准备好浓度适当的消毒液(一般为0.5%浓度的84消毒液),投放到消毒池中。

(2)由专人把客用杯子收到消毒间。

(3)倒掉杯子中的残渣。

(4)将杯子放到涮洗池中,涮洗掉杯子中的茶垢、水垢。

(5)把杯子放在消毒池中浸泡15分钟。

(6)在冲洗池中用清水彻底冲净杯子。

(7)用干净的口布将杯子擦干,不准用手直接接触杯子。

(8)将擦干的杯子放在消毒柜中消毒30分钟。

(9)套好杯子套。

(10)放在顶柜中待用。

8. 建立健全客房部安全责任制

安全生产责任

(1)实行部门经理负责制。

(2)实行谁当班、谁主管、谁负责。

(3)主管对责任区负有安全生产责任。

(4)每位员工应牢记安全条例,并严格执行条例。

经理职责

(1)制定本部门消防安全生产的规定及措施。

(2)组织并培训本部门员工。

(3)督导下属落实安全生产责任制。

(4)检查下属实施安全生产条例的情况。

(5)制定安全生产奖惩条例。

当班主管职责

(1)执行并落实部门安全生产条例及措施。

(2)每日工作前,检查和排除责任区的各种安全隐患。

(3)随时督导、提醒员工纠正不规范、不正确的行为。

(4)下班前,应检查工作区域,确认无安全隐患后方可离开工作岗位。

(5)有责任向部门提出关于安全生产的建议。

员工职责

(1)每位员工既是服务员又是安全员。

(2)应熟知本部门的各项安全制度。

(3)了解、掌握责任区内容易发生的安全问题。

(4)每日开始工作前,应检查机器设备运转是否正常。

(5)发现任何安全隐患时,有责任立即报告主管。

(6)严格按部门规定的安全操作程序使用机器设备。

(7)对责任区负有安全、消防的责任。

9. 建立健全防止客人偷盗的管理制度

(1)客房服务员应随时掌握客人出入情况、携物出门情况及来访客人情况,发现异常情况,应及时向主管报告。

(2)打扫房间时,客房服务员必须用工作车堵住房门,让工作车有物品的一面朝向客房,防止客房物品丢失或工作车上物品丢失。

(3)如发现客人将客用品(如浴衣、毛巾、文具夹、小收音机等)拿走,不应视为偷盗行为,而应及时汇报,由管理者根据实际情况妥善处理。

(4)客房中有较贵重的物品时,最好打上饭店标志,这将有助于打消客人将其据为己有的念头。

(5)客房中有名贵的摆件及装饰物时,应采取固定安装和防盗的措施,或用较大型号,不易携带。

(6)加强楼层巡视,发现房门未关好的,应及时提醒客人。发现客人将钥匙遗忘在门锁上时,应及时取出并交还给客人。

(7)客房靠近公共区域的,服务员应随时注意关好客房门窗。

(8)进出工作区域的库房、储物间时,应及时上锁,避免非工作人员进入。

(9)客房监控器的安装位置应合理,对于重要部位,应实施 24 小时全天候监控。

(10)加强对客房出入口的管理,防止外来人员入店作案。

10. 建立健全防止员工偷盗的管理制度

(1)制定禁止偷盗的管理制度,明确处罚措施,并对每一位上岗员工实施严格的培训,督促其严格遵守和执行相关管理制度。

(2)对被聘用员工进行调查,了解其是否有犯罪前科或偷盗劣迹。

(3)制定客房物品控制管理制度和盘点制度,并与员工工作职责挂钩。

(4)设立员工专用通道,建立进出饭店检查制度,防止员工携带未经饭店批准的财物离店。

(5)管理者以身作则,严格执行部门及饭店制定的各项规章制度,主动接受员工的监督和检查。

二、建立健全楼层安全服务制度

(1)服务员打扫客房卫生时,必须严格执行“做一间,开一间;完一间,锁一间”的规定。在房内工作需将房门敞开,并用服务车将房门堵住。中途有事离开房间时,需将房门锁闭。工作完毕,应记录房号和进出客房的时间。

(2)在客房服务中,若遇生人要求打开房间时,不准为其开门;若遇住店客人中途回房时,应礼貌地请其出示房卡;若遇其他特殊情况,应报请值班经理或本部门经理批准。

(3)严禁将自己使用的工作钥匙借给他人使用或保管。严禁随意打开不属于自己负责区域的客房房门。客人丢失客房钥匙或将钥匙遗忘在房内要求开门时,服务员应当首先与前厅接待处取得联系,核对客人身份,并上报,经前厅部经理标准后,方可为其开门。

(4)其他部门人员提供相关客房服务时,如送取客衣、取送行李、送餐、工程维修等,如果客人不在房间,应当由客房服务员开门,并陪同在场,同时将上述有关人员的部门、姓名、进入房间的号码、服务项目及进出时间等进行登记,存档备查。

(5)在客房服务中,严禁随意翻动、索要、偷拿客人财物。如在客房内发现大量现金或其他贵重物品时,应立即向主管报告并通知保卫部。如发现客人携带枪支、弹药、易燃易爆、剧毒、放射性等危险品时,要及时报告前厅值班经理。

(6)客人退房离店时,前台应及时通知客房服务员查房。客房服务员应注意查看客房内有无火种及其他危险品,饭店的财产有无损坏。客人丢失、遗留物品的,必须及时上交客房部,并进行登记,严禁将客人物品据为己有。客人遗留下反动、淫秽宣传品的,应及时上交保卫部。

(7)客人在客房内会客不得超过23:00。若发现卖淫女留宿或有其他违反治安管理规定的事件发生时,服务员要及时报告前厅值班经理。在楼层发现陌生人和可疑人员时,客房服务员应礼貌地进行盘查,将无关人员及时劝离楼层。

(8)客房部主管领导应经常检查客房钥匙的发放保管情况及使用登记情况。当发现客房钥匙丢失时,必须在24小时内按申报批准程序通知工程部换锁。上班期间,所有客房部人员应随身携带工作钥匙,不得将其转借他人。客房部应建立严格的钥匙卡使用登记制度,领取、退还钥匙都要进行登记,登记材料应存档备查。

(9)在楼层发现被开除、劝退、辞职离店的员工或其他无关人员时,应及时劝离。

(10)非因工作需要,客房服务员不得串楼层进入他人的服务责任区。确因工作需要必须前往时,应经主管级以上人员批准。下班后,客房服务员应尽快离开客房,不得以任何借口滞留在客房楼层。不当班时,严禁客房服务员返回客房区域。

(11)客房服务员有权对客人在客房内私自安装使用电器设备、卧床吸烟的行为及存放易燃易爆物品的行为进行制止。客人不听劝阻的,应及时报保卫部处理。

(12)清理客房时,客房服务员不得将烟灰缸中的烟蒂倒入垃圾桶,并经常检查房内电器设备(含消防设施)是否完好、齐全、有效。

(13)当客人投诉房内物品、钱财丢失被窃时,服务员应注意保护好现场,劝阻无关人员进入,并及时报告保卫部。案件发生时,服务员不能私自找有关人员谈话。

(14)由客房部管理的各种物品仓库必须安排专人管理,并应建立库房物品账目管理制度和出入库物品登记制度。

(15)发现客人行为异常和酗酒过度影响自身或他人人身及财产安全时,客房服务员应立即报告主管。

(16)未经部门或饭店批准,不允许任何人向房间发放宣传品、标语、报纸、饮食等物品。

第三节　客房门锁及钥匙管理

客房门锁及钥匙管理是否到位,是关系住店客人人身财产安全及隐私安全能否得到有效保障的重要问题。制定严格的客房钥匙管理制度,是加强员工安全服务意识,保护客人人身财产安全的重要手段。

一、认识客房门锁

客房门锁主要有三种类型:机械门锁、非电子门锁、电子门锁。

1. 机械门锁

机械门锁常用于招待所类、经济型饭店或一些低星级饭店。机械门锁价格低廉,使用简单,不易损坏。客人如果丢失钥匙,饭店通常会采用以下两种方法:一种是将一整把门锁从一个客房门上更换到楼层相隔较远的另一个客房门上;另一种是直接更换锁芯,使用新的钥匙,被换下的锁芯可用在其他门锁上。

2. 非电子门锁

非电子门锁使用的是上面打有小孔的塑料插入卡。该门锁是由40亿暗码不同的房卡和门锁组合而成的,卡的正反面构造相同。当客人持有的房卡上小孔的构造与控制卡上的构造吻合时,房门就会打开。非电子门锁经济实用,安全可靠。客人如果丢失钥匙,能很快、很容易地为这种门锁更换新的房卡。

3. 电子门锁

电子门锁是一个系统,它由电子门锁配上专用的计算机处理机、一个或几个钥匙绘制终端、审计追踪仪、打印机、软件等组成,是客房门锁中最好的,也是最昂贵的一种。每个房门必须有电缆线与前台的控制台连接。前厅部员工在客人入住登记时做好房间钥匙,分发给客人。

电子门锁钥匙的制作方法取决于饭店使用的是固定线路系统还是微型线路系统。

固定线路系统是通过固定线路,在客人入住登记时将已被处理的房卡上的密码输送到客房门上的门锁里。该线路要使客房门锁密码和前台控制台的密码完全相同。如果密码出现错误,固定线路系统可以自动更正。

微型线路系统是通过房卡和前台控制台连接。当把房卡插入门锁时,门锁的号码随着前台控制中心保留的门号顺序的更新而更新。

电子门锁系统设有识别数据库,可以保留至少十几个已使用过的房卡记录,可以随时查询客人进入客房的次数和时间,为客房安全服务管理提供了准确的依据。

电子门锁的发展趋势是联网电子门锁系统。该系统可以与饭店的所有系统连接成为饭店中的"一卡通",使饭店的服务更快捷、更安全、更方便。如与能源管理系统连接时,客人进入房间,该房间的空调、灯、电视机等设施开始工作,客人离开房间时,设施将自动关闭或重新被设置到无人使用的节能工作状态。

二、认识客房钥匙

客房钥匙一般有六种:客房钥匙、区域钥匙、总钥匙、万能钥匙、保险钥匙以及紧急钥匙。

1. 客房钥匙

客房钥匙是供住店客人使用的单一客房钥匙。当客人在前厅办理入住登记手续后,前厅服务员将准备好的房间钥匙交给客人,供客人在登记确认的入住时间内使用。如果超过了确认的时间,钥匙将失去作用,房门将无法打开。客人办理离店手续时,前台将钥匙收回。

2. 区域钥匙

区域钥匙有两种:一种是客房服务员控制的服务区域内所有客房的钥匙,通常为12~18间客房的钥匙;另一种是由领班或主管使用,依据所负责的多个楼层或饭店所划分的固定责任区域使用,通常为60~100间客房的钥匙。

3. 总钥匙

总钥匙可以打开饭店客房区域内所有房间的门,包括办公室、库房、消毒间、工作间等。一般为客房部经理专用。

4. 万能钥匙

万能钥匙可以打开饭店里的每把门锁,财务部、监控室、电脑房等重要部门的门锁也可以打开。饭店通常将此种钥匙称为总经理钥匙。

5. 保险钥匙

保险钥匙是当饭店电子门锁系统的主要设备(计算机及其软件)出现故障不能立即修复时使用的钥匙。当电子门锁系统的计算机恢复联网正常工作时,使用过的保险钥匙就会失效,需要重新制作新的保险钥匙。

6. 紧急钥匙

紧急钥匙与万能钥匙的相同之处是,它可以打开饭店里的每把门锁,不同之处在于无论门锁处于何种状况,紧急钥匙都能打开房门。紧急钥匙用于饭店发生万分紧急的情况时，如反锁门的客人突发急病需要打开房门进行抢救、饭店发生火灾等。紧急钥匙是饭店最高等级的钥匙，一般设有专门的存放地点并有严格的管理和使用制度。

三、建立健全客房钥匙管理制度

1. 建立健全客房钥匙保管制度

(1)客房部设有存放钥匙保险柜，在无人领用时，所有的工作钥匙都必须放在保险柜内指定位置处，不得随意调换。

(2)钥匙由客房服务中心文员管理，其他员工在没有得到授权时，一律不得私自开启存放钥匙的保险柜。

(3)文员交接班时，首先要逐一清点交接钥匙，并在钥匙交接本上签字。

(4)收回钥匙时，应检查收回的钥匙是否完好，然后放回到指定的位置。

2. 建立健全客房钥匙发放制度

(1)文员应认真检查签领钥匙记录本，检查签名是否工整，准确，无涂改。

(2)发放钥匙时，要检查领用钥匙人员是否按规定系好钥匙。

3. 建立健全客房钥匙使用制度

(1)要求使用钥匙人员必须系好钥匙才能离开办公室。

(2)在工作区域内严禁解下钥匙，或将钥匙放在工作车上或转交他人临时保管。

(3)严禁在客房服务中心以外的任何区域做钥匙移交工作。

(4)如需离开工作地点，应按程序交回钥匙后再离开。

(5)严禁用任何硬物划磨钥匙卡。

(6)不得随意用区域钥匙给客人开门，而应按程序确认客人身份后再开门。

(7)钥匙卡必须专人专用，严禁代签、代领钥匙卡。

4. 建立健全客房钥匙归还制度

(1)工作人员归还钥匙时，必须在客房服务中心内解下钥匙。

(2)工作人员归还钥匙后，必须按程序认真填写钥匙交接记录。

第四节 客房消防安全管理

饭店是一座综合性建筑,有面积大、设备设施多、人员往来复杂的特点,火险隐患较大。在所有建筑中,客房又是各类人员聚集的场所,是饭店消防安全管理的重点。建立健全消防安全管理制度和应急方案,使客房部每位员工熟知消防安全委员会职责,熟练掌握和应用火灾报警程序、灭火器的使用方法和紧急疏散程序,都是十分重要的工作。

一、建立消防安全管理委员会

根据《中华人民共和国消防条例》中对企事业单位要认真执行防火责任制的要求,饭店应成立消防安全委员会,由总经理担任委员会主任,各部门经理担任委员。部门成立消防安全小组,班组设三级消防安全队伍。

(一)消防安全委员会的职责

(1)制定饭店消防安全章程。

(2)审核饭店消防安全计划。

(3)组织消防安全检查,及时消除火灾隐患和不安全因素。

(4)检查消防设备,保证设备完好有效。

(5)组织消防安全知识培训。

(6)组建饭店义务消防组织,定期进行消防训练。

(7)负责对饭店发生的火灾、火险、安全事故等组织抢救,查明原因及事故责任者。

(二)部门消防安全职责

(1)负责制定部门消防安全管理制度并落实执行。

(2)负责对部门员工进行消防安全知识宣传。

(3)定期对本部门区域的消防安全工作进行检查,消除隐患和不安全因素。

(4)本部门出现不安全事故或隐患的,应及时查明原因,总结经验教训,及时培训,堵塞漏洞。

(5)负责组建部门义务消防队,参加饭店组织的消防训练。

(三)客房部消防安全管理制度

(1)客房服务指南中要设有宾客安全须知,房门后贴有紧急疏散图,床头柜上放有"请勿在床上吸烟"的提示牌,房门设有安全门锁。

(2)员工上岗前必须通过消防安全培训,经考试合格后方可上岗。

(3)员工应熟练掌握灭火器的使用方法,熟记客房内灭火器、消火栓、太平门及报警系统的位置。

(4)熟记饭店火警报警电话及报警程序并能熟练应用。

(5)熟练掌握工作区域的照明系统、水电系统、空调系统的具体位置及操作规范,一旦发生火情,能立即关闭这些系统。

(6)在工作中,不能因任何理由堵塞消防通道,保证消防通道随时畅通。

(7)储存和保管易燃品时应严格按照饭店的消防安全管理制度执行。

(8)与保卫部配合定期检查下列消防安全设备,保证其正常发挥作用:

◆ 楼层防火栓设备
◆ 报警设备
◆ 温度感应器
◆ 喷洒头
◆ 紧急出口指示牌
◆ 消防用水
◆ 防火门
◆ 灭火器
◆ 应急灯
◆ 建筑物内外的防火结构及使用状况

……

二、建立饭店义务消防组织

义务消防组织是从饭店各部门选派优秀、健康的员工组成,它受饭店消防安全委员会的直接领导,由保卫部负责日常管理和培训,人数多少根据饭店规模而定。

义务消防组织的职责是负责饭店防火宣传教育,进行防火安全检查,检查维护消防器材和设备,及时发现和消除火险隐患,制止违反消防安全规定的一切行为。发生火情时,能立即投入灭火抢险工作,并协助公安、消防部门查明原因。

三、客房防火安全制度

(1)服务人员应熟悉住店客人情况,要勤看、勤听、勤检查,善于发现火灾隐患。注意饮酒过量和吸烟的客人,发现异常情况,应及时向主管汇报。

(2)在日常打扫客房卫生时,要把烟灰缸内没有熄灭的烟头用水浸湿,然后倒入垃圾内,不能将未熄灭的烟头直接倒入垃圾内。

(3)禁止在客房内使用电炉、电饭锅、煤油炉、电熨斗等用具,要在《宾客注意事项》中注明客房内禁止使用这些用具。

(4)要及时清理本楼层和客人房间内的易燃物品,如不用的报纸杂志、废纸木箱等,以减少火患因素。

(5)每日打扫卫生时,注意检查房内的电器、电线和插头等,如有短路、漏电、超负荷用电、线头脱落等现象,应及时采取措施并上报有关部门。

(6)不准在各楼层过道、楼梯、安全疏散通道堆放各种物品,确保安全生命线在任何时候都能畅通无阻。

(7)客房内所有的装饰材料都应使用阻燃材料。

(8)应严格控制卫生间内安装插座的数量,如必须安装,应尽可能远离淋浴喷头,并加设防潮保护盖。

(9)客人离开房间后,应认真检查房内有无火患等不安全因素。

四、饭店消防安全手册

“安全第一”是饭店的经营宗旨,消防安全是饭店常抓不懈的首要工作。每一家饭店都制定了严格的、规范的、符合本饭店实际情况的消防安全手册,在员工入职前,做到人手一份,由保卫部专职人员进行严格的培训和考核,并要求参加培训的员工在手册的专页签上自己的姓名和学习时间,用以强调员工接受和理解消防安全制度的重要性。

消防安全手册一般由四部分组成:

第一部分:消防职责。饭店消防安全管理委员会及其职责介绍、饭店义务消防组织的建立及其主要工作任务、饭店消防安全管理条例等。

第二部分:报警程序。主要介绍饭店一旦发生火情,报警的具体方法、饭店内可以使用的报警设备、报警时应注意的问题等。

第三部分:紧急疏散程序。根据饭店的布局制定的紧急疏散图、发布紧急疏散命令的指挥部门、饭店不同部位的不同疏散渠道和具体执行程序以及安全逃生的方法等。

第四部分:灭火程序,具体包括:

(1)告知员工饭店容易发生火情的原因、部位及火灾将会造成的严重后果。

(2)告知员工饭店的灭火设备种类、地点、作用及使用方法等。

(3)教会员工使用手提式灭火器和其他必须掌握的灭火方法及灭火中的自我保护方法等。

(4)确定灭火过程中部门管理者应承担的责任和任务,员工应承担的责任和任务等。

(5)灭火时的注意事项及发生意外事件的处理方法等。

下面是某饭店的消防安全手册。

饭店消防安全手册

一、报警程序

(一)全体员工

饭店每位员工一旦发现工作区域内有烟味、不寻常的声音或其他异常情况,都有责任进行检查并查明原因。

如确属火情,有责任报警并采取以下步骤:发现火情时,应保持镇静,切勿惊慌。如果火势较小,应尽可能使用现场附近的灭火器材将火扑灭,保护好现场,及时向消防中心报告并等候有关人员到达现场。

如遇火情难以扑灭时,应按照下列程序工作:

1. 就近拨打饭店内部的火警报警电话(每个饭店都有特殊的、容易记忆的报警电话号码),通知消防中心或电话总机。报警时要沉着冷静,声音要清楚,说明起火地点、物质燃烧的种类、是否有人被围困或伤亡、火势的情况以及是否正在采取扑救措施等,然后通报自己的姓名和部门,注意听清对方的补充询问,并认真回答,得到允许后方可挂断报警电话(在未得到现场最高指挥的指令时,请不要拨打火警电话)。

2. 如附近无电话时,可打碎火场附近的手动报警器完成报警工作。

3. 在救火人员未到火场前,在保证安全的前提下坚守现场,等候消防人员到达,并协助扑救。

4. 如火势蔓延,应立即关闭火场附近的电源开关、煤气开关及门窗。

5. 切勿在火场附近区域高喊"着火了",以免造成不必要的惊慌。

6. 引导火场附近客人从安全通道撤离,同时告诉客人不得使用电梯。

7. 饭店每一位员工必须熟知灭火器材的位置和使用方法,熟知紧急疏散通道的位置,懂得灭火常识并会扑救初期火灾。

（二）消防中心

消防中心接到火警报警后，应立即检查报警信号，确认报警部位，派人到现场核实，并严格按照程序通报火警。

消防中心报警程序为：

1. 立即按报警程序通知电话总机室。

2. 立即通报保卫部经理、消防主管、内保主管、警卫主管。

3. 迅速通知饭店主管领导。

4. 立即通知工程部关闭相应区域的空调、电源、煤气和开关。

5. 坚守岗位，注意观察火情附近区域的火警信号，如有报警，应立即派专人查看。

6. 接到灭火指挥部向当地消防局报告火警的指示后，应立即按照报警程序报警。

7. 接到灭火指挥部下达的广播疏散指令后，应立即按照程序进行广播。

8. 如有客人询问，应这样告知客人："火情正在调查中，如果需要采取其他措施，我们将会用紧急广播通知您"，同时提醒客人关好门窗。

9. 详细记录火灾扑救的全过程。

（三）电话总机

总机室接到报警电话后，应记录以下内容：

1. 报警人姓名及部门。

2. 报警时间及起火的准确位置。

3. 火势大小及燃烧物。

4. 有无人员被困或伤亡。

5. 电话通知以下人员到场：总经理、副总经理、保卫部经理、前厅部经理、客房部经理、工程部经理、大堂值班经理。

6. 电话通知以下部门启动应急灭火方案：财务部、总经理办公室、餐饮部、娱乐部、人力资源部、销售公关部、采购部等。

7. 保证与灭火有关的通信线路畅通。

8. 听从灭火指挥部的指挥，随时准备向消防和急救部门报告。

9. 如遇客人询问，应回答："火情正在调查中，如果需要采取其他措施，我们将会用紧急广播通知您。"同时提醒客人关好门窗。

10. 做好记录。

二、灭火程序

（一）临时指挥部

1. 总经理（店总值班）、副总经理、保卫部经理、工程部经理接到报警后，要立即赶赴现场组成临时指挥部，负责现场指挥。总经理是现场最高指挥者。

2. 副总经理接到报警后立即到达消防中心，负责后方指挥，组织有关人员做好运行值班、通信联络、紧急广播、电梯迫降、接应消防队等工作。随时与现场指挥部保持联系，通过监视屏幕了解现场情况，并及时通报给现场指挥部。

3. 如火情发生在夜间，在总经理及各部门经理未到达现场之前，由店总值班、大堂值班经理、保卫部值班主管和工程部值班工程师组成临时指挥部，指挥各部门在岗员工按应急方案进行紧急扑救。

4. 指挥义务消防员参加火灾扑救工作，根据火势的变化，及时制定相应的对策。

5. 当火势难以控制时，应立即按下列程序工作：

(1)决定下达停电、停空调，启动排烟风系统。

(2)决定下达分区域进行事故广播或全面疏散。

(3)决定向公安消防部门报警。

(4)负责向公安消防部门介绍情况，并参与公安消防部门的火灾指挥扑救工作。

(5)指挥医务人员抢救受伤宾客及员工。

(6)做好善后的处理准备工作。

(7)记录火灾扑救的全过程。

(二)保卫部

保卫部经理

1. 接到火警报警后，立即会同工程部经理、消防主管、客房部经理，根据实际火情，协助总经理制订灭火计划。在总经理未到达火场之前，负责组织并指挥义务消防队员参加灭火工作。

2. 协助总经理指挥义务消防队员灭火，并将火灾的扑救情况随时向总经理和副总经理汇报。

3. 如遇特殊紧急情况，保卫部经理有权决定向公安消防部门报告火警和下达在饭店内分区域进行事故广播的命令和紧急疏散的命令。

4. 当消防员到达现场时，负责向消防员介绍火情，并协助做好灭火工作。

5. 火灾扑灭后，保卫部经理负责组织人力保护好火灾现场，配合消防员调查火灾发生的原因。

6. 负责组织书写火灾事故报告及火灾原因调查报告，及时上报总经理和上级主管部门。

消防主管

1. 接到火警通知后，应立即赶赴火场，查看火情，分析火灾发生的原因，根据火势向保卫部经理提出扑救火灾的建议和计划。

2. 按照总经理的扑救方案，带领义务消防队员扑救火灾。

3. 火灾扑救期间，与保卫部经理保持联系，根据火势，请示和建议灭火指挥部采取部分或全部断电、断气、断风、打开排烟装置、启动紧急广播系统以及是否向市消防局报告火警等灭火计划。

4. 迅速将客用电梯迫降开关从手动位置打到自动位置，实施迫降。

5. 立即与工程部水工联系，保证消防水的供应。

6. 将防火卷帘门控制开关打到自动位置。

7. 将水幕钥匙插好，在得到指挥部的命令后启动水幕。

8. 负责引导消防队员进入火灾现场进行灭火。

9. 配合保卫部经理布置火灾扑救后的现场保护工作。

10. 协助消防局调查火灾发生的原因。

11. 负责起草火灾事故报告以及火灾原因调查报告。

内保主管

1. 接到火警通知后，负责防止有人在火灾期间进行违法活动。

2. 立即会同警卫主管布置好饭店内部及外围的警戒工作。

3. 立即到主要的财务地点协助疏散工作，并做好监督统计工作，负责清点安顿疏散人员。

4. 负责保护从火场内抢救出的贵重物品。

内保干事

1. 接到火警通知后，立即配合内保主管做好以上各项工作。

2. 负责备好着火区的门钥匙，需要时保证能立即投入使用。

警卫主管

1. 接到火警通知后，立即会同内保主管，做好饭店的保卫工作，保证宾客的生命及财产安全。

2. 通知当班警卫领班，布置好饭店有关区域的警戒工作。

3. 负责指挥其他警卫人员赶赴现场参加救人及灭火工作。

4. 负责引导消防车和消防队员进入火灾现场。

5. 协助车场管理人员消除车场障碍，疏通车道。

6. 协助内保主管做好被疏散人员及被抢救出物品的保护工作。

7. 确保疏散通道畅通无阻。

警卫领班

1. 接到火警通知后，立即会同警卫队主管布置饭店的警戒工作。

2. 带领其他警卫人员赶赴火灾现场，参加灭火工作。

3. 火灾扑救期间，负责维护火灾现场秩序，禁止无关人员进入火灾现场。

4. 带领警员协助有关部门做好人员救护、疏散及物品的营救工作。

5. 绝对服从火场指挥人员的指挥。

6. 火灾扑救后，负责布置好火灾现场的保护工作，禁止无关人员进入。

警卫人员

1. 接到火情通知后，警卫人员应统一听从警卫主管和领班的统一调遣，不得擅自行动。

2. 在岗警卫人员应保持高度警惕，加强警戒，严格控制进入饭店的人员。

3. 重要部位的警卫人员必须严格坚守岗位，不得擅自脱岗(接到总经理下达的全体员工撤离火场的命令除外)。

4. 不在岗的警卫人员，接到火情通知后，应听从主管和领班的安排，携带灭火器立即赶赴现场，听从火场指挥员指挥，积极参加灭火战斗。

5. 负责引导客人从安全出口撤离。

6. 车场警卫协助车场管理员负责维护车场秩序。

7. 灭火期间要注意安全，发现有人被困时，应先营救被围困人员。

8. 火势较大时，一般不要单独进入火区。如遇特殊情况需要进入时，应告知火场指挥人员并做好进入火场的安全保护工作。

9. 灭火后，听从火场指挥人员的安排和布置，保护好火灾现场。

10. 配合清理已经勘察完毕的火灾现场，回收灭火器空瓶，统计灭火设备损坏情况，保障公物不被破坏或丢失。

(三)工程部

工程部经理

1. 接到报警后，立即通知以下专业人员迅速赶到现场参与灭火工作：水专业主管、强弱电主管、空调主管、电梯维修人员、消防维修人员等。

2. 立即检查本部门各个控制系统岗位，使各种消防设施达到自动灭火状态。

3. 饭店任何部位起火，都应组织本部义务消防队员立即赶赴火场，协助认定火灾性质，采取有效措施扑救火灾。

4. 负责起火部位的供水、断电、断气、送排风等机器设备的关启、抢修工作，并保证消防电梯正常运转。

5. 根据现场指挥部的命令，进行工程抢险和重要设备的保护工作。

工程部其他工作人员

1. 空调系统：接到火警通知后，立即关闭起火区域的空调机组。

2. 配电室(高压、低压)：接到火警通知后，密切注意火场附近的电力运行情况，随时准备切断火场的电力供应。当接到指挥部下达的切断火场电源的指令后，应立即按指令控制设备。

3. 电梯组：接到火警通知后，立即将消防电梯降到首层，并亲自控制，专供灭火工作使用，同时停止火场区域的其他电梯的运行。

4. 煤气调压站：接到火警通知后，立即关闭火场区域及附近区域的煤气管道阀门。

5. 水系统组:接到火警通知后,立即做好消防用水的供应工作,并做好供水设备的抢修工作。

(四)客房部

客房部经理

1. 接到火警通知后,立即组织本部门义务消防队员,赶赴火灾现场进行灭火。

2. 接到指挥部疏散的命令后,迅速持万能钥匙赶到现场,负责做好客人疏散及火场区域内贵重物品的抢救工作。

3. 检查所有房间的门窗及电源开关是否关好,并负责清点疏散客人数和本部门员工人数,防止遗漏。

起火区域的服务员

起火区域的服务员接到火警通知后,按照应急方案,在保证安全的情况下,立即投入到灭火工作中。

具体工作程序为:

1. 立即通知火场区域及附近区域的客人从安全通道撤离。

2. 关闭火场附近的门窗及通风设施。

3. 抢运火场区域及附近受火灾威胁区域的贵重物品到安全场所,并会同保卫部警卫人员看管物品。

4. 楼层服务员应反复认真地检查火场区域及附近区域的各个房间,关闭门窗及空调,并保证每一位客人均能安全撤离火场。

5. 逐间检查客房,确认房间无人后,锁好房门,用粉笔在房门上画上记号,表示此房间已经检查过。

(五)前厅部

前厅部经理

1. 接到火警报警后,停止营业工作,负责维护好前厅的秩序。

2. 保证所有通道畅通,并在前厅指挥疏散客人及抢运物品。

3. 负责保管好房间钥匙、住房卡、客人的重要资料及贵重设备。

4. 组织本部门的义务消防队员赶赴现场参加灭火疏散工作。

5. 立即整理一份住店客人资料,一旦下达疏散命令,立即交到指挥部备查。

6. 迅速派一名员工到达消防中心,根据临时指挥部的命令进行中英文紧急广播。

7. 准备好火场全部钥匙,随时听候指挥中心的指令。

前厅部员工

1. 前厅部员工应听从指挥,坚守工作岗位。沉着冷静地回答问题,参与疏导撤离工作。

2. 前厅部员工在回答客人询问电话时,应先稳定客人情绪。通知客人疏散时,应明确告知客人从防火楼梯撤离火场。撤离前,关闭好房间的门窗及空调。

3. 前厅部员工应保护好房间钥匙、房卡、贵重物品及资料。

4. 行李员应尽最大努力将客人存放的贵重物品抢运到安全地点,并设专人看管,防止丢失或被盗。

5. 门童应协助做好车辆的疏导工作,将大堂的门向外打开,保证自动门和转门处于常开状态。

6. 前厅接待员应立即关闭电脑及所有电器,并负责协助前台收银员保护好现金及相关单据。

(六)餐饮部

餐饮部经理

1. 接到饭店火警通知后,组织本部门义务消防员赶赴现场参加灭火工作。

2. 如火警发生在餐厅或厨房,应立即关闭所有煤气阀门和电器设备,积极组织人力对火势加以控制和扑救,同时立即向饭店消防中心报告。

3. 接到临时指挥中心的疏散指令时,应及时组织服务员做好客人的疏导工作,并引导客人从安全通道撤离。

餐厅服务员

1. 接到饭店火警通知后,应保持镇静,并按要求认真完成上级领导下达的任务。

2. 安慰客人、耐心回答客人提出的询问。

3. 接到疏散命令后,应积极引导客人从安全通道撤离,并提醒客人带好自己的贵重物品。

4. 如本餐厅着火,应当按照应急方案采取有效扑救措施和疏散客人的工作,同时立即向饭店消防中心报告火警。

5. 火情期间,餐厅管理者要协助收银员保护好现金、单据及其他贵重物品。

6. 立即关闭起火区域的电源开关、空调及门窗。

厨师

1. 接到饭店的火警后,坚守岗位,根据火场位置和火势大小随时准备采取灭火行动。

2. 如厨房内部起火,应及时关闭煤气阀门和火场区域内的电器开关,熄灭所有火种并积极采取扑救措施,控制火情。

3. 立即向饭店的消防中心报告火警。

(七)财务部

财务部经理

1. 接到火警通知后,应立即通知本部员工停止工作,做好疏散准备工作。

2. 组织义务消防员处理好现有的工作，赶赴现场参加灭火工作。

3. 通知所有人员坚守岗位，保护好各种现金、账簿、收据、电脑资料及箱柜钥匙。

4. 接到疏散命令后，负责指挥员工疏散到安全地点，并派专人看守贵重物品，防止丢失或被盗。

财务部员工

1. 接到疏散命令后，应将自己负责的现金装入银箱锁好，关闭电脑，携带分管的各种资料，锁好房门，及时疏散到安全地点。不能带走的文件应统一锁在保险柜内，将钥匙保存好。

2. 财务人员应配合警卫人员保护好本部门撤出的贵重物品。

3. 电脑房接到报警后，应关闭电脑房所有设备。接到疏散的命令后，立即携带重要电脑资料撤离到安全地点，并负责保管。

(八)娱乐部

综合部经理

1. 接到火警通知后，应立即通知各员工坚守岗位，做好疏散客人的准备工作。

2. 组织义务消防员处理好现有的工作，赶赴现场参加灭火工作。

3. 接到指挥部下达的撤离命令时，立即组织服务员引导客人从安全疏散口撤离。

4. 如本部门发生火灾时，应立即向消防中心报警，并按应急方案组织员工灭火并积极引导客人疏散。

5. 派专人协助收银员保护好现金和其他贵重物品。

综合部服务员

1. 接到报警后，立即停止营业，维护好现场秩序，稳定客人情绪，清点客人人数，做好疏散的准备工作。

2. 接到疏散的命令后，各部位服务员负责引领客人疏散，并对各部位进行检查，确保客人全部安全撤离。

3. 由专人协助收银员保护好现金、单据等贵重物品。

4. 切断室内所有电源，关闭室内的门窗、空调等并锁好房门。

(九)其他各部门

1. 接到饭店火警通知后，应立即组织本部门义务消防员投入灭火工作。

2. 做好疏散的准备工作，接到指挥部下达的疏散命令后，应立即将员工疏散到安全地点，清点人数，保证员工安全。

3. 司机班人员随时待命，准备好车辆，负责运送伤员。

4. 医务人员应携带好救护品到达现场，并负责抢救从火场疏散出的伤员。在将伤员送往医院进行抢救之前，医务人员应对伤员进行基础治疗，保证伤员在途中的安全。

5. 员工宿舍管理员负责叫醒住宿员工,清点人数,做好疏散的准备工作。

6. 采购部人员负责保管好文件、单据、账目等,做好疏散的准备工作。

三、疏散集合地点

接到疏散的命令后,各部门将客人及员工疏散到指定的安全地点,立即清点人数,防止遗漏。

四、其他要求

1. 饭店内无论哪个区域发生火灾,该区域内的员工在保证安全的情况下,均应按照报警、灭火、疏散客人、抢救物品的程序投入灭火工作。

2. 火灾期间,如遇部门经理不在饭店时,应立即选出一名临时负责人,带领本部门员工统一执行灭火任务。

3. 火灾扑灭后,各部门应配合保卫部将本区域内的报警和灭火系统恢复至正常状态,清点本区域的灭火器材,将使用情况上报保卫部,并及时更换补充。

4. 火灾扑灭后,各部门经理负责统计汇总经济损失及人员伤亡情况,并如实上报至临时指挥部或总经理办公室。

第五节　客房部员工职业安全

据不完全统计,客房部发生的职业安全事故80%是由于客房服务员不遵守工作程序、精神不集中、粗心大意造成的,20%是由于设备故障等原因所致。

客房部经理必须充分了解各操作环节存在的潜在安全隐患,制定严格的事故防范程序,经常不断地进行安全培训,强化员工的安全意识。

一、为什么会发生客房部职业安全事故

1. 员工行为不当

(1)忽视安全管理制度和安全操作规范。

(2)不按要求使用劳动保护用品。

(3)举拿重物时方法不当。

(4)进入房间时不开灯。

(5)使用清洁剂方法不当。

(6)对刀片、针等危险物品未进行有效的处理。

(7)行动匆忙。

(8)登高作业时,未使用梯子或未按安全标准使用梯子。

2. 工作环境存在安全隐患

(1)地面上有水或玻璃碎片等。

(2)光线或照明不足。

(3)家具、物品等过重或有钉子等。

(4)设备、物品存放方式不当。

(5)地面有杂物、电线或地毯起翘、地板松滑等障碍。

(6)瓷器、玻璃器皿等破损,有缺口。

3. 化学品保管、使用不当

(1)使用化学品时,不按规范操作和佩戴防护用具。

(2)没有化学品的警示标志。

(3)对化学品有过敏反应。

(4)化学品无安全、固定的存放地点。

4. 劳动工具或设备使用不当

(1)使用前未做安全检查。

(2)未按使用方法操作。

(3)使用了不合格的材料或工具。

二、建立健全客房职业安全管理制度

1. 客房管理者如何有效避免职业安全事故发生

(1)负责进行工作安全分析。工作安全分析是对客房部所有工作职责的详细说明,是对员工安全、正确地执行各项任务做出的指导。它告知员工完成某项工作时可能遇到的危险,如,一旦使用电线裸露的吸尘器,将会因短路而引起火灾。

(2)根据工作安全分析内容制订严格的安全培训计划。

(3)负责实施安全培训工作。安全培训应从员工工作的第一天开始,并常抓不懈。

(4)监督检查安全工作的落实情况,严格按工作安全分析结果督导安全工作,对不遵守安全操作规范的员工,应按管理条例进行严肃处理。

(5)在督导检查工作中,应善于发现安全隐患,并立即采取弥补措施,避免发生职业安全事故。

2. 客房服务员如何有效避免职业安全事故发生

(1)工作区域湿滑或有油污时,应立即清除以免滑倒跌伤。

(2)在公共区域吸地、拖地时,要放置防滑指示牌。

(3)发现房间、楼道大理石及工作间地面有水迹时,必须及时擦干,以免滑倒跌伤。

(4)卫生间、楼梯等处的地面不适合打蜡,以防滑倒摔伤。

(5)保证各种设备和工具完好无损。如发现设备损坏,应立即停止使用。

(6)员工工服不宜过长,工作鞋要防滑,以免绊倒或摔伤。

(7)取拿笨重物品时,方法要得当,防止拉伤、摔伤或被重物砸伤。搬运重物时,要用全身的力气,不可只用腰部力量。搬不动重物时,要寻求帮助。

(8)手湿时切勿接触电源,防止触电。

(9)使用吸尘器时,不得强行拉拽电线。吸尘器绝对不能用于吸水作业。

(10)使用电器前必须进行安全检查,不得私自拆装或修理电器。当电器的插座不能正常使用时,不能勉强使用,应请求工程部帮助解决。当擦拭电器时,一定要拔掉电源开关。擦灯泡时,必须关闭电源,等灯泡冷却后用干布擦拭干净。

(11)开关门时,不能将手放在门框上或合页处,以免被挤伤。任何时候都不要站在门后,以防门被突然打开碰伤自己。

(12)在公共区域放置工作车和清洁设备时,应靠边停放,不妨碍员工和客人行走。

(13)码放工作车上的物品时,要保证上轻下重,码放整齐有序。

(14)在玻璃门和大型的玻璃窗上要贴上色条,提示员工和客人,防止不慎撞伤。

(15)家具或地板有钉尖露出时,应立即拔掉,以免刺伤员工和客人。地板或地毯有坑洞或破损时,应立即修理,以免摔伤他人。

(16)清理玻璃碎片或此类物品时,要用簸箕或垃圾铲,切勿用手拾取。此类垃圾应单独存放,不能和一般垃圾放在一起。

(17)刷洗杯子时,要用百洁布垫着杯子刷,并注意保护好手的虎口部位。

(18)在任何区域发现有破损物品时,应及时将其清除。

(19)应将化学品与纺织品、食品分开存放,并有明显的标记。

(20)不要用矿泉水瓶储存药液,若必须使用,应在明显处贴上标签。

(21)使用含酸性、碱性等腐蚀性较强的清洁剂时,必须戴手套操作。如有液体溅出,要立即用充足的冷水冲洗。

(22)登高操作时,必须有人保护。在登高工作前,必须对梯子进行检查。不得用椅子或箱子代替梯子。

(23)清洁客房的出风口、空调箅子、画框等物品时,应保证这些物品安装牢固,不脱落。

(24)拿带尖的物品时,应将尖头朝下,以免误伤客人和自己。

3. 配置齐全的安全保护设备

由于工作需要,客房部员工经常会接触一些危险有毒的化学品。因此,客房部要为员工配备必要的安全防护设备,培训员工认识和使用防护设备的重要性及具体使用规定。

客房部应配备的安全防护设备有:防尘口罩、防尘帽、橡胶手套、胶鞋、护目镜、面罩等。

三、掌握相关劳动保护法规

劳动保护法规是指国家为改善劳动条件,保护员工在生产过程中的安全和健康而制定的各种法律性文件,是劳动法的重要组成部分。了解和掌握劳动保护法规,对客房管理者和广大员工来说有着十分重要的意义和实用价值。

我国颁布的具有代表性的劳动保护法规有:

(1)卫生部、劳动人事部、财政部、全国总工会于 1984 年施行的《职业病诊断管理办法》和 1987 年修订颁发的《职业病范围和职业病患者处理办法的规定》。

(2)国务院 1988 年发布的《妇女职工劳动保护规定》以及劳动部《关于〈妇女职工劳动保护规定〉问题解答》。1990 年劳动部颁布发并实施的《女职工禁忌劳动范围的规定》。

(3)国务院 1991 年发布实施的《企业职工伤亡事故报告和处理规定》,劳动部《关于印发〈企业职工伤亡事故报告和处理规定〉有关问题的解释的通知》。

(4)1994 年颁布的《中华人民共和国劳动法》,以及《中华人民共和国宪法》中有关劳动保护的条款如第四十二条、第四十三条和第四十八条的规定等。

(5)国务院 2003 年颁布的《工伤保险条例》。

(6)2008 年施行的《中华人民共和国劳动合同法》。

国际饭店也非常重视饭店员工的职业安全与健康,有着非常成熟的管理制度和法规,下面节选了《美国职业安全和健康法案条例》的部分内容供客房部经理参考学习。

《美国职业安全和健康法案条例》(节选)

《美国职业安全和健康法案条例》于 1970 年生效。它的颁布旨在保护在工作场所工作的工人。

该法案侧重于对雇员的工作场所、在工作中使用的材料及其他安全问题做出规定。下面仅对该法案涉及饭店经营的部分加以讨论。经理们若要详细了解法案制定的标准,应当查阅该法案全文。

一、工作区域

工作区域涉及诸如过道、储藏室与服务区域等范畴。具体要求有:

(1)工作区域应整洁卫生。

(2)应在门厅、通道与楼梯安装扶栏。4阶以上的楼梯需至少安装一个栏杆。

(3)在工作区域里使用的轻便梯子必须稳固结实,不能随意改变梯子结构。需要修理的梯子应贴上标签。

二、人员疏散

人员疏散出口必须有明显的标志。标志的尺寸及指示灯的亮度应符合要求。

通往出口的路线标示必须清楚明了,以便人员在紧急情况下能迅速找到求生之路。

出口及通往出口的通道上不应有物品挡住视野或被物品堵塞。

任何时候都不能关闭出口的门,以免发生紧急情况时人们无法逃脱。

饭店应根据出口数量、可用防火设施及建筑结构情况,合理确定单个房间可以容纳的人数,该人数不得超过法案规定的极限。

所有饭店都必须编写应急逃生方案,明确指出紧急情况的逃生路线与行动程序。方案中应具体说明紧急情况下饭店员工的职责与应处的岗位。饭店管理人员应能凭借这些方案,使人员从饭店安全疏散,并能在紧急事件及善后工作中能够查寻到全体员工的下落。在处理程序中,应明确列出发生紧急情况与火灾时应首先报告的对象。方案还必须制定员工或地方服务机构担负的救援与医疗职责。

饭店应提供发生紧急情况时可供联络的人员名单,以便事发后有关部门能深入了解情况。该名单可以把客房部经理与客房部主管人员包括在内。

三、环境卫生

法案对饭店的环境卫生也有相当详细的要求。涉及废物处理、员工盥洗设施卫生要求、进食场所及食品卫生要求等。

1. 废物处理要求

法案明确指出,所有盛放废物的容器必须卫生、防漏,并加盖盖子。清洁废物时,不能对公众健康造成威胁。相关工作人员应经常处理或定期清除废物。

2. 盥洗设施与淋浴间卫生要求

法案明确规定,应保持盥洗设施干净,每间浴室必须有冷热水供应,要提供洗手皂或去污剂;还应在员工方便处设置洗手巾、纸巾或暖风干燥机。

法案甚至根据员工人数与男女性别比例,对住宿企业强制性规定了卫生间的数量,即在同性别的员工中,每10人应配备一间淋浴间。若雇员有必要在班前岗后或上班期间洗淋浴,雇主提供的物品必须与盥洗设施中要求的物品相同,还要提供个人使用的毛巾。

3. 进食场所及食品卫生要求

法案明确规定，禁止在盥洗室场所进食或喝饮料，也不允许在存放有危险品或有毒化学品的区域如储藏室中进食。

企业如向员工提供工作餐，应提供没有变质的有益食品。并应在干净、卫生的情况下制作、供应和储存食品。

四、标志与标牌

出于安全的考虑，该法案要求饭店应设置专门的标志，即：危险标志、警示标志与安全须知标志。同时还要使用事故防御标牌，警示员工注意潜在的危险。

1. 危险标志

危险标志的颜色为红、黑、白三色，它仅用于有即刻发生危险的区域，提醒人们小心防范。如腐蚀性液体溢出时，必须树立危险标志。

2. 警示标志

警示标志的颜色为黄、黑两色，用于提醒人们防范潜在危险。如地面有水时或拖地后地面变得潮湿时，都可使用警示标志。警示标志一般放在靠近水桶与拖把的地方，以便取用。

3. 安全须知标志

安全须知标志为绿、白两色或黑、白两色，一般用于在某一区域的安全提示。如可将其设置在仓储区，禁止员工在那里吃喝或抽烟。

4. 事故防御标牌

事故防御标牌是暂时设置的，为红底白字或红底灰字，用于提醒员工注意某一潜在的危险情况。如在吸尘器磨损的电线上放一块这种标牌，标牌上应写上"不准启动""有问题设备"或"已坏"等字样。这些标志一般被放在靠近电器设备、梯子的地方或与客房部其他工具放在一起。

五、急救

法案规定，饭店雇主应向雇员提供就近医护服务。饭店不设医生岗或护理站的，雇主应指定地方医疗机构或地方医生向雇员提供就近医护服务，以备不时之需。

应备存经咨询医生核准的急救品，且可以很方便地使用。

如果员工工作时需要用到腐蚀性材料，饭店应提供适当的防护设施，以便发生事故时用来湿润或冲洗眼睛、脸面与身体。

六、血液携带的致病菌

为保护员工免予感染疾病（包括乙型肝炎和艾滋病），法案要求员工上岗前必须符合血液检查的标准。

饭店应根据工作场所实际情况，制订出血液病菌接触控制方案。

1. 雇主应书面陈述对控制血液携带的致病菌的坚定态度，努力为全体员工营造一个安全、健康的工作环境。

2. 雇主应发文指定专门人员负责各项事宜。

3. 雇主必须确定各项职务潜在的接触血液与其他传染源危险的情况，包括可能导致员工接触这些传染源的具体工作种类与程序。

4. 雇主应定出一个计划，对可能发生的接触情况加以控制，并明确说明将要实施的培训与程序。内容可以包括如何提供防护设备、在客房发现了针筒怎么办、如何处置带血的织物用品等。

美国职业安全和健康署的危害通报与教育准则

职业健康和安全法案是一套广泛涉及保护各行各业职工免受不安全工作条件侵害的法规。美国联邦政府经常修订或扩充这些法规，并告知雇主新规定何时贯彻、生效。

该法案要求饭店雇主必须履行危害通报与教育的义务，告诉雇员在工作中使用的化学品可能造成的风险及向雇员提供安全使用化学品的培训。饭店遵循这些规章办事，就能获得切实利益。

一项调查显示，饭店业全体员工中有9.7%的人遭受工伤，如果饭店实施的危害通报与教育计划能防止一起这种事故发生，就能收回该项计划的成本。再说，不执行危害通报与教育准则所付出的代价是昂贵的，一项违规的罚款可达1000美元。

目前，美国的职业安全与健康署每次去饭店检查时都会做出评述。另外，各州也有同样严厉的化学物品安全法规，或比该署更严厉的法规。

该署要求饭店在贯彻危害通报与教育准则时应采取下列措施：

一、宣读该准则

(1)列出饭店使用的危险化学物品，对在用的化学品进行实物清点；与采购部门核实化学品用量，避免遗漏；建立危险化学品档案，制定保证该档案及时更新的程序。

(2)从饭店使用的化学品的供应商处获得相关材料，并发给有关员工。

(3)确保在一切化学品容器上贴上标签。

(4)制订并贯彻危害通报与教育的方案，并向员工介绍危险化学物品的危害与防护措施。

二、开列危险化学品名单

饭店可指派专人储存饭店在用的所有化学物品，或由部门领导负责储存他们使用的化学品。

客房部的危险化学品使用单上一般列有下列物品：

◆ 喷雾器中的物质

- 腐蚀剂,如洗衣房用强碱
- 洗衣房用(乳化剂)去污剂
- 洗涤剂
- 可燃材料,如去污剂与上光剂
- 地毯或洗衣房用的杀真菌剂与霉菌杀灭剂
- 杀虫剂

饭店应将在用的各个化学品名称列入库存品表中,具体实施时,可以列入该化学品的常用名或商标名称。需要注意的是,不只是从制造商购得的溶剂与化学品应列入单子中,任何在某些工作中产生的危险物质也应列入其中。

第十章 客房部人力资源管理

第一节　合理有效地配备客房部人员

饭店如能拥有一支服务技能优秀、素质良好并在实践中不断创新的核心服务人员和管理人员队伍，就能获得强大的竞争力。而要让这一竞争力持久地发生作用，就要进行有效的人力资源管理，通过各种激励机制和培训考核机制的建立与完善，使员工获得持久的发展力，使饭店获得持久的生命力。

一、如何合理配置客房部人员

客房部经理要善于分配任务，使每位员工都能胜任并按时完成任务，要做到这一点，客房部经理必须掌握合理配备客房部员工的技巧和方法。

我们发现，相同星级的饭店，相同的客房总数，配备的客房部员工总数是不同的，甚至差异非常大。能否做到合理配备客房部员工人数，必须根据完成每天工作所需工时总数及相关因素综合测算。

笔者曾对几百家饭店的客房人员配置进行过统计，从中发现，每家饭店客房部分配给每位员工清扫房间的数量都有所不同，有的差异较大。一般饭店员工负责清扫房间的数量为 11 ~ 13 间，最少的为 7 间，最多的为 18 间。从表 10 – 1 中我们可以看出饭店客房部在配备员工上的差异。

表 10 – 1　不同类型饭店的员工配置

饭店类型	饭店规模	人均日清洁客房数量	每间客房平均清洁时间	日清洁房间所需人员
1. 五星级商务饭店配有豪华古典家具	500 间客房	9 间	48 分钟	56 名
2. 五星级商务饭店配有标准家具	500 间客房	13 间	34 分钟	40 名
3. 四星级度假型饭店配有标准家具	800 间客房	16 间	28 分钟	50 名
4. 套房型饭店配有豪华家具和厨房	150 套客房	8 套	55 分钟	19 名
5. 公寓型饭店配有厨房和简单的洗衣房	260 套公寓	10 套	45 分钟	26 名
6. 经济型饭店	120 间客房	21 间	20 分钟	6 名

为什么会产生这样大的差距呢？具体原因有：

1. 饭店的客源市场不同

饭店的客源市场决定了客房的服务标准,饭店的类型也决定了客房的服务标准。以团队、会议为主要客源市场和以商务散客为主要客源市场的饭店,客房的服务标准是不同的。标准不同,决定了人员配备的比例不同。

2. 进房次数的要求不同

客房部采用的是一次进房、两次进房还是多次进房服务的服务方式,直接关系到人员的配置量。一次进房服务,就是客房服务员每天只提供一次客房清洁服务;两次进房服务,就是客房服务员每天提供一次清洁客房服务和一次晚间开夜床服务;多次进房服务,就是客人随时离开客房,服务员随时进房清洁整理。

3. 房间状况不同

客房的面积、家具的种类与数量、客用品的种类与数量、杯具的种类与数量、纺织品的种类与数量等有很大差异,这会直接影响清洁客房的时间。

4. 清洁的标准不同

不同的饭店,清洁客房的标准不同。即便是同一家饭店,清洁客房的标准又有生化标准(卫生防疫站的定期、不定期的检验标准)、日常卫生清洁标准、计划卫生标准以及大清洁卫生标准等的区分。

5. 工作区域的状况不同

每间客房居住的客人数、每层楼的客房数(考虑是否需要跨楼层服务)、房间面积、建筑的复杂性及合理性、外界环境的影响等,都会影响清洁整理客房的效率。

6. 岗位职责的要求不同

服务员是否专职从事客房的清洁工作,是否还要履行其他岗位职责,履行其他岗位职责需要占用多少工作时间,这对客房清洁工作的效率影响有多大……这都会影响清洁整理客房的效率。

7. 员工的熟练度不同

服务员是否经过正规的培训,是否有较长的本岗位工作经验和较熟练的工作技能,新老员工的比例在多大差异……这都会影响清洁整理客房的效率。

8. 工作工具的配备不同

工具的配备是否齐全完好,清洁剂的种类与质量能否得到有效保证,劳动保护用品是否齐全等,都将在一定程度上影响工作效率。

9. 客人的素质和生活习惯不同

客人的素质和生活习惯将直接影响清洁客房的效率。相同的客房数,由于客人的素质和生活习惯不同,会造成实际工作量和实际工作时间的有明显差异。

综上所述,客房部合理配员是一项专业性非常强而又细致复杂的工作,它需要客房部经理运用科学规范的管理方法,采取灵活的用工方式,依据客房的出租率,参考现有劳动力水平及相关因素,制定出一套切实可行的配员标准。

二、实施程序化管理将有效避免人员流动造成的不便

按工作的程序和标准对客房部员工进行培训，有利于保证对客服务的规范性，使工作变得更容易掌握和操作，可以有效避免因人员流动造成的诸多工作上的不便。

日常工作中，需要实施程序化管理的地方主要有以下几方面：

- 签到程序
- 客房钥匙管理程序
- 查房程序
- 清洁客房程序
- 报告房态程序
- 客房卫生检查程序
- 领班、主管查房程序
- 重要客人的接待程序
- 客用品领用程序
- 盘点程序
- 客房报修程序

三、如何确定完成工作的时间和定额

如何确定完成工作的时间标准，如何确定工作定额，如何使工作时间标准和工作定额科学合理，这里面有很多学问。

具体实施时，客房部经理应统筹考虑人员配置的各种因素，结合现有员工情况，选择不同做房速度的服务员清洁同样的房间并计时，然后通过分析研究，计算出清洁一间客房的平均时间，据此确定一名客房服务员的日工作定额。

如果清洁一间客房的平均时间为 30 分钟，服务员每天的工作时间为 8 小时(480 分钟)，综合考虑其他因素，那么，确定一名服务员的日清洁客房定额为 14 间较为适宜。

第二节 员工选聘及录用管理

在客房部的人力资源管理工作中，一项重要的基础性工作是员工的选聘及录用。员工配置是从招聘工作开始的，能否聘到合适的员工，需要经过一系列的聘用程序。

一、选聘员工从工作分析开始

工作分析是岗位分类、岗位评定和岗位分析等多项工作的总称。它以企业单位中各类劳动者的工作岗位为分析对象，采用科学的方法，经过系统的岗位调查，收集有关工作岗位的信息并对岗位进行科学的分析、评定，制定出岗位规范、工作说明书、岗位分类图等各种人力资源管理文件，为员工的招聘、调配、考核、培训、升降、奖罚以及确定劳动报酬标准等提供客观依据。

工作分析主要是确定工作性质，工作程序，工作的简繁难易、责任轻重，工作沟通关系，执行工作应具备的知识、技能和经验以及岗位评估等。工作分析应由客房部经理负责，以工作分析为基础，确定部门岗位所需要的人员数以及人员的素质及技能要求，达到合理配置员工的目的。

（一）工作分析在客房管理中的作用

1. 依据工作分析合理地确定岗位编制

工作分析是编制人力资源规划的基础，客房部管理者依据工作分析，确定需要设立岗位的数量以及每个岗位所需配员的数量。

2. 依据工作分析选聘合适的员工

工作分析中明确规定了特定岗位的任职条件、岗位职责和工作程序，这将成为选聘员工时的量化的评估依据。

3. 依据工作分析进行薪酬管理

制定员工薪酬标准的依据是对其工作性质、劳动强度、工作时间、工作环境、工作难易程度等因素进行综合分析，在此基础上建立一套完整的评定标准，按照岗位的价值拟订薪酬标准，基本保证岗位与薪酬的统一。工作分析对此项工作的开展提供了可靠的保证。

4. 依据工作分析实行目标管理及有效的激励

依据工作分析中制定出的各项要求，对员工进行评估，达到目标明确、有据可依、公平合理的激励目的。

5. 依据工作分析实施人力资源开发和培训计划

根据岗位要求，有计划、有针对性地对员工进行各种类型的培训，不断地提高员工的综合素质和技能，达到组织要求的目标。

（二）工作分析的主要内容

工作分析主要分为三个部分：

1. 人员分析

人员分析是饭店对应聘员工胜任某项工作应具备的条件和资格做出的明确规定。

2. 岗位分析

岗位分析是使应聘者能够清楚地了解他们所申请岗位的工作性质、工作条件，工作任务、工作程序及该种岗位是否符合他们的兴趣的明确规定。

3. 环境分析

环境分析是帮助应聘者了解申请岗位所需的工作技能、工作关系以及使用工具、设备等的具体要求。

（三）如何编制岗位说明书

上面已经谈到，工作分析是岗位分类、岗位评定和岗位分析等多项工作的总称。岗位说明书是工作分析中最为重要的一项工作，也是客房管理工作中的重要内容。因此，编制好客房部的岗位说明书，对客房部合理有效地使用员工，将员工安排在最合适的工作岗位上，发挥员工的最大工作潜能，培训和激励员工等，都将发挥重要的作用。

岗位说明书分为岗位描述和职责描述两部分，下面分别介绍这两项内容。

1. 岗位描述

岗位描述主要是对岗位的任职条件、上下级关系、工作沟通关系、岗位职责、工作量等进行细致的说明，是申请工作的人必须达到的最低标准。

表 10－2　岗位说明书示例

岗位说明书	
岗位名称	客房服务员
直接上级	楼层领班或楼层主管

续表

工作联系	楼层服务员、客房服务中心、洗衣房、纺织品室、保卫部、工程部、前厅接待员和前厅收银员
工种类型	非技术性工种
工作定额	日清洁客房 14 间
年龄要求	20～50 岁
工作经验	无特殊要求
教育程度	高中以上文化水平
身体状况	能承担轻度的、持久性的体力劳动,包括经常使用腰部力量和臂力,能举起普通重量的物品
工作时间	每天 8 小时工作制,每周 40 小时
休息日	每周休息两天
年　　假	根据劳动合同法的相关规定执行
额外待遇	提供工作服两套、工作餐两餐(早餐、午餐或晚餐),有倒班宿舍
工　　资	按饭店服务员工资标准或饭店承诺的工资标准执行
智力条件	理解力强、有较好的记忆力
品德与外貌	诚实,认真,讲究卫生,有礼貌
工作职责	做好客房服务工作,保证客房的清洁和安全标准

注:岗位说明应清楚地表述申请工作的人员所必须达到的最低任职标准。

2. 职责描述

职责描述是对每位员工必须完成的所有工作的详细报告,及完成工作时必须达到的工作质量。

表 10－3　职责说明书示例

职责说明书			
职　务	客房服务员	直接上级	楼层领班或楼层主管
岗位职责: 1. 签到,领取钥匙及房态报表,参加早例会,记录对客服务注意事项。 2. 检查工作车上的用品、工具是否齐全,数量配置是否合理。 3. 检查所负责客房的情况。根据客人的要求、清洁客房的顺序及工作程序清洁客房。 4. 按要求报告房态,接受领班的检查。 5. 报告房间迷你吧酒水的消耗量,并按规定补充。 6. 报告住店客人的特殊情况及患病客人的情况。 7. 报告客房维修事宜,并做好记录。			

续表

8. 及时报告客房设备损坏及物品遗失情况。
9. 认真、及时、准确地填写工作报告。
10. 及时、准确地回答客人的疑问，做好客人的接待服务工作。
11. 认真核对送洗的客衣，按程序送交洗衣部。
12. 保证楼层服务间清洁卫生，保证存放在楼层服务间的物品安全。
13. 清点物品，配齐工作车，做好交接班工作。
14. 交还钥匙，签字离店。

有些饭店将岗位说明书作为劳动合同的一个重要组成部分进行约定，强化岗位说明书的管理作用。岗位说明书还是新员工上岗前的一份很好的培训教材。

二、评估和选拔应聘者

职位申请表的作用是帮助饭店筛选候选人。一般情况下，饭店人力资源部根据对应聘申请表的评估、前任业主的评价（国外饭店将其作为选拔的重要依据）、初次面试的评价等，将挑选出的候选人资料转送到客房部。

三、面试候选人

面试的目的是为了选拔最理想的岗位人选，考察求职者的工作表现能否达到组织所期望的水平。

客房部经理在进行面试时应做好如下工作：

（一）面试的准备工作

面试的过程是一个双向选择的过程。对于面试者即主考官来说，他们代表的是饭店的形象，体现的是饭店的管理水平和管理层的素质。因此，在面试候选人前，饭店一般应对面试者进行严格的培训和考核。

面试者应具备的基本素质有：

（1）有良好的个人品德修养。

（2）具备相关专业知识和技能。

（3）有丰富的实践工作经验。

（4）有良好的自我认识能力。

(5)善于把握人际关系。

(6)能熟练运用各种面试技巧。

(7)能有效地面对各类求职者。

(8)能公正、客观地评价求职者。

(9)掌握人员测评技术。

(10)了解职位空缺要求。

客房部经理在进行正式面试前,要做好如下准备工作:

(1)详细掌握应聘者的资料。

(2)准备面试的地点。

(3)准备提问的问题。

(二)面试

1. 了解求职动机

了解求职动机时,准确掌握如下信息,对将来合理使用和培训聘用者是非常重要的。

(1)离职原因。

(2)求职目的。

(3)向求职者核实有关资料和数据。

(4)了解对所聘职务的期望。

(5)对个人发展的计划。

2. 考核业务知识

对于申请初级职位、无工作经验的应聘人,应着重考察其在以往的工作中是否有好的工作习惯和品质;对于有一定工作经验和技术水平、能满足空缺岗位要求的应聘人,要进行业务知识和技能考核,同时要评估应聘者的工作经验对本部门工作的受益程度。

3. 岗位描述及工作介绍

向求职者如实说明提供岗位的部门及所聘工作的完整情况。可采用的方法是,让求职者认真阅读工作分析材料,对将要从事的工作有一个感性认识,或者是由面试人员对工作的重点内容进行具体说明,必要时将求职者带到工作地点了解工作步骤,使被面试者清楚地了解未来的工作性质。

(三)评估候选人

1. 自信心的判断

通过对求职者的目光、手势、姿势、语言表达及语言内容等的观察,判断其自信心。

2. 人际关系的判断

判断的依据：

(1)是否有自欺欺人的认识和分析。

(2)能否从团队或他人的角度考虑问题。

(3)是否善于寻找解决问题的办法。

(4)能否在不损伤他人自尊心的情况下，纠正错误和表达自己的意愿。

3. 责任心的判断

判断的依据：

(1)有负责到底的精神。

(2)有对工作的坚持精神。

(3)考虑问题不偏激。

(4)诚实、讲信用。

(5)工作有激情、奋发向上。

4. 性格与品质的判断

判断的依据：

(1)性格适合岗位要求。

(2)回答问题认真诚实。

(3)真诚。

(4)有正确的价值观和人生观。

5. 自律能力的判断

判断的依据：

(1)善于发现自己的优点和缺点。

(2)对批评、挫折和压力能够克制、容忍并理智地对待。

四、录用

面试的目的是为了让面试双方能准确地提供和获得信息，让求职者决定是否应该接受工作，让面试者决定是否应该聘用求职者。

客房部经理应主动与人力资源部就聘用中出现的问题、录用程序及求职者具体到岗时间等进行沟通，为新员工的就职培训做好充分的准备。

第三节 员工培训管理①

培训的目的是为了开发员工的潜能,调动员工的积极性、主动性和创造性,合理有效地利用人力资源,达到降低经营成本、改善内部管理的目的。

饭店培训工作是通过饭店的三级训导师培训体系,形成覆盖全饭店、各岗位、各工种的培训网络,有目的、有计划分层次落实和实施的。

一、建立饭店三级训导师培训体系

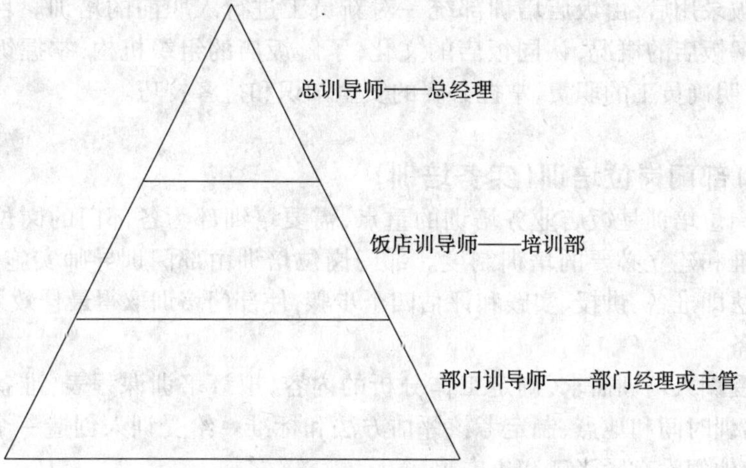

图 10-1 饭店三级训导师培训体系图示

二、明确训导师职责

1. 总训导师(总经理)

提出饭店经营战略,对宾客满意度、员工素质、管理者素质等提出目标要求,确

① 有关培训管理的详细内容请见王伟编著《饭店培训管理实务》,北京,旅游教育出版社,2007 年。

定饭店培训目标，并亲自督导培训工作。

2. 饭店训导师（培训部）

按照总训导师的要求，制订饭店的培训计划，并组织实施。培训部负责饭店训导师资格培训和管理工作。协助部门制订培训计划，监督检查各部门培训工作，定期召开部门训导师会议，确保饭店培训计划顺利实施，使饭店的培训投资在生产力上得到补偿并能减少工作问题的发生，达到人才效益和经济效益双赢的目的。

3. 部门训导师（部门经理、主管）

负责制订本部门的培训计划，并组织实施。根据工作中出现的问题，及时调整和实施培训计划，并认真、按时完成培训部安排的各项培训任务。

三、规划培训内容

（一）岗前培训（入职培训）

员工被录用后，由饭店培训部统一对新员工进行入职前的培训。目的是让受训员工了解饭店的概况，认同饭店的文化，了解饭店的组织机构，掌握饭店的各项规章制度，明确员工的职责，掌握必要的安全知识和待客技巧。

（二）部门岗位培训（实务培训）

部门岗位培训是饭店业务培训的重点，需要培训部为各部门的岗位培训制定统一的标准和建立必要的培训制度。部门岗位培训由部门训导师实施，一般运用四步培训法即准备、讲授、实践和评估四个步骤，使部门培训取得最佳效果。

1. 准备

掌握受训人培训需求，确定工作分析的内容，拟订培训课程表，准备必要的教具，选择培训时间和地点，制定考核评估方法和标准。给受训人创造一个良好的培训环境，使他们没有紧张感和焦虑感。

2. 讲授

将工作分析作为培训的指南，依据做什么（what）、怎么做（how）、为什么做（why）的培训原则，实施岗位培训工作。

岗位培训要保证授课时间，实行边讲解操作步骤边进行实际演示的方法，让员工看清操作步骤，并不断地重复和提问，了解员工的掌握程度。

3. 实践

实践是检查岗位培训质量的最有效的方法，是对员工掌握工作技能，树立独立工作自信心的培养手段。实践有利于员工养成良好的工作习惯。部门训导师应要求受训员工将所学知识和技能进行汇报，及时获得反馈，并帮助受训员工有效运用所学知识和技能。对员工的正确操作及时给予肯定和表扬,对发现的问题进行重点讲解和纠正。

4. 评估

培训评估是收集、分析、比较员工在培训前后的专业知识、业务技能、工作态度等方面的改变是否达到培训的目标。评估的方式多种多样,如笔试、问答、现场操作等。

评估工作分为受训者对培训效果的评估(表 10－4、表 10－5)和培训单位对培训效果的评估(表 10－6、表 10－7)两大类。部门的培训评估分为部门工作知识评估和部门工作技能评估两部分。

表 10－4　受训者培训评估表

姓名:	部 门:				
进入饭店工作时间:	年　　月　　日				
从事本岗位工作时间:	年　　月　　日				
评 估 内 容	好	较好	一般	差	备注
1. 学习态度					
2. 守时性					
3. 参与性					
4. 表达能力					
5. 自我表现力					
6. 知识面					
7. 竞争意识					
8. 职业特点					
所需培训项目:(见部门培训内容)					
对现任职位的评估:					
对未来发展的评估:					
评估人:　　职位:　　日期:					
员工签字:　　日期:					
部门主管审阅:　　日期:					

表 10－5　培训课程评估表

课程名称：

授课老师：

序号	评估内容	4 很满意	3 满意	2 一般	1 不满意
1	训导师的自信心				
2	语言的准确性				
3	准备情况				
4	教学方式能否激发学习热情				
5	授课信息量				
6	能否理解授课内容				
7	训导师的表达能力及专业水平				

1. 你喜欢这个课程吗？

□ 喜欢

□ 一般

□ 不喜欢

2. 课程中，你最感兴趣的是什么？

3. 你对课程设置还有哪些建议？

4. 建议还开设哪方面的课程？

表 10－6 受训者部门工作知识评估表

培训地点： 授课老师：

受训人姓名： 培训地点： 培训时间：

序号	员工对下列知识的掌握程度	超出标准	达到标准	低于标准	与标准差距较大
1	部门工作目标和任务				
2	部门管理制度				
3	部门消防安全管理程序				
4	对客服务质量				
5	礼节礼貌				
6	客房钥匙管理				
7	失物招领				
8	紧急情况处理程序				
9	与其他员工沟通技巧				
10	一般投诉的处理技巧和方法				
11	个人卫生				

表 10－7 受训者部门工作技能评估表

培训地点： 授课老师：

受训人姓名： 培训地点： 培训时间：

序号	员工对下列知识的掌握程度	已接受培训 1	能正常操作 2	能独立、熟练操作 3	能独立、熟练、高效操作 4
1	客房房态与代码				
2	清洁客房前的准备工作				
3	进入客房程序				
4	清洁离店房程序				
5	清洁有客房程序				
6	大清洁客房程序				
7	做床程序				
8	清洁卫生间程序				
9	开夜床程序				
10	客房设备的使用和保养方法				
11	工作车准备程序				

续表

序号	员工对下列知识的掌握程度	已接受培训 1	能正常操作 2	能独立、熟练操作 3	能独立、熟练、高效操作 4
12	填写工作单和工作表格的方法				
13	客房报修程序				
14	床垫的保养程序				
15	“请勿打扰房”的处理程序				
16	消毒程序				

(三)客房部岗位培训的主要内容

1. 员工入职培训

入职培训是客房部对员工进行有效管理的至关重要的一项工作,是塑造合格员工的最佳时机。在此环节,员工要接受各项知识培训和操作技能培训,经考试合格后方能上岗。

入职培训的主要内容有:

- 部门的工作目标和任务
- 部门管理制度
- 部门劳动安全操作程序
- 部门消防安全管理程序
- 对客服务质量
- 礼节礼貌
- 客房钥匙管理
- 失物招领
- 紧急情况的处理程序
- 客房房态与代码
- 客房防护性设备的使用方法
- 清洁剂的配置及安全使用方法
- 消毒程序
- 清洁客房前的准备工作
- 进入客房程序
- 撤掉脏的纺织品的程序
- 倾倒垃圾及烟灰程序
- 做床程序
- 整理加床程序

- 擦尘程序
- 清洁灯具、检查灯泡程序
- 检查电视遥控器及调试电视频道程序
- 清洁垃圾桶程序
- 清洁门窗及玻璃程序
- 清洁家具、摆设程序
- 校正时钟程序
- 清洁电话机程序
- 补充适量的客用品程序
- 清洁浴缸、瓷砖及金属制品程序
- 清洁梳妆台程序
- 清洁浴室灯具程序
- 清洁恭桶、洗面盆、龙头、水堵和地漏程序
- 折叠卫生纸、手巾纸和毛巾程序
- 摆放干净的玻璃杯和浴室客用品程序
- 更换卫生纸及香皂的标准
- 地毯洗尘程序
- 安装窗帘的方法
- 中央空调设备的调节方法
- 处理客人延住程序
- “请勿打扰房”的处理程序
- 满足客人需求的程序
- 纺织品丢失和房间设备损坏记录程序
- 填写客房设备维修报告程序
- 报房程序
- 补充供应品程序
- 弥补检查中发现的清洁问题程序
- 下班前的工作交接程序
- 计划卫生清洁程序
- 客房设备使用和保养方法
- 配置工作车程序
- 填写工作单和工作表格的方法
- 床垫的保养程序
- 沟通技巧
- 解决一般投诉的技巧和方法

2. 实操培训

根据员工上岗前必须掌握的实际操作技能要求，进行一对一的实操培训。

3. 岗上培训

就工作中发现的问题进行针对性的培训。在不影响日常工作的情况下，进行个别指导或研讨等。

4. 业务竞赛

开展知识性或操作性的业务竞赛，如做床比赛、插花表演等。

5. 换岗培训

对客房服务员或管理者不断进行客房内部的换岗培训，使他们有机会全面掌握客房各岗位的管理知识和操作技能，增强员工的自信心和对本职工作的热爱。必要时，与其他部门进行交换培训，以便了解相关部门的工作内容，更好地配合工作。

四、实施有效的激励

激励，是指运用各种手段激发人的热情，调动人的积极性、主动性，开发人的创造潜能，满足人的物质需求和精神需求，使其朝着饭店所期望的目标努力。

在客房部，常用的激励方法有：

1. 物质激励

以货币和实物的形式对员工行为进行物质奖惩。常用手段如颁发奖品、奖金，奖励旅游，扣工资、罚款等。

2. 舆论激励（荣辱激励）

运用社会舆论，使激励对象产生荣辱感。常用手段如通报、广播、媒体宣传、办墙报等。

3. 升降职激励

通过职务和级别的升降来激励员工不断进取，做到奖对一人，鼓舞一片；罚对一人，教育一片。防止选错一人，冷落一片；罚错一人，寒心一片。

4. 民主激励

给下属参与决策和管理的机会。常用手段如工作关系扩大化（训练员工对各方面的工作都有所了解，扩大执行工作任务的范围，使员工有机会运用更多的知识和技能以适应工作的需要），工作充实制度（把整个工作交给一个人或一个小组完成），工作自治制度（让员工自己管理自己，管理者一般以训练员和顾问的身份出现），参与管理制度（由员工组建工会或其他组织，参与企业的管理），质量小组制度（由员工成立质量管理和检查小组）。

5. 调动激励

常用手段如岗位调动、地区调动、任务调动、入学深造等。通过将员工调动到重要岗位、重要部门担负重要工作，完成重要任务，使员工产生受信任感和受尊重感，达到调动工作积极性、强化激励效果的目的。实行工作轮换制度也可解决因工作乏味对员工造成的不良影响，使员工不致对工作产生厌倦。

6. 许诺激励

通过在公开场合或私下口头许诺的方式，达到满足下属心理需要、激发其完成工作目标的积极性。运用这种激励方式时一定要注意做到公正、公平、准确和一视同仁，不可滥用职权，以主观意愿迎合少数人的心理。

7. 情感激励

通过沟通情感赢得下属信赖，是一种最直接的激励方法。

8. 荣誉激励

荣誉激励是上级对下级授予荣誉称号，或对下级在一段时间的工作进行肯定，或对下级在某一方面的突出贡献进行奖励的一种。激励方式如授予员工“最佳员工”“微笑大使”“服务标兵”的称号等。

9. 示范激励

通过宣传典型、树立榜样，带动一个面的工作。使用这种激励方式时应注意，树立的榜样必须是真实的，榜样必须有代表性。

10. 沟通激励

通过给员工过生日，参加员工的婚礼，宣布未来重大活动计划，举办运动会、歌咏比赛等形式，让员工感受到自己是饭店大家庭中的一分子，增强员工的参与意识。

11. 日常激励

日常激励是指随时对下属的行为进行表扬和评估。常用形式如口头表扬，或通过目光、表情、手势、身体接触等形体语言，向员工表达认可和关怀之情。

12. 挫折激励

挫折激励是指利用人们的挫折心理，变消极防卫为积极进取，变被动应付为主动奋争的一种激励方法。常用形式如罚款、通报批评、魔鬼式培训等。

13. 培训激励

通过让员工参与有效的培训活动和培训课程，使员工感到受重视，让员工不断进取。

14. 业绩评估激励

业绩评估的种类和方法多种多样，但不管采用哪种方法，都必须符合本部门的评估要求和目标。业绩评估的重点应放在评估员工的工作表现、提高工作技能和业绩等方面。评估可按月、季度、半年和一年进行，要将评估的结果及时与被评估人沟通，使评估真正达到激励员工的目的。

表 10－8 员工评估表

评估要素	评估要素描述		评估系数	权重
责任	A. 本岗位安全责任	对客人安全、饭店安全和安全生产负有责任	3 2 1	
	B. 本岗位服务责任	保证对客服务的数量、质量，保证客人满意度	4 3 2 1	
	C. 本岗位对饭店的影响		3 2 1	
技能	A. 专业程度	专业气质、技术熟练程度、知识面	4 3 2 1	
	B. 熟练程度	技术熟练程度，按程序、规范操作的能力，实际操作能力，服务的快捷度	3 2 1	
	C. 应变能力	在满足客人需求方面所采取措施及体现出的职业意识	3 2 1	
劳动强度	A. 工作条件	工作条件、工作环境	4 3 2 1	
	B. 劳动繁重程度	付出劳动量，苦、脏、累状况	3 2 1	
	C. 持续性	工作时间的连续性	3 2 1	
专业知识	A. 应变能力	对变化了的情况的适应能力	4 3 2 1	
	B. 专业知识	本岗位要求具备的专业知识	3 2 1	
	C. 专业技能	本岗位要求的专业操作技能、服务技巧	3 2 1	
沟通能力	A. 沟通的范围	涉及的范围	4 3 2 1	
	B. 沟通的对象	构成的层次	3 2 1	
	C. 沟通对工作的影响	服务效果	3 2 1	
从业资格	A. 学历	本专业学历	3 2 1	
	B. 经历	本岗位工作年限	4 3 2 1	
	C. 证书	上岗证书	3 2 1	

附录 我的教学心得

饭店管理专业课教学教法研究与实践

一、研究目的

饭店管理是一门应用性学科，在我国高等教育体系中，它属于发展中的旅游管理学科分支。

饭店管理专业涵盖了饭店业中的宏观、中观和微观的全部管理和服务内容，涉及十余个部门近三百个工作岗位。饭店管理的特点是链条式的管理，所有工作需要十余个部门、所有岗位员工密切协调配合、共同实施来完成。这就要求饭店管理专业课教师必须理解和掌握饭店管理的学科知识和教法知识，通过有效教学，达到课程目标，这是评估教学有效性的重要标志。但是，教学管理者们往往忽视了专业课教师所应具备的专业学科背景，忽视了专业课教师应该是一个实践者，一个将实践经验升华为理论知识的传播者。饭店管理专业的教师首先应该成为所从事专业领域的专家，才能用其所理解和掌握的学科知识，教好学生。

研究饭店管理专业课的教学教法，改革、创新专业课教学教法是保证有效教学的关键，是提高学生学习兴趣，学以致用，全面提升学生综合素质的关键。

随着饭店业的发展，饭店管理专业为我国饭店业培养了大批人才，为饭店业的发展做出了积极的贡献。

二、教学教法改革研究与实践意义

饭店管理专业课教学教法改革研究与实践的意义是通过实施有效教学，转变教师角色——从课堂教学的“控制者”转变为教学过程的“引导者”，从而改变学生的学习方式，引导学生自主解决问题，促进学生全面发展。

1. 研究与实践一：掌握就学意愿、培养专业兴趣、明确择业方向

研究教学教法，目的在于用有效的教学方法实现教学目标。实现教学目标的前提是专业课教师应准确掌握学生就学的目的，通过教师良好的教学品质、教学行为和教学技能，教育和引导学生明确择业方向，激发学生的专业兴趣。

在对我院 2001 级学生进行饭店管理专业就学意向的调查中发现，在被调查的

68人中,只有5名同学第一志愿选择饭店管理专业,仅占被调查人数的3.4%。其余96.6%的同学都是被动选择这个专业的。因此,教师在开学第一讲设计了四项测试内容:一观察、二评估、三介绍、四表现,目的是以学生无意识表现出来的真实案例评估其专业素质,以教师的从业经历讲述饭店服务与管理业的职业发展方向,以学生的自我介绍说明具备自我表现意识的重要性,使学生深刻意识到自身素质与专业需求之间的差距,增强学生的危机意识和紧迫感,达到有效调动学生主动学习专业课兴趣的目的。

(1)观察

教师在开学第一天提前站在教室门口迎候同学,观察每位学生见到教师时的表现,观察同学对迟到的态度,观察同学们站、坐、行、走、看等方面的素质表现,记录真实案例为以后的教学评估做好准备。

(2)评估

用学生自己的表现作为评估的案例,容易引起学生的关注,激发学生聆听的兴趣,促使学生积极、主动参与讨论和评估,从真实的案例中发现自身素质与专业需求间的差距,增强学生的危机意识和紧迫感。

①上课第一天学生的八种主要表现

教师将学生初次面见教师时的主要表现一一列出(见下表),逐一进行再现,让同学们从现实的感受中选择最正确的答案。

表　现	人数	比率
看到教师,低头从教师面前走过,装作没看见	49	72%
看到教师,目光与教师接触后毫无反应	5	7.35%
看到教师,不仅毫无反应还在私下议论“她是谁”	1	1.47%
看到教师,绕到教师背后进入教室	4	5.9%
看到教师笑了一笑,进入教室	3	4.4%
看到教师,边走边问候	5	7.35%
看到教师,站立在教师面前问候	1	1.47%
看到教师,站立在教师面前微笑地向教师问候,问候时目光与教师接触	0	

②上课第一天迟到同学的表现

八点钟准时开始上课,教师点名时发现有11名同学迟到。在讲课的过程中,迟到的同学陆续到达。下面列表对迟到同学的四种表现进行即时评估。得出的评估结果是,所有迟到的同学没有一人先敲门经教师同意后进入教室的,没有一人对迟到表示歉意。

表现	人数
推门而入，毫无表示	4
边吃着早餐，边进入教室	2
推门、站立、看了教师一眼，低头进入教室	2
推门、叫了一声教师后，进入教室	3

③下课后的教室状况

下课后，学生立即离开，教室的现状为：

- ◆ 椅子乱放，桌面、地面随处可见空饮料瓶、塑料袋、纸屑等。
- ◆ 白板无人擦。
- ◆ 灯无人关。
- ◆ 无一人主动向教师告别。

教师及时让同学返回教室，让学生自查教室现状，与同学们一同动手将教室整理干净。并教育同学注意尊重他人的劳动成果，自觉维护共享空间的卫生，养成节约用电的意识，让同学们认识到学习做人比学习知识更重要。

(3)介绍

教师以职业化的仪容仪表，以饭店职业人应具有的精神面貌和素质出现在学生面前，以自身的从业经历讲述饭店管理专业对人的历练和培养，引导学生明确专业培养目标，树立正确的人生观和价值观，为进入社会迎接挑战做好心理准备。

(4)表现

当学生的兴趣被教师的从业经历所感染、从业激情被教师的从业成就激发出来时，教师让学生走上讲台发表自己的感言，给学生充分表现自我的机会。

通过开学第一讲四个教学步骤的实施，教师以评估学生专业素质为切入点，以学生自己的表现为案例讲述饭店管理专业对从业人员的素质要求，提升了学生对专业的认知度，激发了他们的从业兴趣和学习专业的兴趣，逐渐从被动选择专业到喜欢学习，学期课堂出勤率达99%，并有非常多的外专业和外校学生前来旁听。有时，旁听学生人数超过正式学生，收到了非常好的教学效果。

2. 研究与实践二：改变传统的教学模式，创造新的教学模式

(1)传统教学模式引发的问题分析

传统的教学模式是，以教师为中心，教师利用板书和各种媒介作为教学手段向学生传授知识，学生则被动地接受教师传授的知识。在这种模式中，教师是知识的传授者和灌输者，学生是知识的被动接受者，教材是教师向学生灌输的内容，教学媒介则是教师向学生灌输教材内容的方法和手段。

传统教学模式的特点可用五个字来形容——讲、听、背、考、丢，即教师讲，学生听，突击背，期末考，考完丢。这种传统教学模式引发的主要问题有：

①专业理论研究发展缓慢

由于专业理论研究与专业的实践性和应用性紧密相关，制约了很多研究型人员对饭店理论研究的发展空间，导致该专业理论研究发展缓慢。

②专业课教师培养周期长

我国大学教育体系中的饭店管理专业是一门新型学科，几乎所有的专业课教师都是半路出家，从事专业课教学时间较短，不具备从事饭店专业实践和管理的经验。而学校又缺乏完善、系统的专业课教师培养渠道和评估方法，培养称职的专业课教师须花费较长时间、支付较多培训成本。

③忽视实践的重要性，没有完善的专业科研、实习基地

对于饭店管理专业而言，完善的科研、实习基地是该学科教学质量的保障，是提高学生实操水平、培养专业兴趣的保障，是增强学生在该专业领域综合能力和竞争力的保障。由于饭店管理专业科研、实习基地投入大，而且需要较多的专业性人才和源源不断的经费维持基地的运转，在我国目前教育体制下是很难实施的，因而导致该专业学生综合水平达不到饭店对人才的要求。

④专业课程设置与培养目标背离或不对称

目前，饭店管理专业课程设置与人才培养目标脱节、与饭店运营与管理脱节、与饭店人力资源需求脱节，从而削减了饭店管理专业的吸引力和竞争力。

⑤传统的就业观念和价值观让人们对服务型专业比较排斥

"服务是伺候人的事"，这种价值观和传统的就业观念抑制了饭店管理专业学生的学习兴趣，导致教师被动地教，学生被动地学。

⑥专业课教师的任课资质问题

目前，我国只有教师资格认证制度，还没有专业课教师资质证，使得专业课教师在专业发展方向上不断出现偏差，而又无人指导，出现了一些专业教师不专业的现象。既然人们已经意识到了这一问题，但为什么没有采取有效措施加以改进呢？主要原因是掌握专业技能和专业管理方法是一项既费时费力又不讨好的工作，加之教学管理部门也没有明确的专业教师激励制度，使很多操作性较强的专业课程教师缺乏实践，久而久之，影响了学生对专业课的学习兴趣。

国外的大学，如澳大利亚、瑞士、美国等国的大学规定，饭店管理专业课教师除应具备教师资格外，还必须具备不同等级的专业教师资质证，同时还明确要求该类教师必须具备至少3~5年的行业工作或管理经历。为了弥补专业师资不足和专业教学水平较低的缺陷，专业师资队伍由专职和兼职两部分构成，有的大学则以兼职教师为主，但是，兼职教师要接受教育主管部门严格的资格审查，以实现专兼结合的教师队伍组建思路。

传统教学模式存在的上述主要问题，使得专业课教学在很大程度上仍采用传统的教学模式，从某种程度上制约了专业课的发展，使专业领域就业率持续走低，造成国家在饭店管理方向教育经费的无效投资。

（2）创新的教学模式

①有效的教学模式

创新的专业课教学模式是将讲、听、背、考、丢的被动模式转变为教、学、研、用、能的主动学习模式。具体讲：

a. 教

采取教师讲、专家讲、学生讲、实地看和亲自做的形式，向学生教授专业素质的养成，教授专业理论和知识，教授承受力和耐力的养成，教授专业问题的分析和处理方法，教授如何培养良好的自我表现力，教授如何树立自信心……

b. 学

以课上学为主，带动课下的网上查询、图书资料查询、同学之间的讨论、教师课下答疑等多种学习形式。

c. 研

采取请进来、走出去的社会调研、实践体验的创新教学方法，将业内人士请进课堂进行现身说法，带领学生走进饭店进行实地考察，以小科研论文的形式指导学生进行社会调研。

d. 用

利用社会调研、实践体验等形式，让学生将所学理论知识与实践相结合，将所学的管理方法应用到实践中。

e. 能

通过以上四种教学模式的创新，达到提高学生沟通协调能力和人际交往能力，培养学生团队意识，强化学生竞争力、表达力和多媒体应用能力的多重目的，全面提高学生综合素质。

②推广这种教学模式所采用的教学方法

推广创新教学模式可采用以下几种教学方法：

a. 引导教学法

在开学第一天，教师让学生自愿组合分成科研小组，将事前准备好的饭店领域的科研课题介绍给其他同学，每个组可以根据本组人员的特点和研究兴趣，选择最合适的议题。

b. 互动教学法

课上，教师通过引用典型案例、提出关键问题等方式引导学生讨论，加强课堂教学的互动性。课下，以科研小组为单位进行小科研论文的制作和讨论，提高学生的学习兴趣，形成研究、讨论的互动式教学氛围。

c. 实践教学法

带领学生有目的地参观饭店，进行实际操作演练，开展社会实践与调查等实践活动，将理论与实践紧密、及时地结合起来，使专业课教学既有理论依据又有实践效果。

d. 科研成果分享法

将每个小组的科研成果以多媒体和演讲的方式展示在同学面前，达到分享团队成果、相互学习、公平竞争的目的。

③实施创新教学模式的八个步骤

实施创新教学模式时，可分阶段、按步骤进行：

第一步，听。课上听教师讲。

第二步，读。课下阅读相关书籍和文章。

第三步，查。上网查询相关资料。

第四步，辅。课余时间，教师辅导学生进行论文指导与答疑。

第五步，看。到饭店看管理、看服务程序及操作方法，进行实操训练。

第六步，找。进行社会调研，到饭店找案例，找饭店管理研究的兴趣点，找饭店管理的薄弱环节，找科研课题。

第七步，研。确定科研课题，进行社会调研，制作小组论文。

第八步，讲。以多媒体的形式，在课堂上宣讲小组的科研成果，达到图文并茂、挑战自我、相互竞争、共同分享、学有所用、全面提高的目的。

三、教学教法改革研究过程模式

在传统的专业课教学中，教师常采用的教学方法是教师讲、学生听，专业课教学全部在课堂中完成，使得这门应用性学科完全脱离了实际。

教学教法改革研究与实践的目标是，在有限的专业课时内，将专业课程的内在知识外延，将专业课与国际饭店业的发展相结合，与国内饭店业的管理和实践相结合，与饭店业对高素质管理人才的需求相结合，将教学教法改革模式确定为理论、实践、案例、社会调研、管理、科研融于一体的教学教法改革研究与实践过程（见下页图），即理论与实践相结合、实践与案例相结合、案例与社会调研相结合、社会调研与管理相结合、管理与科研相结合，达到学有兴趣、学有所用、学有提升、学有创造的更高层次的教学目标。

1. 理论与实践相结合

教师在讲授专业理论的同时，借助于大量的、具有针对性的饭店图片和录像资料播放形式，加深学生对专业理论的理解，提高学生对饭店业的认知程度。

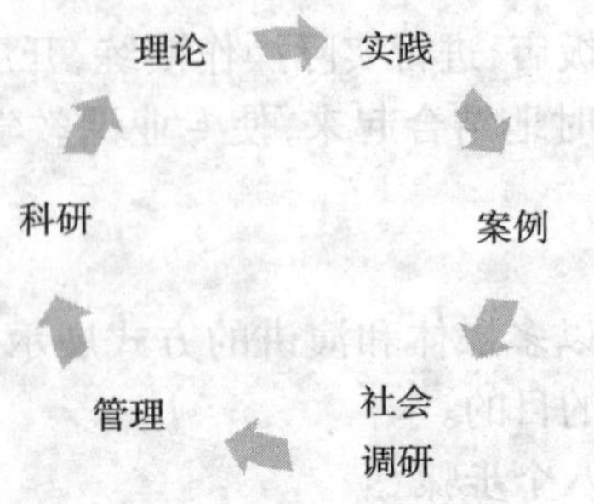

饭店管理专业教学教法改革研究过程模式示意图

2. 实践与案例相结合

在讲授专业实践课程时，教师以饭店典型案例为引线进行头脑风暴训练，分组进行案例研究与讨论，剖析同一案例的不同解决方案，教师点评不同解决方案的利弊关系，强化学生的分析能力、逻辑思维能力和快速反应能力。

3. 案例与社会调研相结合

教师指导学生带着案例到饭店进行实地调研，验证解决方案的可实施性，从而激发学生参与社会调研的积极性，使学生认识到社会调研是课堂教学的重要环节，是增强自身竞争力的有效方法。

4. 社会调研与管理相结合

学生们将社会调研中发现的问题确定为自己的研究方向，又将研究成果用于饭店的经营管理中。如 2003 级的学生在饭店调研中发现，诸多高星级饭店存在安全隐患，于是他们做了一篇“饭店找茬记”的小论文，以文字加摄像的方式，将饭店存在的安全隐患和可能引发的后果进行分析，利用危机管理理论和方法提出解决方案。之后，教师组织学生在饭店总经理培训班和被拍摄到的饭店进行演讲，得到饭店管理者和总经理们的充分认可和关注。

5. 管理与科研相结合

通过社会调研活动，激发了学生的科研兴趣，科研成为饭店管理专业学生业余时间的一项重要活动。同学们主动到饭店寻找科研课题，大胆向饭店管理者请教、讨论，高质量地完成了科研课题。2005 级的 6 位同学还成功地采访了锦江集团北方公司董事长佀海岩先生，就昆仑饭店大堂设计与装修问题进行了深入讨论。

在实施教学教法改革实践的过程中，教师必须明确：饭店管理专业学生的培养方向是高星级饭店的督导者和管理者，他们是未来饭店管理的专家、学者。

运用创新教学教法的模式，必须达到以下目的：强化学生具备从事高星级饭店管理工作的技能和待客技巧，让学生熟悉饭店服务技巧和工作程序，掌握我国及国际饭店业的发展与创新动态，具备较强的观察力、团队意识、沟通协调能力和吃苦耐劳精神,并具有一定的心理承受能力,同时能用一门外语熟练处理工作中出现的各类问题。

四、教学教法改革研究成果

1. 教学教法改革论文成果展示

当今的时代是创新的时代,饭店管理专业也需要创新的教学方法、创新的学习方法、创新的考试方法、创新的科研方法。作为一名饭店管理专业课的大学教师和饭店的高层管理者,我深知我国饭店业对高素质管理人才的渴求,深知饭店管理专业学生实际水平与饭店管理实际需求间的差距,深知饭店专业课教学与饭店实际运营与管理接轨的迫切性。

在教学教法改革研究过程中,教师在开学的第一讲就要求学生自由组成科研小组,以教师命题与学生选题相结合的模式进行教学。

几年来,利用每一学期的课余时间,教师指导学生完成了学科社会调研报告和学科论文共 76 篇 ,总计有 450 余名饭店管理专业学生参与社会调研论文写作。学科社会调研报告和学科论文涵盖了饭店工作的方方面面,如《饭店经营与管理的社会化之路》、《饭店室内装饰与人性化设计》、《饭店网络营销》、《主题客房》、《论青年旅舍的经营特色》、《视觉中心在饭店经营与管理中的作用》、《高星饭店圣诞节的营销分析》、《饭店餐饮与社会餐馆竞争分析》、《饭店圣诞节的装饰与营销》、《主题饭店(学生自己设计)》、《饭店大堂的环境和整体布局》、《饭店差异化经营之路》、《饭店标志的作用》、《论饭店中的残疾人设施》、《星际评定与饭店业的无效投资对比分析》,等等。在期末,以考核方式,以小组为单位、所有学生参与演讲,并配以多媒体的形式展示科研成果。

评分的方式以教师和学生代表相结合,评分项目(见下表)分为:小组选题 10 分、论文内容 30 分、个人演讲 30 分、多媒体应用 20 分、团队合作 10 分,以综合的评分项目引导学生注重团队合作,学会以正确的沟通方式表达自己的观点,增强集体主义荣誉感和竞争意识,并迅速掌握多媒体制作和应用技术,使学生的综合素质在一个学期、一门课程中得到全面的提升。

评分表

小组编号	小组长	小组成员	负责项目

续表

小组课题	选题 10 分	内容 30 分	演讲 30 分	多媒体应用 20 分	团队合作 10 分	总分

2001 级饭店管理专业二班学生吴燕，在总结饭店管理专业课教学教法改革实践对她的影响时，写了一篇题为《成长源自这里——一箭 N 雕》的文章，对自己的学习收获进行了总结。第一雕：案例丰富生动感人，第二雕：社会调研收获颇丰，第三雕：课题合作优势互补，第四雕：相互学习共同提高，比较全面地反映了这种教学方法从多角度丰富了自己、提高了自己、锻炼了自己。

2. 教学教法改革实践成果展示

经过几年的改革实践，用全新的教学教法进行饭店管理专业的课堂教学，我们取得了丰硕的成果：

(1)饭店管理专业 2001 级学生刘词参加了 2004 年中央电视台 2 频道"真假大堂值班经理"的录制工作，与著名饭店的大堂值班经理同台竞技，较好地展示了专业水平和专业素质，受到了业内人士的一致好评。教师已将该节目的录制内容作为饭店管理专业课的案例和专业考试项目之一。

(2)在 76 篇学科社会调研报告和学科论文中，有 40 余篇被评为具有参考和使用价值的论文，其中，部分论文在全国总经理培训班及北京的一些高星级饭店中得到汇报演讲，论文内容得到总经理们和饭店同行的关注与好评。所有 76 篇小组论文都被拍成影像资料，用做教学资料片。

(3)学生自己设计、绘制主题饭店一座，并策划了完整的主题饭店经营方案，设计策划过程汇报受到了全体同学的关注，并引发了强烈讨论。

(4)学生毕业后选择在饭店工作的人数在逐年上升，有的同学现已担任高星级饭店主管级以上的职务。另外，选择出国深造，进一步学习饭店管理专业的人数也在不断上升。

(5)学生的综合素质得到全面提高。

参考文献

[1]长城饭店.西方管理在中国的应用.北京:中国旅游出版社,1994

[2]国家旅游局人事劳动教育司.中国旅游行业岗位规范.北京:中国旅游出版社,1996

[3]黄献辉.最新洗衣学.台湾:馨欣文具印刷有限公司,1972

[4]何建民.现代酒店管理经典.沈阳:辽宁科学技术出版社,1996

[5]李钦明.饭店客房管理实务.沈阳:辽宁科学技术出版社,2002

[6]香港酒店业管理培训中心.现代酒店经营管理系统教程.北京:中国大百科全书出版社,1997

[7]尹隆森.岗位说明书的编写与应用.北京:北京大学出版社,2003

[8]张洪枢,王伟,陈非.饭店运营理论与实务.北京:中国旅游出版社,1993

[9]郑向敏.现代酒店商务楼层管理.沈阳:辽宁科学技术出版社, 2002

[10]麦德林·斯科内德,乔吉娜·塔克,玛莉·斯科维亚克.专业管家.大连:大连理工大学出版社,2002

[11](美)Gary K. Vallen, Jerome J. Vallen.现代饭店管理技巧.北京:旅游教育出版社,2002

[12](美)Michael L. Kasabana, Richard M. Brools.前厅部的运转与管理.北京:中国旅游出版社,2002

[13](美)Paul R. TIMM.对客服务艺术——成功源自顾客的满意.北京:旅游教育出版社,2003

[14](美)Argaret M. Kappa, Aleta Nitschke, Patricia B. Schappert.饭店客房管理.北京:中国旅游出版社,2002

[15](美)詹姆斯 A.,菲茨西蒙斯,莫娜 J.,菲茨西蒙斯.服务管理.北京:机械工业出版社,2000

[16](日)中西元男.创造现代企业的设计.北京:中国摄影出版社,1994

责任编辑：景晓莉

图书在版编目(CIP)数据

客房服务与管理创新/王伟编著. —北京：旅游教育出版社，2008.7
(名师讲堂)
ISBN 978-7-5637-1753-8

Ⅰ.客… Ⅱ.王… Ⅲ.①饭店—商业服务 ②饭店—商业管理 Ⅳ.F719.2

中国版本图书馆 CIP 数据核字(2008)第 095289 号

名师讲堂
客房服务与管理创新
王 伟 编著

出版单位	旅游教育出版社
地　　址	北京市朝阳区定福庄南里 1 号
邮　　编	100024
发行电话	(010)65778403 65728372 65767462(传真)
本社网址	www.tepcb.com
E-mail	tepfx@163.com
印刷单位	北京科普瑞印刷有限责任公司
经销单位	新华书店
开　　本	787×960 1/16
印　　张	19.75
字　　数	315 千字
版　　次	2008 年 8 月第 1 版
印　　次	2008 年 8 月第 1 次印刷
印　　数	1-5000 册
定　　价	39.00 元

(图书如有装订差错请与发行部联系)